NOUVELLES LETTRES

INÉDITES

DE

SAINT FRANÇOIS

DE SALES.

NOUVELLES LETTRES
INÉDITES

DE

SAINT FRANÇOIS

DE SALES,

ÉVÊQUE ET PRINCE DE GENÈVE,

DÉDIÉES A SA MAJESTÉ LA REINE DE SARDAIGNE.

PUBLIÉES

PAR M. LE CH. P.-L. DATTA,

S.-ARCHIVISTE AUX ARCHIVES DE LA COUR DE TURIN, MEMBRE DE LA DÉPUTATION ROYALE SUR LES ÉTUDES HISTORIQUES.

———

AVEC LE *FAC SIMILE* DE L'ÉCRITURE DU SAINT.

———

TOME PREMIER.

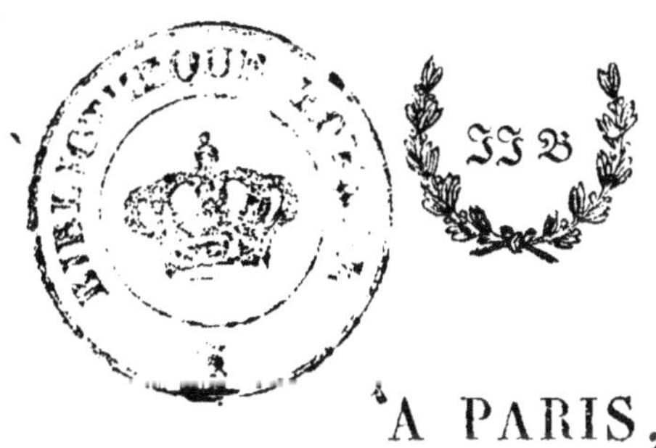

'A PARIS,

J. J. BLAISE, LIBRAIRE DE FEU S. A. R. MADAME
LA DUCHESSE D'ORLÉANS DOUAIRIÈRE,
RUE FÉROU S.-SULPICE, N° 24, A LA BIBLE D'OR.
M D CCC XXXV.

PARIS,

IMPRIMERIE DE SAPIA,

rue du Doyenné, 12.

A MARIE-THÉRÈSE

D'AUTRICHE,

ARCHIDUCHESSE DE TOSCANE,

REINE DE SARDAIGNE.

Madame,

Les vertus chrétiennes qui ont embelli l'âme si pure de Saint François de Sales, qui ont jeté tant de gloire sur les travaux d'un Apostolat dont la mémoire sera toujours chère au Monde-Chrétien et qui ont fait de l'illustre Prélat le plus doux des hommes comme elles l'ont fait appeler le plus aimable des Saints; ces grandes vertus, Madame, eurent leur source dans une piété profonde, dans une douceur incomparable et dans cette bienfaisante charité qui consola tant d'afflictions. Douée Elle-même de ces admirables qualités qui rappellent si bien le souvenir du saint Évêque de Genève, VOTRE MAJESTÉ n'a pas dédaigné d'accueillir la dédicace d'une nouvelle Collection de ses Lettres inédites : la publication ne sauroit en être faite sous de plus heureux auspices.

Dans la juste confiance que m'inspire votre auguste bienveillance, j'ose en mettre l'hommage aux pieds de VOTRE MAJESTÉ.

Je suis avec le plus profond respect,

Madame,

DE VOTRE MAJESTÉ,

Le très humble, très obéissant et très dévoué
serviteur et sujet,

PIERRE-LOUIS DATTA.

AVERTISSEMENT DU LIBRAIRE-ÉDITEUR.

La grande tâche de notre vie a été d'élever à la gloire de saint François de Sales un monument digne de lui, et nous n'avons rien épargné pour arriver à ce but. Aussi, après toutes les recherches que nous avions faites, tant en France que dans les pays étrangers, pour parvenir à réunir toutes les œuvres inédites du vertueux Apôtre, il nous étoit permis de croire que nous touchions au but proposé, et que désormais il seroit impossible d'enrichir par de nouvelles découvertes l'édition que nous venions de terminer. Mais voilà qu'aux lieux mêmes de la naissance de notre grand Saint, M. le chevalier Datta consacroit, de son côté, des veilles nombreuses, un zèle infatigable, et des soins pieux et constans à un travail semblable au nôtre.

Tant de peines ont porté leurs fruits; et il est parvenu à recueillir le nombre considérable de Lettres que nous offrons aujourd'hui au public. Ces Lettres, réunies à tout ce que nous avions déjà rassemblé de notre côté, forment le recueil le plus complet que l'on puisse désirer des ouvrages de saint François de Sales.

C'est ainsi que nous sommes heureux que se soit entièrement accompli notre désir de voir portée à son plus haut degré de perfection, l'œuvre à laquelle nous nous sommes depuis si long-temps dévoués.

Parmi ces lettres nouvellement découvertes, plusieurs étoient écrites en latin, d'autres en italien. Pour rendre facile à tous la communication de ces trésors précieux, au texte latin et italien nous avons joint une traduction fidèle. Des hommes savans et hommes de bien, connus dans le Monde-Chrétien, ont consenti à nous prêter leur concours et ont ainsi réuni leurs travaux aux nôtres. Grâces leur en soient rendues!

Que M. le chevalier Datta nous permette de lui offrir ici le témoignage de toutes nos sympathies avec nos remercîmens pour la préférence qu'il a bien voulu nous accorder pour la publication de ces Lettres inédites, qui complètent notre belle et précieuse collection. Emules tous deux pour la gloire du pieux Apôtre du Chablais, nous avons marché séparément; mais il est doux et consolant de nous trouver réunis en touchant au même but.　　　　　J. J. B.

Tenes voyla donq ma
heureuse fille trois mot tout
fin seul pour vous dire que
mon coeur cherit le vostre
et Luy desire mille et mille
benedictions. affin qu'il vive
constant et entre parmi
les accidens si varians de cette
vie mortelle. Mays pries bien
Dieu ma heureuse fille qu'il me
face la misericorde de me pardonner
mes peches affin que ie puisse un
iour voir sa sa saincte face avec
vous, et nostre chere Madame de
ville faim et pieces de sa suitte amen
Vre ser treshumble
franç ev de Geneve

12: oct 1621

PRÉFACE.

—

Au milieu du mouvement littéraire qui nous entoure, lorsque tous nous sommes préoccupés, l'amour de l'étude et de la science, les vives sympathies de tous les hommes de charité et de foi, celles, aussi, de tous les littérateurs, vont accueillir l'œuvre admirable que nous dévoilons au monde religieux et instruit?

Le Chrétien y puisera la douce consolation de l'espérance, les préceptes de la vertu ; et le savant y trouvera de précieux matériaux pour l'histoire. Sous ce double rapport, cette publication de *Lettres Inédites* du Saint, dont la douceur et l'amabilité sont connues et admirées même par les gens du monde, est pour notre époque un monument heureux. Aujourd'hui, tous les cœurs se tournent vers la Religion, et abandonnent les fausses doctrines qui aveuglent leurs malheureux adeptes et les précipitent, dès cette vie, dans le dégoût, la lassitude et la mort. Aujourd'hui, aussi, que chaque nation est devenue studieuse, l'histoire est le premier besoin qu'il faut satisfaire, car l'histoire est la grande institutrice des peuples : elle qui transmet aux hommes les souvenirs de la gloire de leurs ancêtres, et les pousse à imiter leurs vertus. Dans les revers des temps passés, l'on peut mieux apprécier les changemens heureux et le bien-être des temps présens. Toute la société se trouve ainsi intéressée à la publication des monumens historiques. Ici le philosophe en parcourant leurs fastes, étudie l'homme avec toutes ses qualités et ses vices, et le force à s'améliorer par la connoissance qu'il acquiert de soi-même ; il fait marcher la science en suivant le progrès des connoissances humaines jusqu'à nos jours. Là, le publiciste médite les institutions des peuples anciens, découvre l'harmonie qui existe entre elles et les mœurs, et apprend ainsi à connoître, à défendre et à modifier utilement celles de son pays. Là, encore, l'orateur rencontre les sources de la véritable éloquence, et l'érudit trouve un vaste champ pour ses recherches. Mais surtout combien est intéressante pour nous l'histoire de notre pays ! Combien nous devient cher le souvenir de ceux qui ont travaillé à sa gloire ! Guerriers, savans, hommes de bien, tous ont droit à nos hommages. L'exemple de ces hommes des siècles passés nous sert de miroir pour juger les célébrités modernes ; et souvent nous nous prenons à regretter de ne plus trouver au milieu de nous d'aussi beaux talens, d'aussi nobles vertus !

Les gouvernemens ont senti ce besoin de l'époque.

En France, dans l'Allemagne, en Angleterre, des savans encouragés s'appliquent à la recherche et à la publication des monumens nationaux. En Sardaigne, Sa
Majesté Charles-Albert donne aussi ce bienfait à son
peuple. Une députation nommée par lui fouille en ce
moment les annales de son royaume, et révèlera les
bienfaits que l'illustre famille de son roi a constamment
prodigués à ses sujets.

C'est à sa haute protection que l'*Univers littéraire et
religieux* va devoir la publication de ces précieux documens, aujourd'hui, pour la première fois, livrés à la
publicité.

Si quelquefois la Providence, qui veille sur les destinées des peuples, leur envoie, pour les châtier, de terribles fléaux, souvent, aussi, elle leur donne des hommes pleins de zèle et de vertus, qui, suivant la parole
du Divin Maître, *passent sur la terre en faisant le bien*,
soulageant toutes les infortunes, et montrant à tous le
chemin de la vraie gloire et du bonheur. Vers la fin du
xvie siècle, lorsque déjà le poison de l'hérésie avoit in-
fecté tout le Chablais, Dieu suscita l'un de ces envoyés,
messagers d'espérance et de réconciliation. C'étoit saint
François de Sales. Par son éloquence touchante, par la
vérité de sa doctrine et son immense charité, plus de
soixante-dix mille âmes furent rendues à la foi. Tous,
nous connoissons les prodiges de son apostolat, la sainteté de sa vie ; tous, nous aimons et vénérons le pieux
évêque dont la mémoire a quelque chose de si doux et

de si consolant pour nos cœurs. Et voilà qui explique sans doute pourquoi son nom a constamment joui parmi nous d'une popularité aussi grande; mais dans son souvenir ce qui nous plaît encore, c'est qu'il touche presque à notre âge, que nos villes sont pleines de son souvenir, que nos pères ont entendu sa parole, et qu'il a parlé notre langue. Nous le vénérons comme un fidèle serviteur de Dieu, et nous l'aimons surtout parce qu'il nous paroît un des nôtres. Deux pays, avec droit, revendiquent sa gloire : si par sa naissance et ses œuvres il appartient à la Savoie, il appartient aussi à la France par ses œuvres et sa mort.

Si grand déjà par sa vertu et l'onction de son éloquence évangélique, saint François fut encore un savant profond et un écrivain distingué. Son *Traité de l'Amour de Dieu* et son *Introduction à la Vie Dévote* suffiroient seuls pour lui assurer une place distinguée parmi les érudits de son siècle. Et ce talent est d'autant plus remarquable qu'il n'avoit pas su le connoître lui-même, et que son humilité profonde lui défendoit d'y songer. C'est sous tous ces rapports que les ouvrages de ce grand Saint sont recherchés avec un empressement aussi unanime, et produisent de si salutaires effets.

Plusieurs éditions de ses œuvres avoient déjà paru dans le siècle dernier; en 1821, il en parut une nouvelle; mais la plus complète de toutes est celle qui vient d'être terminée par les soins du même éditeur, M. J.-J. Blaise; et cependant, quoique augmentée d'un grand nombre de pièces inédites, on peut encore y noter quelques omissions. C'est qu'il étoit impossible à ce zélé et consciencieux éditeur, malgré ses soins, ses fatigues et ses investigations dispendieuses, de connoître tous les manuscrits du Saint conservés hors de France. Parmi ces omissions que nous avons pu connoître, nous avons remarqué celle des *Lettres déposées aux archives de la cour de Turin.* Ce sont, pour la plus grande partie, les lettres adressées au duc de Savoie, Charles-Emmanuel 1er. Pour la Savoie, elles sont de véritables documens historiques. Elles font aussi comprendre par quels étonnans moyens il arriva au but heureux de sa mission divine ; elles révèlent la sainte persévérance, la douceur qu'il a constamment employées pour surmonter de prodigieux obstacles. Les publier, c'est donc complaire aux personnes pieuses, compléter l'édition des ouvrages d'un illustre savant, et mettre au jour les pièces de l'histoire nationale de la Savoie. Ces considérations ont déterminé M. le comte Gloria, président-chef des archives de la cour de Sardaigne, à supplier S. M. Charles-Albert de permettre la publication de ces *Lettres ;* œuvre digne de la haute piété du monarque, et conforme à la protection qu'il accorde dans ses États aux études historiques.

Le nombre de ces *Lettres inédites* étoit considérable ; mais, pour réunir tout ce qui restoit inédit du pieux Evêque de Genève en Piémont et en Savoie, M. le comte Gloria écrivit aux Evêques, invita les personnes pieuses et fit lui-même des recherches dans les monastères de la Visitation pour en tirer les copies fidèles des manuscrits du Saint qui pouvoient s'y trouver. Tant de démarches n'ont point été vaines ; les Evêques ont répondu à son appel, les personnes pieuses se sont hâtées de nous communiquer les authentiques vénérés par elles comme de précieuses reliques, et les monastères ont réuni les copies authentiquées sur les originaux conservés dans leurs archives.

Une telle recherche avoit apporté pour résultat environ deux cents Lettres inédites de notre illustre Saint, lorsqu'une moisson plus abondante encore nous fut réservée par la bonté de M. l'abbé de Baudry de Genève. Déjà Monséigneur Rey, évêque d'Annecy, avoit puissamment favorisé notre collection, en nous transmettant des exemplaires de lettres copiées par lui-même sur les autographes, quand on nous apprit que M. de Baudry s'occupoit aussi à cet égard de recherches scrupuleuses. Nous nous sommes aussitôt mis en rapport avec ce digne ecclésiastique qui nous a fait part de plus de cent Lettres, toutes inédites, tirées par lui des autographes conservés au monastère de la Visitation d'Annecy, ou des copies insérées dans le procès de la canonisation du Saint ; il a même mis à notre disposition les copies authentiquées que M. le comte Gabriel Verri, de Milan, lui avoit adressées d'Italie. Nous remercions ici avec une cordialité sincère M. l'abbé de Baudry, de cette favorable et précieuse communication ; et nous prions toutes les personnes qui nous ont aidés dans nos recherches, de croire à notre gratitude.

Ces nouvelles Lettres de saint François de Sales que nous publions ont été ainsi toutes tirées des autographes, et leur authenticité est incontestable. Les yeux les plus habiles en critique ne sauroient rien y reprendre. Pour satisfaire la piété des Fidèles, et pour donner à ces Lettres la plus grande autorité, nous avons indiqué à chacune d'elles le lieu où son autographe est conservé, pour qu'on puisse le consulter, soit par vénération, soit pour acquérir une conviction absolue.

Publiées par M. J. J. Blaise, ces Lettres sont la suite indispensable de toutes les éditions, *OEuvres* du Saint, publiées jusqu'à ce jour.

La découverte de tous ces monumens d'une haute importance nous a été acquise par bien des recherches et des travaux; mais notre bonheur est grand de contribuer par elle à la gloire de l'illustre Apôtre du Chablais.

PIERRE-LOUIS DATTA.

NOUVELLES LETTRES

INÉDITES

DE

SAINT FRANÇOIS

DE SALES.

PREMIÈRE LETTRE.

L'original est conservé dans le monastère de la Visitation d'Annecy.

LE PRÉSIDENT FABRE, A S. FRANÇOIS DE SALES.

Sur le respect que le Président a conçu pour saint François : il lui demande une correspondance mutuelle d'amitié.

Viro clarissimo Francisco de Sales præposito cathedralis ecclesiæ Sancti-Petri Gebennensis, Antonius Faber.   S. D.

Ex urbe Chamberiaci, 3 kal. agusti 1595.

Est omnino virtuti hoc insitum et peculiare, vir clarissime, ut possessores suos non illis tantum quos et ipsa possidet, sed iis quoque omnibus quibus amabilem se exhibet, sola sui contemplatione et admiratione reddat amabiles.

1

Sic enim præfari libet non quomodo plerique solent, qui cum primum eos quos nunquam viderint, aut coram, aut per litteras salutant, ab excusationibus initium sumunt, ac si vel suspecta minusque laudabilis videri possit honesta illa ineundæ amicitiæ provocatio, vel in eo quod per se honestum atque laudabile sit exequendo, aliam quam debiti officii rationem exquiri constare reoporteat.

Tu vixdum equidem mihi de facie notus, sed nominis tui famâ pro singulari quâ excellis virtute, probitate, ac eruditione notissimus, tantâ me fruendi tui cupiditate allectum devinctumque habes ut jam inde a quo tempore mihi ad eadem ista bonarum litterarum et jurisprudentiæ studia, licet minus feliciter, incumbere contigit de amando te et observando, non tantum consilium cepisse videar, sed etiam obligationes perpetuæ vinculum contraxisse.

Ne que tamen, id a te sic accipi velim, quasi in me vel singula et mediocria esse putem quæ in te universæ sunt ac absolutissima, sed ut intelligas et morum et animorum similitudinem quæ ad conciliandas inter ignotos quoque amicitias plurimum posse creditur, in eo etiam interdum elucere in quo disparia sunt omnia præter unam eamdemque similia consectandi voluntatem.

Nam quod iis usu venire solet, qui longiore absentis aut defuncti alicujus desiderio torquentur, ut ea demum ratione recreari se sentiant, si non solum amici memoriam diligenter et religiosè, ut par est colant; sed etiam exactissimâ naturæ imitatione; quantum arte effingi potest ejus quasi præsentis imaginem oculis suis intuendam objiciant; id ipsum, nobis, quotquot ad virtututem contendimus, faciendum existimo, ut quoniam admirabilem ejus pulchritudinem qualis quantaque est;

ne animi quidem cogitatione assequi possumus, eos saltem nobis ad amandum et imitandum proponamus in quibus vivam illa sui effigiem elegantioribus et aptioribus, ut ita dicam, coloribus depinxerit.

Ita namque fit ut ad ejus cultum studiumque vehementiùs accendamur, quam si oculis cernere possemus, procul dubio longe vivaciores prorsúsque mirabiles sui amores in animis nostris excitaret. Nec enim malè quis, judicio meo, præclarum hoc eloquium virtuti ascribat, jam olim a divino illo platone soli attributum sapientiæ, quam utique sapiens nemo unquâm a virtute se junxit.

Ego sane quam quam id mihi semper excitandum credidi, ut boni cujus que amicitiam, quibus possem officiis et obsequiis promerere, nihil tamen facio libentiùs quam ut totum me quantulus sum, iis dedam ultròque voveam quos mihi persuadeo sic natos et educatos esse, ut ab iis consiliis, doctrinæ, et quod in **re** ardua laboranti præcipuum est boni exempli adjumenta comparare possim.

In quibus si te unum esse dicam, qui hodie mihi instar omnium esse possit, in ista præsertìm vixdum virili ætate in qua tot tantaque virtutum ac scientiarum omnium non argumenta modo, sed clarissima lumina proferas, ut a quo superari in posterum queas, alium quam te habeas neminem, vereor ne adulatorem me potius quam probum amicitiæ Fabrum susciperes, non quod sis tu, tibi ipsi mihique testis optimus, nisi tua te fallit modestia, majorem tibi laudem deberi quam ex commendatione mea possit accedere; sed quia minùs fortas sis credibile tibi futurum sit; late jam meum de te judicium esse quale esse deberet si mihi tam perspecta probata que foret virtus tua, quam frequentissimis omnium quos de te loquentes audio sermonibus est commentata.

Itaque quod superest, ne longiori ejus tota fiat importuna salutatio, rogo te et si poteris, etiam atque etiam peto, ut hanc perexiguam quidem, sed promptissimam et liberalem singularis meæ erga te voluntatis significationem sic excipias, tanquam ab eo profectam in quo omnia devotissimi et amicissimi hominis officia non tam expectare debeas, quam pro jure et arbitrio tuo quoties videbitur vindicare.

Esset quidem honorificentius mihi, et optabilius, jam amari abste si mererer, ut hoc ipso mereri me intelligerem; sed erit jucundius, fortassis étiam gloriosus; si ob eam causam amari me post hac intelligam, quod prior ego te tuique animi dotes eximias amaverim. Nam et plus præstat qui prior amat, et in præclaro isto, et laudabili contentionis genere ex quo suavissimam sibi quisque speret victoriam priorem vinci vincere est. Sic fiet, at plus tu mihi debeas quam ego tibi, sed plus ego vicissim virtutibus tuis, quam tu meis, si tamen iis ego sum, qui meas possim ullas dicere. Bene vale, vir Clarissime, et me ama.

———

La vertu, très-noble seigneur, a toujours cela de remarquable et de particulier, non seulement pour ceux en qui elle réside, mais aussi pour tous ceux à qui elle plaît, que, par sa présence seule et l'admiration qu'elle inspire, elle rend aimables tous ceux qui la possèdent.

Il m'est agréable de parler ainsi à l'avance, non comme a coutume de le faire la foule qui salue, soit publiquement, soit par lettres, ceux qu'elle n'a jamais vus, et qui commence par leur adresser des excuses, comme s'il étoit possible de regarder comme peu louable ou suspecte cette manière honnête de provoquer l'amitié, ou encore comme s'il falloit en cela prouver qu'il est bon et honorable d'avoir un autre motif que celui d'un devoir obligé.

A dire vrai, vous, que j'ai aperçu à peine, mais que l'éclatante renommée de votre nom, de votre vertu, de vos qualités, de votre savoir, a rendu si célèbre, vous possédez en moi un homme tellement attiré et retenu par le désir de jouir de votre amitié, que, depuis quelque temps, il n'a pu se livrer heureusement à ses études de jurisprudence et de belles-lettres. Ainsi donc, en vous aimant et en vous honorant, je ne puis paroître poursuivre seulement un dessein, mais bien avoir resserré le lien d'une éternelle obligation.

Je ne vous dis point cela pour que vous croyiez que je pense trouver en moi-même isolés et affoiblis, tous les mérites qui sont en vous et nombreux et complets; mais bien pour que vous compreniez que cette ressemblance de mœurs et d'esprits jugée ordinairement si puissante à créer de vives amitiés, même entre des inconnus, peut aussi se rencontrer quelquefois dans des hommes où tout est dissemblant, si ce n'est une même volonté d'arriver à la ressemblance.

C'est ainsi que ce qui arrive ordinairement aux personnes long-temps tourmentées par le regret d'une absence ou par le chagrin d'une mort qui se sentent ranimés si leurs amis vénèrent avec soin et respect, la mémoire de celui qu'ils ont perdu, ce qui est la même chose; et si, par une parfaite imitation de la nature, et autant que l'art peut y atteindre, ils parviennent à exposer à leurs regards son image presque vivante : cela, dis-je, nous est arrivé à nous tous qui prétendons à la vertu. Pour la pratiquer, je pense que, puisque nous ne pouvons pas même en imagination atteindre à la perfection de sa beauté, nous devons, au moins, nous proposer d'aimer et d'imiter ceux en qui elle a, pour ainsi dire, tracé en couleurs favorables et élégantes sa vivante image.

Et, en effet, nous la rechercherions et la pratiquerions avec d'autant plus d'ardeur, que nous pourrions la·voir nous-mêmes de plus près, et il n'y a aucun doute qu'elle produiroit alors dans nos cœurs un amour bien plus vif et tout à fait admirable. Aussi, à mon avis, est-ce à juste titre que quelqu'un a rendu à la vertu cet éclatant éloge, déjà autrefois appliqué à la sagesse seule par le divin Platon, que jamais un homme prudent n'a renoncé à la vertu.

Pourtant, quoique j'aie toujours pensé qu'il falloit m'efforcer, par tous les services et les soins possibles, de mériter l'amitié de tout homme de bien; malgré toute ma misère, je n'en ai pas moins rien de plus agréable que de m'abandonner en entier et de moi-même, de me vouer à ceux que je me persuade pouvoir, à cause de leur naissance et de leur éducation, m'être utiles par leurs avis, leur science, et, ce qui est surtout essentiel, à celui qui s'applique aux affaires difficiles, par leurs exemples salutaires.

Si je disois que, parmi ces hommes, vous êtes le seul qui puissiez aujourd'hui me tenir lieu de tous dans ce siècle où vous répandez non-seulement les raisonnemens les plus clairs et les preuves les plus évidentes des sciences et des vertus, mais encore leur plus brillante lumière, avec une abondance telle qu'il ne se trouvera personne désormais qui puisse vous dépasser, je craindrois que vous ne prissiez Fabre pour un flatteur plutôt que pour un véritable et sincère ami; non que, pour vous et pour moi, vous puissiez être un témoin infaillible que, si votre modestie ne vous a point abusé, il ne vous soit dû une gloire plus grande que celle qui peut vous arriver par ma foible louange. Je craindrois plutôt qu'il vous parût peu croyable que mon jugement à votre égard fût ce qu'il devroit être si votre mérite m'étoit aussi manifeste et prouvé qu'il est développé dans les discours nombreux de tous ceux que j'entends parler de vous.

Pour en finir, de crainte de vous importuner par une trop longue politesse, je vous prie, si vous le pouvez, je vous conjure et vous conjure encore d'agréer cette démonstration indigne, il est vrai, mais absolue et dévouée de ma bonne volonté envers vous, comme venant d'un homme en qui vous trouverez, non les qualités de l'ami le plus empressé, mais qui chaque fois paroîtra, selon votre droit et votre volonté, prêt à les acquérir. Je sens qu'il seroit plus doux et plus honorable pour moi de posséder déjà votre amitié, si je la méritois, parce que, par cela même, je saurois la mériter. Mais cette raison sera qu'il me sera peut-être plus agréable et plus glorieux de me voir désormais votre ami; car le premier je vous aurois aimé ainsi que les belles qualités de votre esprit. Car celui qui aime le premier doit l'emporter, et dans cette douce querelle, d'où chacun espère sortir victorieux le premier, être vaincu, c'est vaincre. Ainsi donc vous allez me devoir plus que moi à vous-même; mais, en retour, je devrai à votre mérite plus que vous au mien, si tant il y a que je puisse me dire avoir quelque mérite.

Recevez mes saluts, illustre seigneur, et aimez-moi.

2ᵉ LETTRE

L'original se conserve au monastère de la Visitation d'Annecy.

AU PRÉSIDENT FABRE.

Correspondance d'amitié mutuelle, réponse de la précédente.

Clarissimo viro senatori integerrimo Antonio Fabro, Franciscus de Sales, S. D.

Accepi litteras tuas, vir clarissime et senator integerrime, tuæ in me benevolentiæ pignus suavissimum, quæ animum meum tamquam insperate adèo commoverunt, ut permixta admirationi gratulatio mihi meummet ingenium eriperet.

Ea videlicet tua humanitas qua juvenem tyrunculum vir gravissimus senatorii ordinis ad amicitiam provocas, vetus tuæ in me pietatis promerendæ desiderium, parem cum gratulatime admirationem concitarunt.

Si qualis in me fuit jam pridem observandi te et amandi propensio, ejus et fuisset aliqua significatio, non tam ad amandum te, ut modestissimè loqueris, aliquâ provocatione opus mihi fuisse, cognovisses quam concessione libere id agendi ac palàm profitendi quod intimis hærebat sensibus.

Universo enim orbi litterario eum ex fructu arbor optima et sis et habearis, mihi unus perpetuo propositus es quem noctes diesque respicerem, et ad cujus exemplar quàm maximè possem genuinè animum meum efformarem, non tantum quod nullibi superiorem, paucos etiam habeas pares, sed quod provincialia, civilia, aut ut ita dicam domestica exempla nescio quid habeant acutioris energiæ ac efficaciæ.

Cum vero non solum speciem, sed ne quidem specimen tam expressæ virtutis, in me ullum post aliquot annos viderem, meæ tenuitatis mihimet satis conscius, videndi te coram et audiendi manebat consilium, ac adeo tuæ in me benevolentiæ, si quo fieri posset modo, promerendæ tanto tenebar desiderio, ut eum illud amplius animus meus capere non posset, omnis modestiæ ruptis repagulis, nisi brevi per aliquam occasionem licentiam impetrassem, opportunè, importunè, ipse qualis qualis sum tyrunculus, gravissimum senatorem in suavissimum amandi certamen evocare non dubitassem.

Quam occasionem cum præcipuè spero, tum verò nescio quo malo meo factum est, ut non utroque suo pede mihi constet opportunitas. Cum enim ut in advocatorum numerum adscriberer; Chamberium peto, credoque admissus purpuratos omnes patres salutare, de more gratias agere, ac per hanc occasionem inter tuos locum impetrare; meaque manu nomen meum scribere conguntur ad militiam nobiles, herà intempestiva ipse cogor discedere in salutato te, quem obiter salutare præsertim cui antea eram ignotus nulla salutatione minus ducebam.

Hisce vero paschalibus festis præteritis, dum adessem, tu aberas, cum D. Copier doctore medico ductore tuas ædes frustra peterem.

Quare cum jam per litteras ac obsignato veluti rescripto ferventem jam et suapte naturà pugnacissimum hoc in genere certandi militem provocaveris, videndum est utique tibi ne tam quis prior in aleam descenderit observes, quam quis posterior super sit.

Neque tamen efficias velim te priorem amassè, quod existimas aut hinc minus me tibi debere, aut te magis virtutibus meis. Ego enim tuarum illustrium virtutum et amator et admirator fui, prius quam vel de nomine tibi notus esse possem, nec ante amavi quam in te essent eæ quæ connatæ tibi sunt eximiæ animi dotes, quæ te non amari nullo unquam tempore permiserunt. Quod autem per summan humanitatem prior ipse scripseris id nimirum causæ fuit et te priorem dare, quod divinius est, et me priorem accipere, quod inferius decebat. Et ego ne potius in te senatoriam dignitatem, quam in senatore consummatissimam virtutem colere existimarer, absentem salutare minime consentaneum videbatur, cùm præsertim me non ejusmodi juvenem crederem, qui in ore vel aure cujusquam purpuratorum patrum venissem, in intimâ videlicet juvenili umbra adhuc delitescens. Quod cum secus evenerit, et lætandum mihi est me tam facile tuam benevolentiam consecutum, qua non tam superbiam (etsi non levis esset titillatio) excitat ullam, quam in melius eundi animos addit.

Et simul verendum ne eam minorem, forsan etiam nulla, quæ de me audivisti majora in recessu, præsenceris, et te amasse, et amorem significasse pœniteat, ac is quem inde suavissimum gusto fructum præcoci maturitate perceptum, repente etiam marcescat. Verum id tua moderabitur humanitas, quam ita cum summâ prudentiâ in te conjunctam esse non dubito, ut nullæ bonæ vel malæ famæ exageratio, additio, substractio, nulla etiam referentium ornamenta ac locupletationes te decipiant. Quare sive mei ad virtutem studii promovendi causà, sive tuæ in eos qui vel exiguum habent ingenii ac probitatis sementem (quarum in te sunt uberrimæ segetes) propensionis sedandæ, non amaveris tantum

(quod fide non negatâ referentibus nec esse habebas),
sed etiam scripseris, nihil formido quin deinceps amare
pergas.

Ego quo minùs me vel de nomine tibi notum esse di-
vinabam ac adeo tuas expectabam litteras, eo magis tantam tuam humanitatem sum præter modum admiratus
quo factum est in immensum tui aspectus et collocutio-
nis desiderium creverit. Admirationem enim cognos-
cendi desiderium parere philosophia in limine tutum est
proverbium.

Interim dum id expecto, et mihi quam maximæ
agendæ gratiæ quod prior scripseris, promitto me in co-
lendo te et observando nullum unquam habiturum superiorem, ac tuæ in me humanitati intima responsurum
voluntate, quamvis meæ minusculæ litteræ jucundis-
simis et elegantissimis quas dedisti non respondeant,
quas dum capio, lego identidem, ac relegendi finem facio, nulla, tanta me capit voluptas ac tui observantia
quanta animus meus capere potest; adeo scilicet verum
est captum esse qui ceperit.

Votre lettre m'est parvenue, illustre et intègre sénateur; ce gage précieux et si peu attendu de votre bienveillance envers moi a tellement ému mon âme que,
pénétrée de reconnoissance et d'admiration, elle est
inhabile à s'exprimer. C'est la bonté extrême qui vous
porte vous, homme vénérable de l'ordre illustre des sénateurs, à provoquer l'amitié d'un pauvre jeune homme
sans expérience; c'est votre désir déjà ancien de m'accorder votre tendresse qui élèvent dans mon cœur une
surprise égale à ma reconnoissance.

Si depuis long-temps déjà j'ai nourri dans ma pensée un penchant singulier à m'attacher à vous et à vous aimer, pour le révéler, il me falloit, non pas tant, comme vous le dites avec modestie, une provocation de votre part à l'amitié, que le moyen de le faire et d'avouer hautement à vos yeux ce qui se passoit en moi-même. Et, en effet, puisque dans tout le monde savant vous vous élevez comme un arbre aux fruits abondans et délicieux, que votre réputation est universelle, depuis long-temps je me propose votre exemple, je m'y attache jour et nuit et m'efforce de façonner mon esprit de manière à ce qu'autant qu'il est possible, il devienne semblable au vôtre, non pas seulement parce que je ne trouverois nulle part ailleurs de talens plus élevés et bien peu capables de comparaison avec le vôtre ; mais surtout parce que les exemples que nous trouvons dans nos provinces, dans nos villes, et, pour ainsi dire, dans nos foyers, ont pour nous une énergie et une efficacité bien plus active.

Cependant, après plusieurs années, ne voyant point apparoître en moi, je ne dis pas l'image, mais seulement l'apparence la plus légère d'un tel mérite, et quoique bien convaincu de toute ma foiblesse, je n'en ai pas moins gardé le désir de vous voir et de vous entendre ; et ce désir de mériter votre bienveillance, s'il y avoit moyen d'y parvenir, étoit tellement élevé et constant que, en dépit de toute modestie, si une prochaine occasion de réussite ne s'étoit pas présentée, à tort ou à raison je n'aurois plus hésité à venir vous provoquer à cette si douce lutte d'amitié, moi foible jeune homme, vous illustre sénateur.

Pendant tout le temps que j'ai aspiré avec ardeur à une telle occasion, je ne sais par quel malheur cette joie n'a pu me parvenir; car, m'étant fait inscrire au nombre des membres du barreau, je me rends à Chambéry, où j'espérois qu'admis à saluer les sénateurs revêtus de la pourpre et à les remercier suivant l'usage, je pourrois solliciter une place parmi les personnes de votre ordre; mais voici que la noblesse me force à me faire inscrire pour l'armée, et la fortune contraire m'oblige à m'éloigner sans vous avoir vu, vous que je désirois d'autant plus fréquenter beaucoup que vous ne me connoissiez pas encore. Aux dernières fêtes de Pâques, pendant mon séjour à Chambéry, vous en étiez absent, et c'est en vain que je me présentai à votre demeure conduit par M. Copier, docteur-médecin.

C'est ainsi que dans votre lettre et comme par une provocation, vous avez appelé un soldat ardent et belliqueux à ce genre de combat. Ce qu'il faut remarquer, ce n'est donc pas tant celui qui le premier est descendu dans l'arène, que celui qui y restera le dernier.

Mais ne déclarez point, je vous prie, qui de nous deux vous avez aimé le premier, pour en conclure ou que je vous dois moins, ou que vous devez davantage à mon mérite. J'ai admiré et aimé vos qualités précieuses long-temps avant que mon nom eût seulement pu vous parvenir, et je ne vous ai point aimé avant que fussent en vous ces excellentes vertus innées dans votre âme, qui font qu'en tout temps il a été impossible de ne vous point aimer. Et si, par une bonté parfaite, le premier vous m'avez écrit, c'est surtout, et que vous donnez le premier, ce qui est préférable, et que je reçois le second, ce qui vaut moins. Et, pour ne pas paroître honorer plus en vous la dignité sénatoriale que la vertu accomplie du sénateur, je pensois qu'il n'était pas convenable de vous adreser mes hommages étant éloigné de vous, persuadé que j'étois que mon nom n'étoit parvenu aux oreilles d'aucun de nos sénateurs, et qu'ainsi nul d'entre eux n'avoit pu parler de moi, pauvre jeune homme encore si obscur. Mais puisqu'il en a été autrement, je me réjouis d'avoir pu aussi facilement acquérir votre bienveillance, et elle ne m'apporte pas encore autant d'orgueil (quoique mon amour-propre ait bien le droit d'être flatté) qu'elle m'engage à mieux faire.

En même temps ne dois-je pas craindre que, lorsque vous verrez aussi petit, je devrois dire aussi nul, mon mérite que vous vous étiez imaginé si grand, vous ne vous repentiez de votre amitié pour moi, et que vous n'ayez quelques regrets de me l'avoir témoignée ; ne dois-je pas craindre que, cueilli dans une maturité trop grande, ce fruit si doux qu'elle me faisoit goûter, ne vienne à se flétrir. Je sais combien doit être modérée ma crainte par la connoissance que j'ai de votre bonté si grande, jointe à une prudence telle que nulle exagération, amplification ou diminution, soit en bien, soit en mal, aucune adresse, aucun ornement de paroles de gens habiles à faire des rapports, ne sauroient vous séduire. Ainsi donc, que ce soit pour exciter mon penchant à la vertu, ou pour satisfaire votre goût envers ceux qui renferment en leur âme quelque foible semence de cet esprit et de cette honnêteté dont en vous sont les sources les plus abondantes, vous ne vous contenterez pas d'aimer, mais encore me l'écrirez (ce que vous feriez certainement connoître à ceux qui vous feroient des rapports), et je ne crois nullement que désormais vous cessiez de m'aimer.

Quant à moi, moins je m'imaginois être connu de vous, même de nom, moins j'attendois votre lettre, et plus j'ai admiré votre bonté extrême, et plus est devenu immense mon désir de vous parler et de vous voir. Car dire que le désir de connoître ainsi que l'admiration sont presque un commencement de philosophie, c'est répéter un proverbe certain.

En même temps que je considère combien je vous remercie pour la bonté que vous avez mise à m'écrire le premier, j'assure que nul ne me surpassera à vous honorer, à cultiver votre amitié, et que je répondrai à votre bienveillance pour moi, par toute ma bonne volonté; et, quoique cette lettre soit incapable entre toutes de répondre à la vôtre, si élégante et si aimable, que j'ai lue et relue, aucun plaisir plus grand que celui de cultiver votre commerce, autant que mon esprit en est capable, ne peut exister pour moi. C'est ainsi qu'il est vrai que celui-là est pris qui a voulu prendre.

3ᵉ LETTRE.

L'original est conservé au monastère de la Visitation d'Annecy.

AU PRÉSIDENT FABRE.

Saint François parle de la supériorité en éloquence que le Président a sur lui.

Antonio Fabro senatori Franciscus de Sales præpositus ecclesiæ Gebennensis. S. D.

1593.

Nulla sane minori auctoritate ex quam maxima apud me habes adduci omnino possem ut crederem id ita semper esse verum quod scribis respondere nimirum facilius esse quam provocare. Adeo numque alioquin eum

in ipso fere provocandi articulo tuas illas amœnissimas
litteras accepissem, tantæ tuæ humanitatis lumine mentem meam obtundi sensi, ut qui jamjam scripturus
eram tantæ humanitati respondere posse omnino deinceps desperarem.

Sic enim Apollinem cum tanta subtilitate responden-
tem inducunt, ut si interrogasset nulla humani ingenii
virtute responderi potuisset. Tam multis namque parti-
bus superior es nobis, ut nulla proportione tecum cer-
tare possimus, nisi tunc agamus cum agere nondum cæ-
peris, vel si voluntate res tractanda sit. Tanta enim mea
est erga te observentia, ut ex hac parte vix equidem
parem superiorem omnino neminem habere possim,
nec alio egeat monumento, quæ tam justi caractere sit
insculpta, nullius ut temporis injuria deleri possit.

Bene vale et christum habete propitium.

Vous aviez certainement besoin de toute l'influence
de votre persuasion pour me faire admettre qu'en général, comme vous le prétendez dans votre lettre, il est plus
facile de résoudre une difficulté que de la soulever. Cela
est si vrai, qu'étant sur le point de prendre l'initiative
quand votre charmante épître m'est parvenue, les traits
vifs de votre éloquence m'ont tellement ébloui l'esprit,
que, malgré les bonnes dispositions où je me trouvois
pour écrire, je désespérois de pouvoir jamais atteindre
à la hauteur de votre génie.

C'est ainsi que l'oracle d'Apollon répondoit, dit-on,
avec tant de sagacité, que, s'il eût posé des questions
lui-même, toute la sagesse humaine auroit échoué contre ses problêmes. Votre supériorité m'écrase sous tous

les rapports, et je ne puis me livrer à aucune discussion
avec vous, à moins peut-être que j'entame la correspondance ou que le sujet soit de mon choix. Et cela, à
cause de la confiance sans bornes que j'ai en vos avis;
car, de ce côté, on peut à peine rivaliser avec moi, mais
l'emporter, jamais; et cette confiance, elle a tout à fait
le caractère de la raison, puisque le temps est bien loin
de l'affoiblir.

Adieu, que Jésus-Christ vous soit en aide.

4ᶜ LETTRE.

L'original se conserve au monastère de la Visitation d'Annecy.

AU PRÉSIDENT FABRE.

Il le remercie de l'avoir mis en relation d'amitié avec François Girard, et promet d'entretenir une correspondance avec tous les
deux.

*Amplissimo senatori Antonio Fabro, Franciscus de Sales ecclesiæ
Gebennensis præpositus, S. D.*

Si tuis virtutibus jam pridèm, aut tuæ erga me humanitati me totum non deberem, deberem nunc pro-
fecto titulo omni exceptione majore, ob benevolentiam
Francisci Girardi, cujus tu mihi autor extitisti, tua scilicet, uti litteris ad me suis mandavit, eloquentiâ et apud
eum autoritate. Quid enim tali amico optabilius in humanis esse potest : donum istud est ipsa raritate illustre, ac quod nullo possit estimari pretio longe pretiosis-

2

simum, mihique eò suavius possidendum quò certiùs
agnosco nihil un quam tale meis meritis accedere potuisse.

Ne que verò proptereà in te quicquam imprudentiæ
esse dixerit quispiam, quod nùm donatoris cum dono
sibi certa respondeat proportione parum prospexeris,
verum enim est quod Alexander-Magnus credidit satiùs
fore si donatore dignum sit donum, licet alioquin im-
parem fortiatur donatarium, ut in eo non tam ad
quem, quam à quo proficiscatur considerandum sit. Rem
ego fecisti meis longe superiorem meritis, Francisci Girardi humanitate dignam, ei quam tu mihi tecum esse
voluisti amicitiæ consentaneam, qui mihi bonum illud
animi tui singulare, hoc est, voluntatem eximii viri
Francisci Girardi, mihi quoque fecisti, commune. At-
qui quod consequens erat, me jampridem in solidum
tuum Francisco quoque Girardo tuo in solidum addu-
xeris, ne vel minimæ rei inter vos societas desideraretur ;
quâ in causa nullam plane sentio formidinem ne aliquam inter nos concessionem dividendo experiri velitis,
quando quidem ambosi si amici estis individii, estis et
vestra utriusque erga me benevolentia, uti et mea
erga vos observantia, cum animæ penitus hæveat,
ipsi cedat necesse est, ejusque sequatur naturam, quæ
tota est in toto et tota, ut secundum artem loquar, in
qualibet parte. Quo fit ut si res ulla ex Salomanorum
placito, duplicem admittat possessorem, ea maxime est
amicitia.

Vivet vero semper in pectore meo ardens quoddam
desiderium omnes quidem amicitias, sed hanc maxime
Francisci Girardi, et cæteras quæ ex tuâ, Faber optime,
prodibunt officinâ diligenter colendi ; quod ut præstare
possem utinam non verbis tantam (qualia solet Fran-

ciscus præpositus, et, id genus alia, in quibus nescio quid inter nos est similitudinis); sed re etiam et meritis, quod tu credis; conjungeremur, ut amore præstantissimorum virorum vel eo nomine merito non indignus videar, qui me indignum esse agnoscam libenter, et tenuitatem meritorum desiderii amplitudine resarciam.

De cætero quod parum promptus fuerim in respondendo, vel tuis, vel Francisci Girardi litteris, causam profero, non meo quidem judicio minùs honestam, nec tibi, ut arbitror, minùs jucundam, qui familiaritate delectaris, quod scilicet ex media familiâ deprompta sit. Accepi vestras utrinque litteras sanctorum Simonis et Judæ die, quas decies et iterum; uti soleo omnia tua repetitas, dum demitto postridiè scripturus ut per occasionem etiam stati temporis quo togatæ militiæ sacramentum faciendi ad vos plerique contendunt, ego quoque in præcepta tua jurarem.

Si vos excellentes qualités et votre bienveillance pour moi ne vous donnoient depuis long-temps des droits à mon dévoûment, ils vous seroient acquis aujourd'hui à bien juste titre, par les rapports agréables que vous m'avez ouverts avec François Girard, puisque, d'après sa lettre, je les dois à votre persuasion et à la confiance qu'il a en vous. Que pouvoit-il m'arriver, en effet, de plus heureux, humainement parlant? Un tel ami est un cadeau rare, inappréciable, et d'autant plus flatteur pour moi, que j'étois loin de pouvoir y prétendre.

Ne craignez pas toutefois qu'on vous accuse de légèreté, pour avoir oublié le peu de rapport qui existe entre ce cadeau et l'homme qui le reçoit. Car Alexandre-le-Grand pensoit avec raison qu'un présent doit plutôt être digne de celui qui le fait que de celui qui l'accepte; ensorte que, de ces deux hommes, on doit moins envisager le second que le premier. Ainsi, en m'associant à ce qui fait les délices de votre cœur, je veux dire aux bonnes grâces de François Girard, vous m'accordez une faveur tout à la fois au-dessus de mon mérite, au niveau de celui de François Girard, et en harmonie avec l'amitié dont vous m'honorez. Par voie de conséquence, attendu que depuis long-temps je suis avec vous en communauté de sentimens, je le deviens aussi avec votre ami François Girard; tout, jusqu'à la moindre bagatelle, étant commun entre vous. Certes, en cela, je ne crains aucune discussion de partage; car une amitié comme la vôtre n'admet pas de partage, et votre bienveillance commune pour moi, ainsi que la haute opinion que j'ai de vous, se fixe dans votre âme, s'identifie nécessairement avec elle, et participe de son essence qui est, suivant le langage de l'école, *tota in toto*, *et tota in quálibet parte* (tout entière dans le tout, et tout entière dans chaque partie). D'où il suit que si un même objet peut, dans le système des Salomoniens, appartenir à deux personnes à la fois, c'est, sans contredit, une intimité de ce genre.

Conserver précieusement l'affection de tous mes amis, surtout, mon bon Fabre, celle de François Girard et des hommes dont vous me ferez des amis, c'est un vœu ardent qui vivra toujours dans mon cœur. Puisse ce vœu respirer non seulement dans mes paroles (ces paroles que vous me connaissez, et qui ont avec les vôtres je ne sais quel air de famille); mais encore dans mes actes et dans ma conduite, afin que je ne paroisse point indigne de l'amitié des personnes les plus recommandables, et qu'avec la conscience de mon indignité, je rachète les bonnes qualités qui me manquent, par le regret que j'éprouve d'en être privé.

Du reste, si j'ai mis quelque délai à répondre à votre lettre ou à celle de François Girard, le motif de ce retard, qui vient de ma famille, est, je pense, également plausible et flatteur pour vous qui aimez à remplir les devoirs de l'amitié. Vos deux lettres me sont parvenues le jour de Saint-Simon et Saint-Jude : après les avoir relues plus de dix fois, et c'est le sort de toutes vos épitres, je remettois au lendemain pour prendre la plume, afin qu'en un jour où les magistrats vont prêter serment entre vos mains, j'eusse aussi moi-même des protestations à vous faire.

5e LETTRE.

L'original est conservé dans le monastère de la Visitation d'Annecy.

LE PRÉSIDENT FABRE A FRANÇOIS DE SALES.

Le président Fabre se plaint de n'avoir pas reçu de ses lettres et craint que les siennes ne se soient égarées ; il lui parle de la dignité de sénateur, à laquelle saint François a été élevé en Savoie.

Amplissimo viro Francisco de Sales præposito ecclesiæ Gebennensis, Antonius Faber, S. D.

Chamberii, 30 nov. 1593.

Mihi verò jam longior ista cessatio videbatur; neque tamen tam eo nomine molesta, quod nullas ad me litteras mitteres quamquam hoc ipsum esset molestissimum, nisi vel ex eo maximè cognoscerem, quod malo, gra-

vioribus te intentum studiis, otio minùs abundare, quam
quia subvereri inciperem ne quid adversi vel tuæ vale-
tudini recidisset, vel meis litteris quas octobri superiore,
cum apud sebusianos meos feriarer binas ad te longissi-
masque exararem. Quas enim proximè dedi viro clarissimo D. Royeto senatori nostro, et ut video gaudeo-
que utriusque nostrum amantissimè, ut pro suâ erga me
benevolentiâ perferri ad te curaret, eas tibi redditas esse
certò scio.

Per opportunè autem, anxio mihi obtigit adventus
D. Porterii viri optimi, mihique jam indè a multis annis
cogniti; qui primo statim congressu rogatus à me quam
bene haberes et num quid a te litterarum, respondit
valere te optimè; litteras que pro salutatione missurum
fuisse confirmavit si non eodem ferè jus tanti ab urbe
fuisset sibi discedendum. Utrumque sane quam fuit ut
esse debuit, jucundissimum, sed hoc mihi ad plenam
defuit voluptatem, quod de prioribus meis litteris intelligere nihil potui, quæ si aut interceptæ essent, aut
quod vix credo deperditæ, ferrem equidem gravissimè
et eo penè animi affectu quo ferre soleo illa ipsa quæ ad
pnblicam jacturam pertinent:

In quo si me tu minùs verecundum putas, ne dicam impudentem qui tantum mihi arrogem, ut mag-
num aliquod Reipublicæ detrimentum illatum existimem
si eas non acceperis; scito non tanti me nugas et ineptias
meas facere, nisi quoniam et ad te scriptæ fuerint et de
re ad publicam, ni fallor, utilitatem spectante. Priores
illas intelligo, quibus ego te tam enixis multisque rationibus ad senatoriam dignitatem, quæ tibi delata est, ca-
pessendam cohortabar. Neque enim magis Reipublicæ
referre arbitror, ut te senatorem omnes videant, quam
meâ interesse, ut qui videbunt sciant quantum mutuo

amori indulseris qui meis potissimum sive precibus,
sive consiliis, persuasus sis, ut in hanc tam præclaram
de Republicâ benè merendi occasionem traduci te pa-
terere; itaque mihi gratissimum erit, si me ab hâc suspicione et dubitatione liberaveris, sed longe gratius
(non enim dimittam te donec benedixeris mihi) si voluntatem tuam a judicio meo nihil discrepare testaberis,
deque eo interim, ut desideria mea spe aliquâ susten-
tam, aliquid ad me, si lubet rescribes. Igitur tuas litteras expecto.

Benè vale, mi amicissime, meque, ut facis, ama.

Votre silence commençoit déjà à me paroître un peu
long. Néanmoins, la privation de vos lettres, toute pénible qu'elle est, ne m'alarmoit point par elle-même,
parce que je connois l'importance des occupations qui
absorbent jusqu'à vos loisirs. J'aime mieux qu'il en soit
ainsi. Mais, d'un autre côté, je craignois que votre santé
n'eût reçu quelque atteinte, ou bien qu'il ne fût arrivé
malheur aux deux missives fort longues que je vous
écrivis au mois d'octobre dernier, lorsque je passois le
temps des vacances dans le Lyonnais. J'ai remis cette
lettre à un sénateur distingué, M. Royet qui, à mon
grand plaisir, n'est pas moins chéri de vous que de
moi; et sa complaisance m'est un sûr garant qu'il vous
les aura remises. L'arrivée du bon M. Portère, que je connois depuis long-temps, vint me tirer fort à propos de
mon inquiétude : j'entrai tout d'abord en conversation,
en lui demandant comment vous vous portiez et si vous
l'aviez chargé d'une lettre; à quoi il me répondit que

votre santé étoit parfaite et qu'il auroit en effet pris vos dépêches , si ses fonctions ne l'avoient contraint de précipiter son départ.

Ces deux nouvelles, comme vous pouvez le croire, me firent un sensible plaisir; mais j'aurois désiré, pour mon entière satisfaction, avoir des renseignemens sur mes deux lettres précédentes. Si on les avoit oubliées, ou égarées, ce que j'ai peine à croire, j'en serois singulièrement contrarié, et cette perte m'affecteroit presque autant que celles qui compromettent tout l'État.

Si vous étiez tenté de taxer de ridicule et peut-être de présomption l'importance que j'attache à cette correspondance, dont les lacunes sont à mes yeux des calamités publiques, apprenez, pour ma justification, que ces riens, ces bagatelles ne sont si graves pour moi, que parce qu'elles s'adressent à vous et qu'elles intéressent tout le corps de l'État. Je parle ici des deux premières lettres dans lesquelles je vous engageois par mille raisons à accepter la dignité de sénateur qui vous est offerte. Car si, d'un côté, il importe à la République que vous soyez nommé sénateur, je ne serois pas fâché, pour mon propre compte, que ceux qui vous verront revêtu de ce titre , sachent que si vous vous êtes laissé entraîner à rendre service à l'Etat, on le doit aux conseils et aux prières de mon amitié. C'est pourquoi vous me ferez le plus grand plaisir de me délivrer de cette incertitude : mais je serais encore bien plus flatté d'apprendre de vous-même que votre décision est conforme en tout point à mon sentiment. *Non enim dimittam te donec benedixeris mihi* (1). En attendant, écrivez-moi, je vous

---

(1) Car je ne vous laisserai partir que quand vous m'aurez béni.

prie, afin qu'au moins mes désirs soient bercés de quelque espoir. Je compte donc sur une lettre de vous.

Adieu, mon cher ami, continuez à m'aimer comme à présent.

6ᵉ LETTRE.

L'autographe est conservé dans le monastère de la Visitation d'Annecy.

LE PRÉSIDENT FABRE A SAINT FRANÇOIS DE SALES.

Sur les recommandations qui lui ont été faites par saint François de Sales relativement à des procès pendant devant le sénat.

Clarissimo viro Francisco de Sales præposito ecclesiæ Gebennensis, Antonius Faber, S. D.

Chamberii, 3 idus decembri 1593.

Siccinè igitur te mihi tam diù sors nostra invidebit meæ quæ illudet expectationi? At inquies multum distat a longissimo tempore mensis unus. Imò vero mensis hic, si mihi credis, annus est, qui in sequentem annum incidat aut potiùs anni plures apud me quem incredibile videndi tui desiderium sic accendit, ut ipsas etiam horas penè singulas pro mensibus numerum, et invitâ quoque naturâ ne ne dicam theologiâ cujus planè sum ignarus, toto hic hyemali solstitio, dies noctibus factas putem longiores. Quandò tamen ita res fert, volo ergò mihi quoque ipsi illudere et in longioris augurium felicitatis accipere si te in anni principio, quam si in fine videbo, quamquam si quæ quod nondum despero, ad

te citiùs convolandi nascetur occasio, non ero tam su-
perstitiosus, ut non malim incipere a fine quod prudentiores, ex vulgari sapientiæ præcepto scis facere debere.

Intereà expecto avidè litteras illas quas brevi bono,
ut loqueris, argumento scripturum te fuisse insinuas.
Nihil enim est quod commodiùs facere possis ut dul-
cissimæ consuetudinis tuæ suavitatem, quam toto animo jam amplector et deosculor, etiam desiderando sentiam, prœsertim eam excellens quoddam argumentum
illud fore necesse sit, si tu minus bonum istud vocas,
quod posterioribus his tuis litteris causam dedit nisi
fortè ad id respicis litium odio et execratione ut arbitror, inverecundus tibi et importunus videar si invere-
cundo et importuno isto litigantium hominum genere
me interpelles.

Quod si ita est, patere, obsecro, me in hoc uno a te
dissentire, non quoniam ea me ratio litigatoribus æquio-
rem faciat, quod inter eos et in mediis litium confrac-
tibus assiduè versari me sit necesse (tanto magis enim
odisse deberem, cum vel pulcherrimarum rerum oblec-
tatio satietate sordescat) sed quia multum iis debere me
sentiam, qui ut mihi per te commendentur, litteras ad
me tuas deferre volent.

Quid enim jucundiùs habere possim, quam si ex his
veluti testationibus intelligam perspectam esse quam plurimis conjunctionem nostram, me minùs exploratum
quantum me ames quam illud etiam quanti ego vicissìm
te faciam. Itaque agam iis gratias tum maximè cum im-
portuni tibi videbuntur, petoque a te ut mea saltem
causa eos in posterum ames tanquam per opportunos
amicitiæ nostræ nuntios et tabellarios. Faciam si potero,
ut ad te redeant testes animi erga te mei easdemque tibi
gratias referant, quas a me acceperint, cum sic habiles

se videbunt, ut negare non possint præcipuum apud me pondus commendationem tuam habuisse. Jam verò de patruelis tui causâ, quam mihi commendas verecundiùs, cum pro tuo in me imperio jubere potiùs debuisses, jam audieram quæ perorantes in publico advocati in utramque partem disputaverant, et procurator Chappa ejusdem litis curans deque toto negocio apprimè instructus mihi omnia diligenter explanaret. Sic, obsecro, tibi persuade, in iis omnibus quæ tu me præstare voles, idest, ut te ipsum interpretari video, quæ salvo pudore et officio præstari ab amicissimo vero possunt, non magis me tibi tuis que familiaribus, quam mihi defuturum amicissimus mihi est quisquis amici mei si amicum prebat. Neque facile fero rigidos istos Catones qui apud probum judicem nullum amicitiæ aut commendationis locum relictum volunt. Sunt enim non nulla, quæ vel a severissimo judice amicus flagitare honestè ac pro suo jure possit, quale illud imprimis ut bonam amico causam judex optet ; quod ipsum non parvi momenti est ad impetrandum ut si revera sit bona defendatur pertinaciùs, nec tam facile per imperitiam aut timiditatem desideratur. Cætera taceo quæ quotidiè experiuntur, qui inter amicos et cognitos litigatores judicandi munere sic funguntur, ut neque amicitiæ desertores videri velint, neque improbiores fieri ut amiciores videantur. Quid enim amicitiæ tam contrarium, quam improbitas ?

Facis tamen tu injuriam, non probitati meæ, sed necessitudini nostræ, et si dicere audeam, existimationi, qui ad me ita scribis, quasi existimes salesios ullos, quicumque tandem illi sint, nedum patrueles tuos, aliqua egere apud me commendatione, sed me ab hâc ego injuriâ non improbè vindicabo, et quibus officiis potero enitar, ut se mihi commendatissimum fuisse gloriari pos-

sit, non quia fuerit per te commendatus, sed quoniam
is sit quem eum ex tuis esset, hoc ipso mihi commendare non debueras, quod aliis minùs tuis commendare
illum pro officii necessitate debuisses.

Bene vale, mi amicissime, et me ut facis, ama.

———

Serai-je donc toujours privé de vous voir, et le sort
se jouera-t-il toujours de mon espérance? Mais un mois,
direz-vous, n'est pas un temps très long. Je vous assure
que ce mois, qui finira à l'année prochaine, est pour moi
comme plusieurs années, tant je brûle du désir de jouir
de votre présence; chaque heure qui s'écoule, je la
compte pour un mois, et, en dépit de la nature (je ne
dis pas de la théologie que j'ignore complètement), durant tout ce solstice d'hiver, les jours me semblent de-
venus plus longs que les nuits. Dans cette situation d'esprit, je cherche à me faire illusion à moi-même; et si
je vous vois au commencement de l'année, j'en tirerai
l'augure d'une félicité plus durable que si je vous voyois
à la fin. Toutefois, si, ce dont je ne désespère point encore, il se présente une occasion de me rendre auprès de
vous plus tôt, je ne serai pas assez superstitieux pour ne
pas préférer cette époque de la fin de l'année, en suivant
avec prudence cet adage vulgaire de la sagesse : *Fais ce
que tu sais devoir faire.*

Cependant, j'attends avec impatience la lettre que
vous m'annoncez, et qui contiendra, selon votre expression, une preuve courte et bonne. Certes, rien ne
vous est plus aisé que de me faire goûter les délices,
dont mon cœur se repaît et s'enivre par avance, de votre douce et aimable conversation; j'en jouirai d'autant

mieux que je la désire plus vivement, et je serai d'autant plus sensible à cette excellente preuve d'amitié qu'elle me sera devenue plus nécessaire. Que si vous regardez comme moins réelle et moins bonne celle qui a fourni le sujet de vos dernières lettres, c'est peut-être, comme je le pense, par l'effet de votre dégoût et de votre aversion pour les procès; ce qui me feroit craindre de vous paroître ennuyeux et importun par la nécessité où vous êtes de vous adresser à moi, en faveur de cette indiscrète et ennuyeuse espèce d'hommes processifs.

S'il en étoit ainsi, je vous supplierois de me permettre de n'être point de votre avis sur ce seul point. Non que je doive être plus traitable et plus accessible aux plaideurs, par la raison que je suis obligé de vivre avec eux et de m'occuper continuellement de discussions litigieuses (cela au contraire devroit me les rendre insupportables, car la jouissance même des plus belles choses nous devient fastidieuse par la satiété); mais je trouve que je leur suis très redevable, puisqu'ils m'apportent vos lettres par lesquelles vous voulez bien me les recommander. Quoi de plus doux pour moi que de voir, par ces témoignages réitérés, combien notre liaison est devenue plus intime et plus étroite, n'ayant point encore aussi bien éprouvé combien je vous suis cher et combien je vous aime en retour. Ainsi donc, plus ces plaideurs se montreront importuns auprès de vous, plus je leur rendrai grâces; et je vous conjure de les aimer un peu par la suite, au moins à cause de moi, comme de fidèles et très commodes messagers de l'amitié qui nous unit. Je ferai tout ce que je pourrai pour que ces témoins de mes sentimens pour vous, aient à vous rendre les mêmes actions de grâces qu'ils auront reçues de moi, en sorte que lorsqu'ils auront eu gain de cause, ils ne puissent nier que leur principal appui auprès de moi, aura été votre recommandation en leur faveur.

Déjà, dans la cause de votre parent que vous me recommandez avec beaucoup de réserve, quand bien plutôt vous devriez me donner des ordres, j'avois entendu les plaidoiries des avocats des deux parties; et le procureur Chappa, chargé de cette procédure, parfaitement instruit de l'affaire, m'en avoit expliqué avec soin tous les détails. Je vous prie donc de vous bien persuader que dans toutes les circonstances où vous voudrez bien recourir à mes bons offices, et, comme je vois que vous l'entendez vous-même, dans toutes les affaires qui, sauf l'honneur et le devoir, peuvent être confiées au zèle d'un véritable ami, je ne manquerai pas plus à vous et à tous les vôtres, que le meilleur de mes amis, si j'avois besoin de ses services, ne me manqueroit à moi-même et à qui que ce soit de mes amis. Je ne supporte pas ces rigides Catons qui n'admettent, auprès d'un juge intègre, aucune recommandation de l'amitié. Comme s'il n'y avoit pas plusieurs de ces choses qu'un ami peut honorablement solliciter, même auprès du magistrat le plus sévère, pour le soutien de son droit : car ce qu'un juge souhaite, surtout à son ami, c'est une bonne cause; la meilleure, en effet, remarquez-le bien, a besoin pour triompher, d'être vigoureusement défendue, pouvant trop souvent être compromise par l'impéritie ou la timidité. Je ne vous parle point de ce que nous voyons tous les jours, de ces magistrats qui, ayant à juger dans une contestation élevée entre leurs amis et alliés, s'acquittent de leur devoir de manière qu'on ne peut leur reprocher, ni d'avoir trahi les intérêts de l'amitié, ni d'avoir été iniques pour servir leurs amis. Quoi, en effet, de plus contraire à l'amitié que l'iniquité.

Vous faites injure, non à ma délicatesse, mais à notre union, et, si je l'ose dire, à l'estime que nous nous devons réciproquement, lorsque vous me dites que vous croyez que tous les *de Sales* qui ne sont point vos proches parens, manqueront de recommandation auprès de moi. Pour me venger dignement de cette injure, je tâcherai de leur rendre tous les services possibles comme s'ils m'avoient été très fortement recommandés. J'en agirai ainsi, non à cause de votre recommandation, mais parce qu'ils vous appartiennent, et que vous auriez dû demander pour eux non moins que pour les autres parens le devoir de ma charge.

Portez-vous bien, mon ami très cher, et aimez-moi comme je vous aime.

7ᵉ LETTRE.

L'original est conservé au monastère de la Visitation d'Annecy.

AU PRÉSIDENT FABRE.

Saint François l'informe qu'il va être élevé à la prêtrise.

Antonio Fabro senatori, Franciscus de Sales præpositus ecclesiæ Gebennensis, S. D.

December 1593.

Appetente et imminente jam tremendo illo, ac uti Chrysostomi verbo loquar, horrendo mihi tempore, quo ex Antistitis placito Deo volente (non enim alio utor interprete ad Dei voluntatem explorandam), postquam

per omnium ordinum gradus sacratissimos iter hucus-
que feci, tandem ad augustissimam sacerdotii apicem
evehéndus sum; committendum non duxi quo minùs te
de hac mea tanta tam excellentis honoris et boni expectatione admonerem, ne tanta te inscio in re tua fiat mu-
tatio. Et si namque etiam nescientis melior fieri conditio
potest, et hæc omnium quæ in hac mortalitate expectari
queat mutationum sit maximè gloriosa; id tamen moris
est amantibus, si quid arduum ac periculosum aggre-
diantur, sollicitudinem ac formidinem solari amicis facta
expositione; ac formidinis motus sedantur si negotium
ipsum, mentemque nostram amicis exponere possimus.
Nihil verò unquam tam arduum, tamque periculosum,
ni fallor, mortalibus occurrere potest, quam id manibus
tractare ac, ut cum Hyeronimo loquar, id ore suo con-
ficere, quod vix ac ne vix quidem cogitatione complecti
vel ore laudare satis possunt beatissimæ illæ mentes,
quibus nos laudandis aut intellectu percipiendis non nimirum satis sumus.

Et quidem non eram nescius, observatissime vir,
magno cum periculo hanc tantam sacram dignitatem
conjunctam esse; verum fallax sæpè distantia intuentis
oculis illudit, aliudque jam dicam esse remè minùs, aliud
verò cominùs metiri. Tu vero unus es, amplissime vir,
qui huic metus mentis meæ trepidationisque perturba-
tioni percipiendæ maximè mihi videris idoneus; tanta
namque res divinas observantia, tanta veneratione pro-
sequeris, uti facile tecum reputes, quam periculosum
sit ac tremendum earum officinæ præ esse; in iis quam
facile simul et graviter peccetur, quam verò rarò difficile et pro dignitate tractentur. Atque si ingenii mei im-
becilitatem tam probè cognosceres, nihil in te aliud
desiderarem quo sorti meæ, eam quam a te suo jure

quærit misericordiam adhiberes, cum non animo jam
indigeo, quam integrum erectumque hactenus sustinui.
Verum hæc dixisse sat est tuæ misericordiæ commovendæ
gratia; ita tibi sensus meos explicavi, quod scirem hanc
medelam esse ægris amicis opportunam, quamvis nescio
(ut me sensim teque ab iis cogitationibus subtraham
quas exposuisse omnino sat est) quanam ratione id fiat
ut cum amicus commiseratione malum abesse velit ab
amico misero, miser hic contra miseratione amici re-
creetur, cum miserator mali particeps non fieri nequeat,
nisi forsitan illud est quod miseratione, clarissime, illu-
cescit amicitia quam, cum sit optima rerum omnium, in
amico longè meliùs est deprehendere cum miseratione,
quam si sine ulla mali communione vel nulla vel exigua
superesset benevolentia.

Iterum neque vellem ego me existimes tanto pavore
afficere mysteria illa sacrosancta, uti suus rectæ spei ac
lætitiæ nullus supersit locus.

Quantum nullis unquam meritis promereri possum,
lætor plurimum et gaudeo me post hac eo saltem officio
respondere posse, quod omnium supremum est, nimirum sacrificiis iisque medullatis.

A l'approche du jour terrible, de ce jour épouvan-
table, comme l'appelle saint Chrysostôme, où, d'après
la volonté de Dieu, exprimée par celle de l'évêque (car
je ne cherche point d'autre organe de la volonté du Seigneur), après avoir franchi tous les degrés de la hiérar-
chie, je vais enfin être élevé à l'auguste dignité du sa-

cerdoce; je n'ai pas cru pouvoir me dispenser de vous faire part de l'insigne honneur qui m'attend, ne voulant pas qu'un événement aussi important et qui vous intéresse, se passe à votre insu. Car, bien qu'il soit quelquefois plus avantageux d'ignorer que de savoir, et que le changement qui va s'opérer en moi soit, sans contredit, le plus glorieux qui puisse arriver pendant la vie; néanmoins, quand on aime, il est naturel, au moment d'une démarche périlleuse et critique, de déposer dans le sein d'un ami ses inquiétudes et ses frayeurs. En mettant ainsi notre âme à découvert, nous pouvons calmer les alarmes de notre conscience. Et certes, ou je me trompe, ou l'on ne peut rien entreprendre de plus hardi, de plus effrayant, que de tenir entre ses mains et de créer par la parole, suivant l'expression de saint Jérôme, celui que les anges ne sauroient embrasser par la pensée ni louer dignement, ces saintes intelligences que nous ne pouvons concevoir ni louer dignement nous-mêmes.

Sans doute, mon ami, je n'ignorois pas que le saint sacerdoce fût accompagné de dangers; mais souvent l'éloignement d'un objet trompe les yeux, et je vous avoue que, vue de près, la chose présente un aspect tout différent. Vous êtes le seul homme que je trouve capable d'entrer dans les craintes et dans les scrupules de ma conscience, vous qui traitez les choses saintes avec tant de respect et de réserve, vous qui comprenez toute la responsabilité du prêtre dispensateur des grâces, vous enfin qui savez combien sont nombreuses les occasions prochaines de péché, combien il est difficile de remplir tous ses devoirs avec la dignité convenable. Si vous connaissiez moins toutes mes imperfections, je ne vous demanderois en faveur de ma position que la pitié qu'elle exige par elle-même, attendu que je ne manque pas de confiance, et que, jusqu'à présent, mon courage ne m'a point abandonné. Mais ce que je vous ai dit est suffisant pour exciter votre sympathie : je vous ai découvert mes sentimens, parce que je sais qu'une pareille confidence est un remède souverain pour la conscience malade d'un ami. Et pourtant comment se fait-il (ici je veux m'éloigner insensiblement des considérations que je me suis contenté d'indiquer sans entrer dans les développemens), comment se fait-il que lorsqu'un ami souffre de nos propres maux, ses souffrances nous apportent un certain adoucissement, quoiqu'il ne puisse réellement partager les nôtres? Sans doute parce que la sympathie est la marque la plus évidente de l'amitié, ce sentiment sublime que nous aimons surtout à reconnoître dans une personne chérie, et que nous préférons à cette bienveillance foible, presque nulle et dépourvue de sympathie que nous pourrions rencontrer dans les autres.

D'un autre côté, n'allez pas croire que les saints mystères m'inspirent une frayeur telle, qu'il ne me reste plus aucun motif d'espérance ni de consolation.

Jusqu'à présent, il est vrai, je n'ai acquis aucun mérite; mais je me réjouis du moins en pensant qu'il y a un devoir que je pourrai toujours remplir; ce devoir, pour moi le plus sacré de tous, c'est l'obéissance, mais une obéissance aveugle.

8e LETTRE.

L'original est conservé au monastère de la Visitation d'Annecy.

AU PRÉSIDENT FABRE.

Il lui parle de ses occupations.

Antonio Fabro senatori, Franciscus de Sales præpositus ecclesiæ Gebennensis, S. D.

1593.

Ecce ab Antistite nostro supplicationes obsecrationesque pro captivo Gebennensi duce (quod Dux ipse per litteras postulaverat), per novem dies publice decretæ, ac uti populus Deo placando ardentiùs incumbat, in sequentem dominicam Diem concionem indicunt, idque munus tyroni tuo qui extra scolas vix negare novit, impositum. Ergo in sequentem hebdomadam scripturus, concioni parandæ (nec enim insalutatis doctoribus, id facere noster ferre potest vel genius vel ingenium) mentem attribuo.

Quâ absolutus curâ, audio carissimam matrem, anno 47 ætatis suæ, decimum tertium propè diem parituram filium acutioribus torsionibus, ac adeo non levi mortis suspicione vexati quare missis omnibus ad eam (mea enim præsentia plurimùm recreari solet) propero.

Nec primum redii quin meliùs per Dei gratiam licet propinquiore partis haberet. Vixque consedi, cum adest nuntius eam nullo ferè negotio peperisse, dolorum nimirum præcedentium ex summa imminatim substractione.

Quare iterùm redivivam veluti visurus discedo, ac in itinere cum occureret Dominus Posterius unus ex canonicis nostris ad vos brevi profecturus, rogavi uti te meo nomine salutaret, quando scribendi nulla dabatur opportunitas.

Quarè ea mihi nùm demùm extat conditio, quam pro tua humanitate ascripsisti, *cum tibi commodum erit*, cujus ego eam vim, quod ad rem attinet, esse credo, ut tum demùm obtineat cum nullum officit impedimentum quod in virum constantem cadere possit.

Nescio verò feliciùs ne an infeliciùs mecum actum sit, ut nimirùm tum acceperim ter a te litteras cum ne semel quidem dare potuerim. Etsi enim tanto viro, dicam suaviùs (quod per summam humanitatem tuam jam mihi licere existimo) etsi tanto amico suavissimè alloquenti non respondere durum fuerit, jucundissimum tamen fuit, inter acerbas nonnullas meas occupationes mellificum illud tuum degustare ac te ex litteris veluti eloquentem subaudire.

Accepi igitur ter a te litteras, quibus hâc una sola satisfacere æquum nimirum duxerim ; seorsim namque de senatoriâ dignitate recusandâ vel desideranda huic tuo Tyroni, Faber clarissime, alias litteras scribam, nisi coram, uti spero, hac de re tractandi se se det occasio subolfacio etenim mihi brevi te visendum, cum felicitati meæ proponendæ non deero. Ac si quid erit in eâ tractatione difficultatis, opportunus omninò suas occurret Franciscus Girardus utriusque nostrum licet in dispari causâ, amatissimus, juri pariter ac theologiæ addictissimus. Sed hac de re alias. Rogor enim inter hæc uti in quâdam agricolæ nostri Thorensiani causâ adversus soudanum ejusdem loci notarium apud te intercessorem agam, ac rogem ut rustici jus suum supersit, aqua sane petitio rustici, sed rustica, quam si facerem stultus merito judicarer. Quod enim tibi curæ ac cordi non est, jus non est ; quod vero cuique juris est, id quoad per te potest, integrum est ac tutum. Imo verò cum nescio quid criminis in eâ causa versari audirem, prope fuit ut exclameverim : *viris anguinum declinate ame* (1). Nihil in iis causis clericis negotii esse debet.

———

Notre évêque ayant ordonné une neuvaine de prières et supplications publiques, à l'occasion de la captivité du duc de Genevois (ce prince lui-même avoit demandé par lettres ces prières); et afin que le peuple se portât avec plus de ferveur au pied des autels pour appaiser Dieu, une assemblée générale étant indiquée au dimanche suivant, l'exécution de ces dispositions fut confiée à votre élève qui, à peine sorti des écoles, ne put s'y refuser. J'arrêtai en conséquence que j'écrirois, dans le courant de la semaine suivante, pour la convocation de l'assemblée (ayant, au préalable, salué les docteurs, mes inclinations et mon caractère ne me permettant pas d'en agir autrement).

Après avoir rempli ce devoir, j'apprends que ma très chère mère, vers le treizième jour de sa 47ᵉ année, étoit accouchée d'un fils, et qu'elle étoit travaillée de si affreuses tranchées que l'on avoit de vives appréhensions de sa mort. Dès lors, remettant toute affaire, je me hâte de me rendre auprès d'elle (ma présence ayant coutume

---

(1) Ps. 138, v. 19.

de lui procurer beaucoup de soulagement). Je n'étois
pas encore arrivé que Dieu, par sa grâce, avoit permis
qu'il y eût un mieux sensible dans la situation de ma
mère; et à peine venois-je de m'arrêter pour prendre un
peu de repos, que je reçois un courrier m'annonçant
qu'elle ne souffroit presque plus : les douleurs qu'elle
avoit éprouvées précédemment ayant diminué peu à
peu, elle en étoit entièrement délivrée.

Tranquillisé par cette nouvelle, je m'empresse d'aller
voir cette tendre mère revenue en quelque sorte à la
vie ; et ayant rencontré sur mon chemin M. Poster,
un de nos chanoines, je l'ai prié de vous saluer en mon
nom, n'ayant à ce moment aucune commodité de vous
écrire.

Voilà ce qui me fait sentir toute la gravité du fardeau
que m'impose cette dignité que je dois surtout à votre
bienveillance. Sentiment précieux dont le pouvoir, en
tout ce qui me touche et toutes les fois qu'il vous plaira
de l'exercer, est tel, qu'à moins d'un obstacle insurmon-
table, il obtiendra, j'en suis persuadé, tout ce qu'on
peut accorder à la volonté persévérante d'un homme
de bien.

Je ne sais vraiment si je dois me réjouir ou m'affli-
ger de ce qu'il arrive toujours que je reçois au moins
trois lettres de vous, avant que je puisse vous en envoyer une seule. Et en effet, ne m'est-il pas bien dur de
ne pouvoir répondre, je ne dis pas à un homme si distingué, mais ce qui m'est plus flatteur (et ce à quoi, je
pense, m'autorise votre extrême bonté pour moi), à
un tel ami qui m'entretient avec tant d'amabilité; d'un
autre côté, n'est-ce pas pour moi une bien douce consolation de pouvoir, au milieu de mes occupations les
plus graves et les plus sérieuses, me nourrir de ce miel

que vous me préparez, comme si en vous lisant je goû-
tois le charme de vos paroles.

J'ai donc reçu trois de vos lettres, et à grand'peine
ai-je satisfait à une seule ; mais, très illustre Fabre, per-
mettez à votre élève d'oublier ou d'écarter pour un moment la dignité sénatoriale. Je vous en écrirai une autre,
à moins, comme je l'espère, qu'il ne me vienne une occasion de traiter avec vous en personne de l'objet de
cette lettre : car je prévois que j'aurai bientôt le plaisir
de vous voir, et certes je ne me refuserai point à une
félicité si ardemment désirée. S'il se trouvoit quelques
difficultés dans la discussion de cette affaire, François
Girard viendroit fort à propos pour nous aider à les
résoudre ; car il est des nôtres, et nous est également
cher à tous deux quoiqu'à différens titres, étant aussi
habile en droit qu'en théologie. Mais remettons cela à
une autre fois.

On me sollicite, en ce moment, de me rendre inter-
cesseur auprès de vous dans la cause de notre laboureur
de Thorens contre Soudan, notaire au même lieu, et de
vous prier de faire prévaloir le droit de ce cultivateur ;
cette requête d'un villageois est certes d'une grande simplicité, et si je vous la présentois, je passerois à juste titre
pour un insensé. Car l'objet de votre sollicitude et des
désirs de votre cœur n'est pas le droit d'un individu ;
mais que le droit de chacun demeure autant qu'il est en
vous sauf et intact. Je ne sais même pas si je n'ai pas ouï
dire qu'il y avoit quelque chose de criminel dans cette
affaire ; si cela étoit, je serois tenté de m'écrier : *Eloignez-
vous de moi, hommes de sang* (1). Dans une telle matière, le clergé doit toujours s'abstenir.

____

(1) Ps. 138 , v. 19.

9ᵉ LETTRE.

L'original est conservé au monastère de la Visitation d'Annecy.

AU PÈRE POLLEVIN, JÉSUITE.

Saint François se rappelle à son souvenir et lui parle de ce qui lui
est arrivé depuis qu'il a quitté Padoue.

1593.

Monsieur mon révérend Père,

Je fais tant d'état de l'honneur que j'ai eu à Padoue
d'être reçu en rôle avec vos enfans spirituels, que je
penserois avoir fait une perte signalée, si j'étois rayé de
ce nombre ; et que pour me nourrir en votre mémoire,
et conserver ce bien pour moi, je vous ai voulu adresser
cette lettre comme une humble requête pour vous supplier m'entretenir toujours en la faveur laquelle une fois
vous m'aviez accordée, n'ayant rien fait dès lors qui
m'en puisse priver, sinon que ce fût d'avoir tant attendu
de vous écrire et saluer. En quoi le peu d'assurance que
j'avois du lieu où vous étiez et le respect que je dois à
vos occupations me pourroit beaucoup excuser, puisque je n'ai pas laissé de demander à toutes occasions de
votre santé, tant qu'il y a quelques mois que j'en eus
des nouvelles par le père Jean Lorini. Mais le seul souvenir de votre bonté me promet un total pardon ; et
au reste pour vous rendre quelque compte du vôtre,
depuis que je suis de retour d'Italie, je me suis tellement

fait ecclésiastique, que j'ai célébré messe le jour de St-Thomas, l'apôtre dernier en notre église cathédrale de Saint-Pierre de Genève, où je suis indigne prévôt qui est la première dignité après l'épiscopale : et par le commandement de mon évêque, dès demi-année en çà, j'ai prêché ici et ailleurs parmi le diocèse la parole de Dieu. En quoi je m'accuserois bien fort de témérité si l'obéissance ne m'en avait ôté le scrupule. C'est ce que j'ai fait et que je fais encore le mieux que je sais, vous portant bien souvent avec moi en imagination en chaire : plût à Dieu seulement que j'y portasse quelque médiocrité de vos perfections pour le service de la divine Majesté, laquelle je prie continuer longuement en santé votre paternité, à laquelle baisant les mains, je demeurerai très humble fils et serviteur.

10ᵉ LETTRE.

L'original est conservé au monastère de la Visitation d'Annecy.

AU PRÉSIDENT FABRE.

Saint François lui explique les motifs qui l'ont empêché de se rendre à Chambéry ; il lui promet d'y aller.

Antonio Fabro senatori, Franciscus de Sales præpositus ecclesiæ Gebennensis, S. D.

1594.

Quid facerem jam, mi frater, aut quo me verterem, qui tam ardenti tuo illi desiderio hactenus nec satisfeci, et jam exclusus penuria temporum in promptu satisfacere minimè possum ? Ecce namque synodi tempora jam appetentia, clericis omnibus hujus provinciæ celeberrimæ, cui si non interfuero, anathemati caput ipsum objicio. Subsequitur deindè de nostræ ecclesiæ negotiis per aliquot dies tractatio, quo tempore abesse me, quamvis inutilem omninò non partitur reverendissimi Antistitis et parentis autoritas.

At vero medius tertius cum venirem huc ut sequenti die cum domino Coperio ad vos pergerem, cum ad tria circiter milliaria inter medios densissimos imbres processissem, se se mihi de quo cogitaveram, ita se sane res habet, rapidissimus quidam torrens objicit, qui nullo tunc vado transire poterat, sicque cogor retrocedere; id autem causæ fuit quominùs domino Coperio qui ex opposito lacus littorali iter habuit omninò pervenirem. Angor desiderio incredibili id præstandi quod promisi; quod quam primum potero faciam. Nullamque dicam diem ne obviam accedas iterum : quod te cum tali ac tanto comitatu semel fecisse mei causa, nisi amor ille eximius cæcus ne dicam erga me tuus excusaret, intolerabile omninò videretur in tanto senatore. Id ubi rescivi, hesterna scilicet nocte, tanto me rubore sensi perfundi, uti ne tuas quidem litteras ampliùs per summum verecundiam respicere non auderem.

Pudet me, frater optime, majorem in modum tam vehementer expetitum abfuisse. Quid dicam ? Si mihi in mala causa bonus desit advocatus, actum quidem est de capite meo. At salterio digna res erit, ut in desperata causa remedio adsit præsentissimo, et mihi jam tam magno pudore et damno castigato veniam obtineat. Utinam, mi frater, quam imis persentio medullis ex hac re perturbationem quam primum Deus avertat ! Alioquin fieri numquam posse reor ut te experrectis videam oculis.

Que faire ? Comment sortir d'embarras ? Si jusqu'à présent je ne me suis pas rendu à votre pressante invitation, je ne puis y répondre davantage aujourd'hui, parce que le temps me manque. Car voici l'époque où se réunissent tous les membres du clergé de notre diocèse ; et m'absenter, ce seroit appeler l'anathême sur ma tête. Ensuite il faudra régler les comptes de notre église, ce qui me tiendra encore quelques jours ; et, bien que ma présence ne soit pas nécessaire, notre vénérable père et prélat veut absolument que je reste jusqu'à la fin.

Il y a trois jours, je vins ici dans l'intention d'aller vous joindre le lendemain avec M. Copère : mais après environ trois milles de marche par une pluie affreuse, je fus arrêté par un torrent, ceci n'est pas un conte, et je l'avois bien prévu, un torrent qui ne présentoit aucun endroit guéable et qui me força à rebrousser chemin. C'est ce qui fut cause que je rencontrai M. Copère ; il suivoit la route opposée. J'ai le plus grand désir de remplir ma promesse, et je la remplirai le plus tôt possible. Mais je me garderai de vous fixer le jour, de peur que vous ne veniez au devant de moi comme la première fois. Vraiment, sans cette amitié délicate, je dirois presque aveugle, qui vous sert d'excuse ; votre démarche et tout cet attirail à cause de moi auroient pu paroitre déplacés dans un sénateur de votre distinction. En l'apprenant, c'étoit la nuit dernière, je me suis senti le rouge monter au visage ; et j'étois si honteux de moi-même, que je n'osois plus relire votre lettre.

Après avoir été attendu avec tant d'impatience, j'ai honte, mon cher frère, d'avoir manqué au rendez-vous. Eh ! quoi, si dans cette mauvaise cause je n'ai pas un bon avocat, c'en est donc fait de moi. Mais ce seroit une chose merveilleuse que ma cause, toute désespérée qu'elle est, ait son côté favorable, et que le chagrin et les contrariétés que j'ai éprouvés me fassent obtenir ma grâce. Que Dieu me délivre de la confusion où je suis de ce contre-temps, sans quoi, mon cher frère, je cours risque de ne pouvoir plus vous regarder en face.

IIᵉ LETTRE.

L'original est conservé au monastère de la Visitation d'Annecy.

AU PRÉSIDENT FABRE.

Il lui parle de sa santé, du carnaval et de son départ pour Seyssel, où il doit faire des prédications.

Antonio Fabro senatori, Franciscus de Sales præpositus ecclesiæ Gebennensis, S. D.

1594.

Ego verò contrà, frater optime, tanta me sensi totum perfundi voluptate in tuarum litterarum lectione, ut cum jam valetudinem recuperassem, nihil aliud ejus confirmandæ quam Deo volente jam recuperaveram valetudinis, nullum opportunius desiderari videretur remedium. Quid enim convalescentibus optabilius, quid opportuniùs, quam ex unius domusculæ umbra in amænissimorum Florentissimorum hortorum conspectum frequenter exire, ibique inter medios flores exspatiari, ac auras odoribus gratissimis onustas colligere. Sie nempè amicissimas tuas litteras lego.

Illud autem molesti admodum fero quod tam meo

nimirum morbo augi te scribas, maximè cum ego vel nullum vel minimum sentirem dolorem, ac cum tu per summam amicitiam de febriculâ meâ doleres (propè fuit ut nostra dicerem, si malorum ut bonorum inter nos communio inducta foret, quod ego sis indemnis facere possem, hoc genere longe locupletior), avationem propè modum ipse deportassem; at mihi jam vicissim dolendum de tuo dolore foret, nisi iis doloribus modum facere tandem aliquando satiùs esset.

De Antoniano convivio rectè procurator egit Chappatius; dicam liberè pro candore pectoris fraterni Antonianum. Si à sancto Antonio, velis non rectè dici aliter posse quam Antonianum, appelles quod minimè tale sit, cum nullum aliud convivium dicatur Antonianus habuisse, præter unicum illud in quo convivator corvus afficit, conviva Paulus et Antonius, pro lautissimo Edulio panis, pro potu aqua.

Quandò quidem sperare jubes hisce bacchanalibus futurum ut ambo incolumes et una simus, ab hâc expectatione tantam mente concepi lætitiam, uti nullus sit futurus, cui tantam nauseam edulia quadragesimalia pariant, ut magis festa paschalia, quam ego bacchanalia, desideret. Sicque urbanitatis Christianæ antiqua illa forma inter nos reviviscet, qua solebant ad honestam recreationem usque amici antè quadragesimale jejunium convivia celebrare, ac simul aliquantulum feriari, ut liberiùs toto pœnitentiæ tempore suderent solitarii, et tacerent, ac elevarent se supra se, quasi longioris silentii licentiam vicissìm simul expetentes. Præcipua verò quam appellas amænitas loci in quo mei habitant; quod nimirum eos omnes mecum sis visurus, vereor ne nobis desit; quoniam per idem tempus clarissimus senator, nostrum omnium amantissimus, Dominus Rogetius, filiæ natu majoris matrimonium cum judice majore Focunacensium celebrabit; parentes mei pro suâ erga senatoris universam familiam observantiâ, jam per litteras rogati, deesse minimè poterunt.

Te veniente non committam ut alibi sim quam tecum. Etiam te non veniente, non intrarem; quomodò enim nuptiis interessem qui vestem nullam habeo nuptialem? Antonianum timeo namque convivalem illum senatum.

Iterum scribit dominus de Montrotier, qui caracteris tui elegantiam et subtilitatem admiratus se deinceps silentio responsurum dicit. Ejus litteras simul cum meis procuratori Chappatio commendo : jamjam enim Seysellum versus pergo, die dominica concionaturus. Sic enim scribo familiariter. Baro Chivronius facillimè à principibus impetravit ut in sententiam Antistitis nostri consentirent, quod ad ea spectat de quibus ipse tecum coram disseruit. Utinam tam consentaneum rectæ rationi foret! Hæc raptim.

En lisant votre lettre, mon cher frère, je me suis senti tout transporté d'une joie si vive, que je ne pouvois espérer, dans ma convalescence, un meilleur spécifique pour affermir ma santé qui, par la grâce de Dieu, venoit de m'être rendue. En effet, quitter le toît d'une humble maisonnette pour aller souvent reposer ses yeux par l'aspect d'un parterre émaillé de mille fleurs diverses, se promener au milieu des roses et respirer à souhait un air embaumé par les plus doux parfums, quoi de plus agréable, quoi de plus doux pour un convalescent? Eh bien, toutes ces sensations, la lecture de vos épîtres charmantes les fait naître en moi.

Cependant une chose me tourmente, c'est d'apprendre les angoisses que vous cause ma maladie, maintenant surtout que mes douleurs sont passées ou du moins presque insensibles : si, par l'effet d'une vive sympathie, vous partagiez les transports de ma fièvre (j'allais dire de notre fièvre, en supposant qu'il y a entre nous communauté de bien et de mal, et, dans ce cas, je pourrois, comme le mieux pourvu, vous enrichir d'une partie de mes maux), j'aurois éprouvé un certain soulagement : mais alors j'aurois eu à mon tour à souffrir de vos douleurs, et ainsi de suite, jusqu'à ce que la balance fût parfaitement établie sous ce rapport.

Le procureur Chappat s'est distingué par un repas de saint Antoine. Je puis le dire en toute assurance, on y voyoit briller une cordialité fraternelle. Si vous vouliez remonter à saint Antoine pour chercher l'origine de cette dénomination, vous ne la trouveriez nullement justifiée; car dans la vie du Saint, il n'est fait mention d'aucun festin, excepté pourtant de celui où l'on voit figurer comme amphytrion un corbeau, comme convives, Paul et Antoine; pour mets délicieux, du pain; pour nectar, de l'eau.

En me donnant l'espoir que nous passerons ensemble et en bonne santé le carnaval prochain, vous avez rempli mon cœur d'une si douce attente, qu'il n'y aura pas de pénitent dégoûté du maigre quadragésimal, pour soupirer après les fêtes de Pâques, comme je soupire après le carnaval. Alors renaîtra pour nous le charme de l'antique hospitalité des premiers chrétiens qui avoient coutume de prendre quelques jours de repos avant le jeûne du Carême, et de goûter un plaisir pur en réunissant leurs amis dans un banquet, afin de pouvoir se livrer ensuite à la mortification, à la retraite et au silence, avec plus d'attrait et sans interruption, et demander comme une grâce, un temps d'épreuve plus long, une pénitence plus sévère. Quant au séjour habité par mes parens, séjour que vous qualifiez d'enchanteur, je crains que nous n'en soyons privés, parce que nous aurons à visiter ensemble tous les miens; et comme, à l'époque de votre voyage, un sénateur distingué, M. Roget, notre ami commun, doit célébrer le mariage de sa fille aînée avec un juge suprême de nos environs, mes parens, qui sont déjà invités par lettres, ne peuvent se dispenser d'assister à la cérémonie, sans manquer aux égards qu'ils doivent à toute la famille de ce sénateur.

Puisque vous venez ici, je me garderai bien d'aller ailleurs où vous ne seriez pas; et quand même vous ne viendriez pas, je resterois au logis; car puis-je aller à une noce, moi qui n'ai pas de robe nuptiale? D'ailleurs je redoute ces cohues de festin d'apparat.

M. de Montrotier vous écrit encore une fois; mais, en même temps, il me dit qu'il ne répondra plus à vos lettres, dont le style fin et délicat le remplit d'admiration. Je confie ma lettre et la sienne au procureur Chappat, et je pars à l'instant pour Seyssel où je dois prêcher dimanche. Voilà tout ce que j'avois à vous annoncer.

A la demande du baron de Chivron, les notables n'ont pas fait difficulté d'entrer dans les vues de notre Évêque, relativement à l'affaire dont il vous a entretenu. Plut à Dieu que le bon sens y trouvât aussi son compte! Je vous ai tracé ces lignes à la hâte.

12ᵉ LETTRE.

L'original est conservé au monastère de la Visitation d'Annecy.

AU PRÉSIDENT FABRE.

Saint François lui parle de son arrivée à Faverges.

*Antonio Fabro senatori, Franciscus de Sales præpositus ecclesiæ
Gebennensis, S. D.*

Ne nihil omninò scriberem, hanc tibi brevem mitten-
dam duxi epistolam, quasi ejus quam brevi peracturam
me puto : coram salutationis prodromum, sic enim mea
res se habet, ut cum vicariam pro matre præsentiam
huic nuptiarum celebritati conferre deberem quando
ipsa interesse posse non crederet, et ego molestissimè
ferrem præsentiam etiam pro matre vicariam cuiquam
tunc conferre; cum ex eâ ab amantissimo tuo aspectu
sequeretur absentia, factum est ut rebus aliter succe-
dentibus mater ipsa vices jam meas expleret. Quarè quod
anteà sperabamus, erimus simul, frater amantissime,
hisce liberalibus, si intra fabricarum limina Fabrum viderint Fabricenses. Ego namque cum primum scivero
adesse te intra Fabricensium limina, non committam,
sed alacrem videas tyronem; succedetque Tulliana deindè casa, quæ Tulliani nomen sortiri non potest meliori
modo. Cætera coram. Litteras Antistiti meo heri reddidi,
quas mira voluptate iterùm et iterùm perlustravit.
Dominum de Montrotier hodiè ad Marchionem Pan-

sorlinum redeuntem tuo nomine adeò opportunè salu-
tavi, ut cum eo vel ea causa actum optimè ducam quod
de te annecio ultima discedenti verba animo sint injecta,
quasi odoratissimum oblectamentum.

Pour ne pas garder un silence absolu, j'ai jugé à
propos de vous écrire cette courte lettre, semblable (1)
à celle que je compte terminer dans peu. Avant le salut
d'usage, je vais vous faire part de l'embarras où je me
trouvois pour faire représenter ma mère à cette noce,
car elle croyoit ne pouvoir pas y assister. Je me voyois
avec peine dans la nécessité de confier cette tâche à qui
que ce soit, attendu qu'il devait en résulter pour moi
la privation de votre aimable présence. Mais les choses
s'étant passées autrement, c'est ma mère elle-même qui
me remplace. Ainsi, comme nous l'avions espéré, nous
nous trouverons ensemble à cette fête, mon très cher
frère, pourvu que les Favergiens aient le bonheur de
voir M. Fabre à Faverges. Pour moi, dès que j'aurai
connaissance de votre arrivée, je n'enverrai personne,
mais je vous ferai voir votre élève joyeux et content, et
puis nous irons à la maison Tulliane, car on ne sauroit
lui donner un plus beau nom. Nous parlerons du reste
ensemble. J'ai rendu hier votre lettre à mon Évêque
qui l'a lue plusieurs fois avec un plaisir extraordinaire.

---

(1) Nous ne garantissons pas le sens de ce dernier membre de
phrase, qui nous paraît avoir été tronqué dans la copie qu'on
nous a transmise.

M. de Montrotier revenant aujourd'hui chez le marquis Sansorlin, je l'ai salué fort à propos en votre nom, et je regarde comme un bonheur de pouvoir graver dans mon esprit les dernières paroles qu'il a prononcées sur vous en me quittant.

13e LETTRE.

L'original est conservé au monastère de la Visitation d'Annecy.

LE PRÉSIDENT FABRE A SAINT FRANÇOIS DE SALES.

Sur les recommandations relatives aux procès pendant devant le Sénat de Savoie.

Fratri dulcissimo Francisco de Sales , ecclesiæ Gebennensis præposito, Antonius Faber, S. D.

Ex urbe et ex tempore pridiè calendas aprilis 1594.

Silentii mei votum, et ego nunc quidem agnosco, improbum, fregit lectio tuarum litterarum, ex quibus cognovi in tanta ista taciturnitate nihil minùs quam tacendi animum te in votis habuisse.

Itaque rescribo ad te ut intelligas id unum mihi votum esse foreque perpetuum ut voluntates et actiones meas omnes ad exemplum tuum accommodem.

De Tullianorum negotio quod habes gratiam, facis tu liberaliter qui in beneficiorum loco ponis officia quæ a me sine scelere prætermitti non potuerunt.

In millierei causa feci quod impræsentiarum fieri potuit, curaboque in cæteris omnibus ut commendationis tuæ memoriam sentiat apud me manere alta mente repostam.

De mea ad vos profectione nihil dum habeo constituti; sed si quid me morabitur, tuum erit quam mihi jampridem dedisti fidem præstare, et ad nos venire. Hic enim videre te quam necii malo.

Intereà benè vale, et in Christo lætus sanusque vive.

Le désir que j'avois de garder le silence, et dont je reconnois aujourd'hui l'inopportunité, a dû céder à la lecture de votre lettre qui me fait voir qu'en interrompant notre correspondance, vous n'aviez pas intention de la cesser.

Je vous écris donc de nouveau, afin que vous sachiez que je n'ai et je n'aurai jamais d'autre vœu que de régler mes pensées et mes actions sur les vôtres.

Quant à l'affaire des Tulliens, vous vous montrez bien généreux en regardant comme un bienfait de ma part des devoirs que je ne pouvois laisser sans péché.

J'ai fait pour la cause de Millière, ce qu'il étoit possible de faire en ce moment, et je lui prouverai, en toutes autres circonstances, que votre recommandation est profondément gravée dans ma mémoire.

Je n'ai pas encore fixé l'époque de mon voyage auprès de vous; mais si quelque chose s'y oppose, ce sera à vous à venir ici, car vous me l'avez promis depuis bien long-temps. D'ailleurs j'aime mieux vous voir ici qu'à Annecy.

En attendant, portez-vous bien, et que le Seigneur vous comble de joie et de bénédiction.

ı4ᵉ LETTRE.

L'original est conservé au monastère de la Visitation d'Annecy.

AU PRÉSIDENT FABRE.

Saint François lui parle de leur amitié et lui recommande les procès
dont il a déjà été question.

*Antonio Fabro senatori , Franciscus de Sales , præpositus ecclesiæ
Gebennensis , S. D.*

1594.

Ego autem, frater suavissime et optime, his omnibus
præteritis diebus non diligens tantum, sed anxius fui in
quærendo unus ex multis qui ad vos fuerunt, atque quæ
mea sors fuit ut quos si discederent de suo discessu me
certiores facerent non inveni. Non enim id vel a servis
domini de Charmoisi aut domini de Beaumont, vel a domino Porterio, ecclesiæ nostræ canonico, vel a Chappatio expectabam, ut me inscio discederent, quod vel
in primis causæ fuit ut de iis nihil inquirerem. Jam vero
Chappatius laconicam mihi profert scribendi occasionem, qua dum utor laconicè peto à te, frater optime,
ne unquam si quidem me, quod facis, scribendo exple-
veris, satiatum credas. Sunt enim tuæ litteræ ejusmodi
ut vel insipidissimum justum reficiant semper, obruant
autem nunquam; imperfectæ namque suavitatis est ca-
pia obtundere ejustatum. Obruunt me potiùs tot tantaque beneficia, quibus non sine labore Tullianis nostris
tuam in Salesios tuos benevolentiam navasti, quæ quâ

parte tui in me amoris sunt effectus recreant , illa etiamsi plurimum obruunt dum cum tanto otii sacri tui incommodo proficiscuntur. Mitto nobilem viduam Villæam cujus causa tam benè mei gratia apud te est. Venio ad Rodolphum Mellierum Torentianum rusticum, quem dum ut commendatum habeas peto, jam nunc gratias ago, quantas maximas possum, quod meæ commendationi longè plus deferas quam meis meritis deferre te par esset. Neque verò cuiquam videri possum causam temerariam fovere velle, si quandò ejusmodi tibi per ignorationem commendarem; non enim auri chalcum pro auro dare velle mala fide videri debet, qui peritissimo Fabro offert.

Sed missa hæc jam facio, *bona verba quæso.* Venies igitur post festa paschalia quamprimùm; nihil jucundiùs accidere mihi potuit quam id audire ex domino de Charmoisi, quocum heri in multam noctem mihi de te fuit sermo. Expectamus te uterque avidissimè, hoc tamen cum incommodo meo quod dies crucifixo solemnes qui mihi ob divinorum tam solemnem et lectissimam celebrationem brevissimè mihi futuri erant, eo longiores futuri sunt quo te avidiùs expecto.

Vale, frater iterum et iterum suavissime.

Ce ne fut pas seulement avec empressement, mon cher frère, mais avec une véritable anxiété que je cherchai ces jours derniers à découvrir les personnes qui devoient vous visiter; et, par une fatalité déplorable, personne ne m'a fait part de son voyage. Pouvois-je croire que les gens de M. de Charmoisi, que M. de

Beaumont, que Chappat, que M. Portère, chanoine de notre Eglise, dussent partir sans m'en donner avis? Aussi je ne jugeai pas à propos de les questionner à cet égard. Enfin, Chappat me procure l'occasion de vous tracer quelques lignes à la hâte : j'en profite, mon bon frère, et je vous prie d'être persuadé que vos lettres me comblent de joie sans jamais me fatiguer. Car telle est la douceur de votre style, que, loin d'ennuyer, elle charme l'esprit le plus blasé; tandis qu'une douceur trop fade a coutume d'exciter le dégoût. La seule chose qui me tourmente le plus, ce sont les démarches sans nombre, c'est le tracas où vous engage votre bienveillance pour mes protégés; et si, d'un côté, cette preuve d'amitié me flatte, je suis désolé aussi de vous voir sacrifier vos précieux instans de loisir. Je vous adresse encore une veuve respectable, madame Villée, à qui vous prenez intérêt en ma faveur. Parlons maintenant de Rodolphe Mellier, ce bon paysan de nos environs. En le recommandant à votre bonté, je vous remercie mille fois par avance d'une faveur à laquelle mon peu de mérite m'empêcheroit de prétendre. Je ne crains pas qu'on m'accuse de favoriser une mauvaise cause, si par mégarde je faisois une demande hasardeuse; car un homme qui présenteroit du chrysocolle pour de l'or à un orfèvre habile, ne sauroit être soupçonné de mauvaise foi.

Mais enfin je termine, *bona verba quæso* (1). Vous viendrez donc immédiatement après les fêtes de Pâques. Certes, je ne pouvois apprendre de nouvelle plus agréable de la bouche de M. de Charmoisi; nous avons passé

---

(1) Térence. — Un peu de patience.

presque toute la nuit dernière à nous entretenir de vous. Nous vous attendons l'un et l'autre avec la plus vive impatience. Mais, pour mon compte, ces jours de solennités que j'aurois trouvés si courts à cause des augustes cérémonies en mémoire des souffrances et de la passion de Notre-Seigneur, ils me paraîtront d'autant plus longs que mon attente sera grande.

Adieu, mon frère, mon frère mille fois chéri.

15ᵉ LETTRE.

L'original est conservé au monastère de la Visitation d'Annecy.

AU PRÉSIDENT FABRE.

Sur l'attente de l'arrivée du Président à Annecy.

Antonio Fabro senatori, Franciscus de Sales, præpositus ecclesiæ Gebennensis, S. D.

Expectabunt te quam plurimi, suavissime frater, ad extremum diem decimum quartum calendas julii : ego vero cum domino de Charmoisi affini meo Paulo citiùs expectaruri sumus. Quorum enim longè majus futurum est bonum, expectationem anteriorem par est.

De domo, quam urbanam in epistola ad dominum de Charmoisi appellas, nihil est quod cures ; habemus enim paratam, non unam tantum aut alteram, sed tertiam quoque, quandoquidem uti mea hoc nomine censeatur velle non debeo ; D. vero de Charmoisi ut video tu ipse noluisti ; utinàm verò non magis tibi hic deesset quam domus.

Laconismum non tam verborum quam temporis inopia sequar ; bene vale, expectatissime frater, suavissimæ sorori, conjugi tuæ clarissimæ et charissimæ salutem dicerene debeam non satis scio, qui te illi jam nolim sanè addicere, nisi tu ipse vicissim eam etiam nobis tecum addicas. Christum vobis precor propitium et nobilissimis liberis.

Tout le monde, mon cher frère, vous attend pour le 17 juin (1). Mais M. de Charmoisi, mon parent, et moi, nous vous attendrons avant cette époque. Il est juste que ceux qui doivent jouir d'une félicité plus grande la désirent plus long-temps.

Ne vous inquiétez nullement de ce que vous appelez une maison de ville dans votre lettre à M. de Charmoisi. Nous en avons non pas une, mais deux et même trois, car je ne veux pas que la mienne soit censée n'appartenir qu'a moi. D'après ce que je vois, vous n'avez pas voulu de celle de M. de Charmoisi. Puissiez-vous le trouver aussi sûrement qu'un pied-à-terre.

Le temps me manque plutôt que les paroles et me force à être court. Adieu, mon cher frère, nous vous attendons avec impatience. Je ne sais si je dois adresser mes hommages à votre sœur, à votre épouse chérie, ne voulant pas mettre son nom dans mes lettres, à moins que vous ne le mettiez vous même dans les vôtres. Que Jésus-Christ vous soit en aide, ainsi qu'à vos chers enfans.

---

(1) Le texte porte : le 14ᵉ jour avant les Calendes de juillet.

16e LETTRE.

L'original est conservé au monastère de la Visitation d'Annecy.

AU PRÉSIDENT FABRE.

Il lui parle de l'attente de son arrivée à Annecy.

Antonio Fabro senatori, Franciscus de Sales, præpositus ecclesiæ Gebennensis, S. D.

Quod domino de Charmoisi affini meo scripseras, te ad diem postremum veneris vel sabbati venturum, utroque die fuimus cum domino de Chiffe vicario reverendissimi Episcopi nostri, domini de Montrotier, et de Croveri, in insidiis inter utrumque iter ad solis occasum usquè, ut te, sicuti prioribus scribebam litteris, paulò citiùs expectaremus quàm reliqui plurimi. Atque nihilo ferè minùs te inter cænandum apud dominum de Charmoisi frequentissimè salutavimus, quid causæ esse posset, mi frater, cur non veneris, in utramque partem ad multam noctem disputantes. De solemni quidem S. Sacramento dominico die veniebat in mentem, sed dominus de Charmoisi ex tuâ ad cum epistolâ confutabat. Plurimùm autem interest hæc retardatio, et si hodiernâ die venires, qui die mercurii ad Rupenses concionandi gratiâ pergo. Ego ne te accedente discedam? Id non facerem omninò nisi scandali vitandi causa subesset; et si te non anteà venturum credidissem, nullis rationibus iturum me recepissem. Tuum est videre quânam ratione tantam meam jacturam resarcire velis; sanè cujuvis diei major pars est horarum septem primarum. Jàm ergo quandò venire non vis, salutem plurimam clarissimæ uxori tuæ quàm impensissimæ dico, itemque nobilissimis liberis. Dolorem quem sentio cohibeo quantùm possum maximo conatu, cum qui raptim scribere cogor, cum stomacho et modestiâ simul non possim. Benè vale.

———

Sur votre lettre à mon parent, M. de Charmoisi, où vous promettiez de venir vendredi ou samedi dernier, M. de Chiffe, grand-vicaire de notre évêque, M. de Montrotier, M. de Croveri et moi, nous nous sommes tenus ces deux jours en embuscade jusqu'au soir, entre les deux chemins qui mènent à Annecy, afin, comme je vous l'écrivois précédemment, de pouvoir vous attendre et vous voir un peu plus tôt que les autres. Cela ne nous a pas empêchés de vous porter force santés chez M. de Charmoisi, où nous avons soupé, discutant, mon bien cher frère, assez avant dans la nuit, les raisons qui avaient pu vous arrêter. On pensoit que le dimanche et la fête du Saint-Sacrement vous avoient retenu; mais M. de Charmoisi, d'après votre lettre, réfutoit notre hypothèse. Quoiqu'il en soit, votre retard, dussiez-vous maintenant venir aujourd'hui, est loin de m'être indifférent, obligé que je suis d'aller mercredi à la Roche où j'ai promis de prêcher. M'en irai-je donc, précisément quand vous arriverez? S'il n'y avoit scandale à éviter, je n'en ferois rien; et si j'avois pu prévoir que vous ne viendriez pas plus tôt, il n'y a pas de raison au monde qui m'eût fait consentir a sortir de chez moi. C'est à vous de voir comment vous me rendrez tout cela. Songez seulement que les sept premières heures du jour sont les plus longues, et que ce sont celles-là que vous me devez. Puis donc que vous ne voulez pas venir, laissez-moi saluer, avec toute l'effusion de mon âme, votre vertueuse femme et vos excellens enfans. Je comprime autant que je le puis, et avec bien des efforts, la peine que vous me faites, ne pouvant, dans une lettre écrite à la dérobée, à la fois me fâcher et rester dans les bornes d'une juste modération. Adieu.

17ᵉ LETTRE.

L'original est conservé au monastère de la Visitation d'Annecy.

A FRANÇOIS GIRARD, PRÉVÔT DE BELLEY.

Saint François s'excuse de ne lui avoir pas écrit.

Francisco Girardo ecclesiæ Sebusianæ præposito, Franciscus de Sales præpositus ecclesiæ Gebennensis, S. D.

1594.

In tantâ, quam feci scribendi, cessatione, humanissime et clarissime Girarde, id mihi ferè accidit quod probis pueris interdùm usu venire solet, qui si statis collegii horis quibusdam lectionibus per imprudentiam non interfuerunt, quamvis in officium, gratiamque magistri quam plurimùm redire cupiant, nesciunt tamen, inter spem metumque nutantes, horam sibi ipsis dicere, quâ in irati præceptoris conspectum venire debeunt,

dùm præsentem ejus iram declinare cum veniæ speratæ
jacturâ, an veniam cum tantâ molestiâ obtinere, satius
ne sit, dubia mens pueri vix statuere potest. Quam
malè ne imprudentes fecerim hactenùs, qui per tot men-
ses nihil ad te scripsi, ego ipse omnium maximè sentio,
atque eò molestiùs fero quò me abs te amari quale quantumque sit bonum nemo me meliùs percipere potest;
qua propter vel per epistolam intueri te absentem, cui
tantæ iracundiæ causam dederim per summam verecundiam vix audebam, nisi tuæ humanitatis ac pietatis recordatio animos addidisset.

Eccè ergò me culpam libenter agnoscentem atque
tuam implorantem humanitatem, ut quam jus æquum-
que negat majoribus, integram restitutionem clementia
bonitasque concedant. Sic enim fiet, ut qui me totum
semel pro eâ quâ me complexus es benevolentiâ, tibi
Fabroquæ nostro observandissimo qui cius mihi fuerat
auctor ex unicâ causâ debebam, jàm tibi uni idem ipse
totum me debeam, eòque sanè majore ratione; quò in
eo sum magnificentissimo cænobio, quod qui ingreditur
eam subeat sententiam necesse est. *Difficilius est refor-
mare quam formare.*

Est enim undevigesimus hic dies, quo cum fratre
meo Fabro nostro vitam ago suavissimam, cui quo ad
perfectam felicitatem id defuisse unicum videbatur,
quòd te nobiscum non haberemus. Atque heri cum
in hanc altæ combiæ sanctissimam simul et augustissimam solitudinem venissemus, Aleriensem Episcopum
visendi gratiâ, qui ut doctissimus est, sic Fabrum hunc
summo prosequitur amore : antequam à fratre suavissimo develli me patiar sic tam diuturnæ cessationis veniam impetraturum abs te credidi, si pollicear me
futurâ diligentiâ et frequentiâ deinceps moram hanc

præteritam repleturum scilicet loci majestas, integer-
rimi ac optimi Antistitis sanctitas, uti credas efficiet ;
efficient eadem, reor, ut redeuntem me per epistolam
in officia, amicè excipias, et ego in officio diligentior
permaneam.

Après avoir été si long-temps sans vous écrire, mon
cher et respectable Girard, je me trouve dans le même
état qu'un jeune collégien, né avec un hon cœur, qui,
pour n'être pas arrivé à l'heure marquée, a manqué une
leçon par sa faute : il voudroit bien rentrer dans le devoir et regagner les bonnes grâces de son maître ; mais
flottant entre l'espoir et la crainte, il ne peut se fixer
l'heure à laquelle il ira se présenter devant son précep-
teur irrité ; et l'esprit ainsi en suspens, il ne sauroit décider lequel vaut mieux pour lui, ou d'essuyer pour
un moment la colère de son maître, et obtenir ainsi sa
grâce, ou de l'éviter, en perdant par là tout espoir de
pardon. Je sens mieux que personne le tort que j'ai eu
de laisser passer tant de mois sans vous écrire : et j'en
suis d'autaut plus fâché, que personne ne connoît
mieux que moi le prix de votre amitié. Aussi la confusion que j'éprouve de vous avoir donné un pareil sujet de mécontentement, est telle que, si le souvenir
de votre bonté et de votre piété ne m'avoit enhardi, je
n'aurois jamais osé, malgré la distance qui nous sépare,
vous regarder même par une lettre.

Me voici donc, reconnoissant ma faute sans peine, et
suppliant votre clémence et votre bonté de me rendre
comme à un enfant, pleinement et entièrement des fa-

veurs que la justice et l'équité vous mettroient en droit de refuser à un homme fait. Par là, moi qui déjà me devois tout entier à vous pour m'avoir admis dans votre amitié, et à notre cher Fabre pour m'y avoir fait entrer, je me devrai désormais tout entier à vous seul à double titre ; et cela avec d'autant plus de raison, que je me trouve dans ce magnifique monastère, où l'on ne peut entrer sans se rappeler cette pensée : *Il est plus difficile de refaire que de faire.*

Voilà en effet aujourd'hui le 19ᵉ jour que je passe la vie la plus agréable du monde avec mon frère, notre très cher Fabre ; et s'il manquoit quelque chose à notre bonheur, c'étoit de ne vous avoir pas avec nous. Hier nous sommes venus dans cette belle sollitude de Haute-combe où tout respire la sainteté et la majesté, pour voir l'évêque d'Aléria, prélat si savant, et qui a tant d'affection pour ce cher Fabre. J'allois m'arracher à la tendresse de ce frère bien aimé, quand il m'est venu dans l'esprit que je pourrois obtenir le pardon d'un silence aussi prolongé, en vous promettant de vous dédommager à l'avenir de mes retards passés par plus d'exactitude et de diligence : oui, la majesté de ce lieu, et la sainteté de cet excellent et vénérable évê-que vous feront croire à ma parole, comme elles feront aussi, je l'espère, et que vous accueillerez avec bonté un coupable qui par sa lettre revient à son devoir, et que moi-même je me maintiendrai dans cette plus grande exactitude à le remplir.

18e LETTRE.

L'original est conservé au monastère de la Visitation d'Annecy.

A FRANÇOIS GIRARD, PRÉVÔT DE BELLEY.

Saint François se réjouit avec lui de le voir combattre pour la foi
catholique.

*Francisco Girardo ecclesiæ Sebusianæ præposito , Franciscus de Sales
præpositus ecclesiæ Gebennensis.*

Et verò nunc tibi ex animo gratulandum est, clarissime Girarde, cùm te totis viribus sanctissimi Crucifixi signo serió militantem videamus. Quid enim est quos Deus odivit, odio habere, et super inimicos crucis tabescere, quàm pro Christo decertare? Nulla gloriosior benè de Deo ipso et Ecclesiâ merendi occasio potest esse, quam hæc quæ tibi summâ Dei providentiâ occurrit. Et quidem facillimum est cuique christiano, ac omnibus ferè obvium, Christum languentibus medentem, mortuos cæcitantem sequi; at Christum languentem et morientem id paucissimis concessum est. Non arduum est admodùm crucem erectam amplecti, dùm nemo impellat, ni butuere disturbare : at contrà pugnantium impetum eam ne labatur sustinere, id confirmatæ virtutis est. O felix pugna, in quâ Christo pariter et morimur et vivimus! Quid, quæso, tantâ religione gloriosam nobis antiquorum ecclesiæ patrum memoriam commendavit, quàm nullis se minis à crucifixi patrocinio, ut interim ita loqui concedas, abduci se passi sint? Marti-

nos sanè, Chrysostomos, Hilarios, Damascenos, nulla
adeò sursùm erexit eruditio, quam ea christiani animi
celsitudo quâ imperatoribus iisque falsis fratribus, pu-
gnum pro Christo indixerunt, fortesque sese ad prælia
Domini prælianda præbuerunt.

Quæ quidem non eo animo à me esse dicta velim intelligas, quo tibi animum addere vellem : non enim est
discipulus suprà magistrum.

Honneur et félicitations bien sincères à vous, cher et
respectable Girard, qui livrez actuellement des combats
sérieux et acharnés sous l'étendard du Dieu crucifié!
N'est-ce pas, en effet, combattre pour Jésus-Christ,
que de haïr ceux que Dieu hait, et de sécher de douleur sur les ennemis de la croix? Vous ne rencontrerez
jamais une occasion plus glorieuse pour vous de bien
mériter de Dieu lui-même et de l'Eglise, que celle que
vous présente la divine Providence. Oui, sans doute, il
est très facile à tout chrétien, c'est à la portée, pour
ainsi dire, de tous, de suivre J.-C soulageant ceux qui
souffrent, et ressuscitant les morts : mais suivre J. C.
souffrant et mourant, voilà ce qui n'est accordé qu'à
un fort petit nombre. Il n'est pas très pénible d'embrasser la Croix lorsqu'elle est dressée, lorsque personne ne l'ébranle, ne s'efforce de la renverser; mais
la soutenir contre le choc des assaillans, pour qu'elle
ne tombe pas, voilà le propre d'un courage éprouvé.
Heureux combat dans lequel tout à la fois nous mourons et nous vivons pour J.-C. ! Qui a environné, je
vous le demande, de tant de gloire et de cette vénération religieuse la mémoire des anciens Pères de l'Eglise?

Ah! c'est que jamais les menaces n'ont pu les détourner de prendre la défense, de plaider la cause, si je puis m'exprimer ainsi, de Jésus crucifié. Est-ce la science qui a élevé si haut les Martin, les Chrysostome, les Hilaire, les Damascène? Non, non, c'est cette grandeur d'âme chrétienne avec laquelle ils ont déclaré la guerre pour J.-C. aux empereurs, même lorsqu'ils étoient faux frères; avec laquelle ils se sont montrés vaillans et braves pour combattre le combat du Seigneur.

Ne vous imaginez pas, du reste, que mon intention, en vous parlant de la sorte, soit d'enflammer votre courage : le disciple n'est pas au-dessus du maître.

19ᵉ LETTRE

Tirée du 5ᵉ volume du 2ᵉ procès de la canonisation de saint François de Sales, page 143, conservé dans le monastère de la Visitation d'Annecy.

LE PRÉSIDENT FABRE A SAINT FRANÇOIS DE SALES.

Il lui parle de la conversion à la foi catholique des habitans de Thonon.

Francisco de Sales præposito ecclesiæ Gebennensis, Antonius Faber, S. D.

Ex urbe vi idus novembris 1594.

Orabam mox, ut mihi videbar, triumphaturus Thononciensibus, frater suavissime, cum primam litterarum tuarum partem legerem in quâ scriptum erat magno te ac præcipuo quodam ab iis beneficio affectum esse, postea vero quam ex reliquâ lectione comperi quid sentires, in eo uno scilicet de te benè meritos Thononienses, quod quidam ex iis meas tibi litteras reddiderat; cognovi quam parum tibi mihique de istorum animis studiisque sperare liceat, si tam leve officium magni beneficii loco constituendum videatur.

Facis tamen tu non solum liberaliter sed etiam Christiane, utrumque autem ex bonâ fide, qui et magna putes omnia quæ a me ad te proficiscuntur, nec priùs de perditissimorum hominum salute despererare velis, quam sperandi finem perditio ipsa afferat.

Et sanè quod iis habeam gratiam de meis litteris tam fideliter tibi redditis; nam cum vix ignorare possint quanta sit inter nos animarum voluntatumque consensio, credibile est non valde tibi infestos esse qui erga me adeò fuerint officiosi.

Scripsi ad te non ita dudum quid de toto isto negotio parens noster suspicaretur, quid Episcopus speraret, denique quid ego sentirem non patiuntur temporis Angustiæ quibus premor, ut vel repetam, vel pluribus me explicem, præsertim cum nec sit necesse, neque enim dubito quin tibi litteræ meæ redditæ sint, tuque pro singulari prudentia tua tum ex te constitueris, quid me consulere, hoc est, quid te facere opporteret, priùs etiam quam litteras meas accepisses. Jam intelligere cupio quid feceris aut faciendum decreveris.

Mitto ad te patris Cherubini litteras mihi nudiùs tertias redditas, quas vir ille optimus et religiosissimus mihi, ut videbis, tecum communes esse voluit, in hoc uno fortassis minùs cantus quod universalem illam bonorum nostrorum omnium communionem quam habet perspectissimam, ignorasse videatur. Reddes, si placebit cùm perlegeris; et mittes quas ad Guichardum nostrum dare velle profiteris; eas ut ille accipiat curabo majore quam anteà non fide, sed diligentia. Ut vero gratus habeat, facilè impetrabit non tantum summus erga te amor, sed etiam mellitissima illa eloquentiâque Thononiensium quoque barbaros licet animos allicere et conciliaret, si tam facile illi se auditores præberent, quam te disertum et efficacem oratorem experirentur.

Uxor mea, et filioli omnes benè valent, teque salutant, quotquot loqui sciunt; ego pro me meisque omnibus tantam tibi salutem dico, quantam non possim mihi meisque omnibus majorem; consobrino nostro, quando per te licet, nec minorem. Benè vale, mi suavissime, et Fabrum tuum, ut facis, ama.

Je priois Dieu, frère très doux et très chéri, de nous faire triompher bientôt de ceux de Thonon, pendant que je lisois la première partie de votre lettre où vous me dites combien vous avez à cœur un bienfait si grand et si important pour eux; j'ai vu, après avoir lu le reste, que vous pensiez être leur obligé, l'un d'eux vous ayant remis mes dernières missives; et j'ai reconnu alors que nous aurions peu à espérer de leurs dispositions et de leur zèle s'il falloit qu'un si léger service fût payé d'un si grand prix. Toutefois vous vous montrez en cela non seulement très généreux, mais encore parfait chrétien, puisque d'une part, avec la bonne foi de l'amitié vous regardez comme précieux tout ce qui vient de moi, et que de l'autre vous ne voulez point désepérer du salut de ces hommes si infectés du poison de l'erreur avant que leur perte totale ne vous enlève toute espérance.

Quant à moi, certes, j'ai à leur rendre grâces de ce qu'ils vous ont remis si fidèlement les lettres que je vous écrivois, car ils ne peuvent guère ignorer l'union de nos âmes et le parfait accord de nos volontés ; et je ne saurois penser que vous regardiez comme importuns des gens si officieux pour moi.

Je vous ai mandé que notre parent ne savoit encore rien de cette affaire, tout ce que l'Evêque en auguroit, et je vous disois enfin que je voyois trop qu'on étoit peu soucieux de la briéveté du temps qui me presse, lorsqu'on m'obligeoit soit à rappeler aux uns ce que je leur avois dit, soit à donner à d'autres des explications, le plus souvent sans nécessité ; car je ne puis douter que mes lettres ne vous soient remises, et votre rare prudence m'assure que vous ne prendrez aucune détermination dans cette conjoncture, sans m'avoir consulté sur ce qu'il convient de faire, et même que vous attendrez mes réponses pour agir. Cependant, je désire vivement de savoir ce que vous aurez fait ou résolu de faire à ce sujet.

Je vous envoie une troisième lettre du père Chérubin, qui m'est parvenue hier ; vous y verrez que ce pieux et excellent homme a voulu qu'elle vous fût commune avec moi, probablement par cela seul, que je crois peu qu'il ignore la communauté de biens qui existe entre nous et qui est si généralement connue. Vous me rendrez cette lettre, s'il vous plaît, après l'avoir lue, et vous m'enverrez en même temps celle que vous destinez à notre ami Guichard. Je la lui ferai tenir avec autant d'exactitude et de diligence que je l'ai fait pour les précédentes. Si, pour l'engager à vous être agréable, il ne suffisoit pas de l'extrême affection qui le porte vers vous, il y seroit amené par cette douce et onctueuse éloquence qui fléchiroit et gagneroit les cœurs des gens de Thonon tout endurcis qu'ils sont, s'il étoit aussi facile de les disposer à vous écouter, qu'il vous le seroit de vous montrer à eux fécond et puissant orateur.

Mon épouse et mes petits enfans se portent bien et vous saluent, ceux-ci autant qu'ils le peuvent ; quant à moi, je vous donne des salutations aussi tendres et affectueuses que je pourrois les souhaiter pour moi et tous les miens : faites en part à notre cousin, quand vous le pourrez. — Soyez en bonne santé, mon très-doux et très aimable ami, et aimez toujours comme il le fait, votre Fabre.

20e LETTRE.

L'original est conservé au monastère de la Visitation d'Annecy.

AU PRÉSIDENT FABRE.

Sur leur mutuelle amitié.

Antonio Fabro senatori, Franciscus de Sales præpositus ecclesiæ Gebennensis, S. D.

1594.

Illud a te, frater optime ac amantissime, enixè peto quæsoque uti me iterùm ad laconismum redeuntem benignè, uti soles, complectaris. Quomodò namque

hominem domesticum litteris ad te meis vacuum abire
permitterem ? Repentina nihilominùs ejus profectio
commodum et successivum scribendi otium propemodum antevertit, cùm parentibus meis absentibus, rus-
ticorum Tullianorum nomine, negotium quoddam in
urbe gesturus iter capere decrevisset.

Tam verò epistola illa tua postrema adeò cum meâ
quam ad te eadem die scripseram, mente convenit, ut
eodem duorum fratrum amicorum sensus esse, in amando præsertim, clarè commonstret, quamvis non uno
quidem, ore expressos, cùm elegantiâ longissimo præ-
cedas intervallo. Quò fit ut quod hactenùs feci, tu quoque vicissìm faciendum existimes, ut nimirùm qualis
unus es in me, alterum talem me esse erga te nusquam
dubites. Sic enim summâ meâ voluptate conficio omninò
te fratrem amantissimum et omni meliori modo meum
esse, qui adeò me fratrem tuum esse perspicio, ut à me
ferè alter mihi videar, ne si alter à me non sim, tyro
Gregarius, idem summo mea commodo cum tanto Fabro esse nequeam.

Benè vale, frater optime, ac te iis Paschalibus, quò
jucundiùs ver nobis appetat, hìc habeamus efficias.

———

Je vous prie et vous conjure, mon excellent et bien
aimé frère, d'accueillir avec votre bienveillance accou-
tumée mon laconisme auquel je suis obligé de revenir.
Laisser partir les mains vides un domestique de la maison, ce n'étoit pas possible ; mais son départ précipité
m'a ôté le loisir et la commodité de vous écrire tout à
mon aise ; car il a profité de l'absence de mes parens

pour aller à la ville traiter une affaire dont l'ont chargé les paysans de Touly.

Quant à votre dernière lettre, elle est tellement en harmonie avec celle que je vous ai écrite le même jour, qu'en vérité les sentimens et la manière de voir de deux frères qui s'aiment, principalement sur leur amitié, y paroissent exprimés par une même bouche, quoique non pas par la même, puisque l'élégance de votre style me laisse bien loin derrière vous. Qu'en résultera-t-il ? De même que, jusqu'à présent, je vous ai toujours regardé comme ne faisant qu'un avec moi, vous aussi, vous allez, à votre tour, demeurer persuadé que je suis un autre vous-même. Par là encore, vous devenez décidément pour moi, à mon grand contentement, le frère le plus tendre et le plus aimant ; vous devenez mon frère de toutes les meilleures manières possibles ; et moi, je me sens devenu le vôtre au point de me paraître un autre homme à moi-même : ce dont je suis ravi ; car comment pourrois-je, quelque désir que j'en eusse, restant toujours moi, ne faire qu'un avec Faru ? (1)

Adieu, mon excellent frère ! faites en sorte que nous vous ayons ici à Pâques ; votre présence augmentera pour nous les agrémens du printemps.

---

(1) Le texte renferme ici une antithèse que saisiront les personnes qui savent le latin, et qu'il est impossible de rendre en français. Saint François de Sales joue sur le mot *Faber*, qui est le nom propre du sénateur auquel il écrit, et qui, employé comme nom commun, signifie ouvrier. Le mot-à-mot est : Comment pourrois-je, simple apprenti, ne faire qu'un avec un si habile ouvrier ?

21ᵉ LETTRE.

L'original est conservé au monastère de la Visitation d'Annecy.

AU PRÉSIDENT FABRE.

Saint François transmet au Président une lettre de l'Evêque de
Genève.

Antonio Fabro senatori Franciscus de Sales præpositus ecclesiæ
Gebennensis , S. D.

Cum hesterna die litteras reverendissimi Antistitis,
quas ad te mitterem, accepissem, et non tam scribendi
quam litteras mittendi otium occasionemque fecerit
mihi, nunc bonus hic vir qui me in itinere veriùs quàm
in urbe in ipso discessu salutavit, non tantum laconicè,
sed etiam incitatè et præponerè, potiùs scribere volui,
quam non scribere, excusatione dignum ratus si per
hæc jejuniorum tempora macillentem aliquantulum accipias epistolam a me præsertim qui vix aliter soleo, et
cui non tam edulii quàm presentiæ tuæ recenti priva-
tione arida videantur omnia et insipida corpore videlicet ac mente huc usque jejunus, mox mentis jejunium
soluturus, dum e mensa domini sacratissimam illam
terræ pinguedine medullatam hostiam tuo meoque nomine, uti soleo et offeram et sumam.

Je fus chargé hier de vous faire passer une lettre de
notre digne prélat, et je n'avois que le temps de m'ac-

quitter de cette commission, sans pouvoir écrire moi-même : car le porteur n'est venu me voir qu'au moment de son départ et seulement en passant, au lieu de venir pendant son séjour à Genève. Cependant, plutôt que de ne pas écrire, j'ai mieux aimé vous envoyer une lettre laconique, faite à la hâte et en courant, persuadé que, dans ces jours d'abstinence, on est excusable d'être maigre jusque dans ses lettres, surtout moi qui n'en écris guère que de semblables, et qui trouve tout fade et insipide, moins par la privation des mets recherchés que par l'effet de votre absence. En ce moment, je suis encore à jeûn de corps et d'âme ; mais je ne tarderai pas à rompre le jeûne spirituel, puisque je vais me nourrir de l'hostie sacrée à la table du Seigneur, en offrant le saint sacrifice à votre intention et à la mienne, suivant ma coutume.

22ᵉ LETTRE

Tirée du 5ᵉ volume du 2ᵉ procès de la canonisation de saint
François, pag. 149, conservé au monastère de la Visitation
d'Annecy.

LE PRÉSIDENT FABRE A SAINT FRANÇOIS DE SALES.

Sur la conversion des habitans de Thonon à la foi catholique. —
Le Président s'excuse de ne lui avoir pas écrit.

Fratri suavissimo Francisco de Sales præposito ecclesiæ Gebennensis,
Antonius Faber, S. D.

Ex urbe et ex tempore calendas januarii 1596.

Cum ópportunè omnia mihi abste veniunt, mi frater, tum nihil unquam opportuniùs, quàm quod ipso
die qui dandis accipiendisque veniis faustus creditur,
reddit mihi Filiardus tuas illas amantissimas litteras,
cæterarum, ut ais, obsignatorias quas anno superiore,
tam multas, tamque elegantes, ut ad me scriberes in-
credibilis immensusque amor erga me tuus coegit. Itaque noli quærere quantâ me voluptate perfunderint;
nam cum toti isto noviendo mihi in mentem veniret illius temporis quod Necii, annus unus est, tam suaviter
tecum transegeram, nec facilè ferrem auctis tantopere
amandi tui rationibus præceptum mihi usum dulcis-
simæ consuetudinis tuæ, commodissima fuerit ea consolatio quam litteræ tuæ attulerunt, in quibus utinam
oris istius castissimi, oculorumque quos semper in oculis fero, vivam imaginem tàm benè expressisses, quàm

expressisti præclarè magnitudinem animi studiique in te mei.

Unum istud facere poterat, ut Thononiensibus qui te fruuntur inviderem, unaque succedendi non minor quam invidendi causa esset, quod te cum habeant, frui tamen nesciant; nisi scriberes incipere eos sapere, tuisque conatibus favere quo nomine, quantùm tibi toti que reipublicæ christianæ gratuler, potes tu facilius ex gratulandi ratione et necessitate conjicere, quàm ego verbis, aut stultè explicare. Neque verò quotquot sumus tui in Christo confratres, aut potiùs filii quotiès convenimus, desistimus, quantùm votis precibusque possumus, Deo supplicare, ut tam fortúnata initia feliciore in dies progressu augeat, tam denique optatissimo fine compleat; quod ita eventurum sperant omnes, neque dubitare possunt, qui pietatem tuam et ad maxima quæque peragenda faciliùs quam audenda præstantem proclivemque industriam perspectam habent.

Itaque ut omnia complecterer, poteram breviùs scribere id unum nos a Deo flagitare, ut te unum quàm diutissimè servet incolumen. Sed ad id redeundum est undè potiùs epistolam ordiri debueram. Pudet incredibiliter quod per Thonesium qui priores mihi a te litteras attulerat, nullas a me acceperis, nec memini unquàm id contigisse ut binias à te haberem, cùm tu à me nullas id quâ ratione, ut veriùs dicam, cujus culpâ factum sit, si ex eo cognovisti, non excuso tam improbabilem hominis negligentiam, sed ignosco culpæ; satis enim mihi fuerit quod culpa me vacare intelliges; sin fuit ille in hoc ipso negligens ne se accurare, neque excuso, neque ignosco, tamen querelas omnes et injurias à me hodiè, ut par fuit, remissas esse non nes-

ciam, adèo mihi constitutum est perpetuas cum iis ini-
micitias gerere qui erunt quorum culpâ fiet ut de mea,
non dicam, voluntate (quis enim facere posset ?) sed
diligentia malè suspicandi quæsita tibi occasio videatur.

Eo nimirùm tempore scribæ meo dixerat velle se
equum conscendere cùm mihi ad confraternitatis nostræ sacra jam inclinata horâ proficiscendum erat. Quàm
verò dolendum mĭhi est, tùm fuisse negligentem, cùm
diligentior esse debueram, ut eodem quo tu animo,
tam feliciter transacti inter nos anni partem extremam
singulari et mirificâ quâdam amoris erga te mei signi-
ficatione, aut saltem nutu concluderem. Sed quandò
id mihi denegatum est, contendam post hac tantò vehementiùs, ut nihil a me de pristina voluntate et diligentiâ remissum, neque vero remitti potuisse fateare.
Nec tamen volo tecum tàm familiariter agere, ut hanc
epistolam tàm malè scriptàm, ut agnoscis et tempora-
riam xeniorum loco tibi redditam, velim.

Habeo alia impromptu mutuæ nostræ necessitudinis
dignitati aptiora, quæ etsi nunc dare non possum brevi
tamen hoc ipso die tibi à me data fuisse intelliges medĭ-
tationes illæ sunt meæ poeticæ, tibi, ut scis, inscriptæ
quas cùm primùm per frigoris intemperiem licebit, ty-
pographus noster excussurus est, addo et posteriores
conjecturarum mearum libros Gebennensi typographo
jam traditos, ut te Gebennensis quoque civitas per invita Ecclesiæ Gebennensis præpositum et pontificem de-
signatum agnoscere incipiat. Sic fiet, ut gallicè latinè,
que me tibi et fratrem et amicissimum, si non omnes,
certè quàm plures intelligant. Guichardus noster, qui
adest, te salutat impeditus partìm dubiâ valetudine
partìm marchionis nostri assiduâ consuetudine ne scribere potuerit.

Scripsissem ad Baronem nostrum, si otium fuisset. Singularem ejus erga me benevolentiam, etsi perpectissimam habeo, per te tamen non tantùm conservatam, sed etiam auctam iri et spero, et cupio, plurimam illi, si placet, cæterisque nobilissimis viris nostris amantissimis, à me salutem, sed præcipuàm consobrino nostro. Fabricelli ţui omnes te salutant et quæ tot Fabros fabricata est soror tua Benedicta Fabra. Omnes benè valemus, tu frater suavissime, quantum me amas, cura ut valeas.

***

Comme tout vient à propos de votre part, mon cher ftère ! N'y a-t-il rien de plus opportun que les dons mutuels qu'on se fait en ce jour fortuné ? Filiard m'a remis toutes vos lettres si chères, ensemble celles si polies, si affectueuses, et par vous souscrites l'année dernière, ainsi que vous me le marquez. Ce témoignage de votre amour infini et incroyable envers moi, m'a causé une vive émotion. Ainsi, ne m'interrogez pas sur le torrent de délices dont j'ai été enivré ; car, lorsque ces neuf jours que j'ai passés à Annecy, il y a une année, où j'ai goûté et joui du fruit de votre conversation et si douce et si agréable, me reviennent dans la mémoire, je craindrois de ne pouvoir atteindre à la haute perfection de votre amour, quoique je m'efforce de vous imiter, si vos lettres, que j'ai sans cesse sous les yeux, et dans lesquelles vous reproduisez la vive image de votre langage si cher, avec autant de perfection que vous en avez mis à exprimer l'étendue de mon amour envers vous, ne m'avoient apporté la plus douce des consolations.

Il pourroit arriver, comme je le crains, que les Thononsiens qui vous sollicitent, et dont le désir de rentrer dans le giron de l'Eglise, n'est pas moindre que celui de vous nuire, ne soient pas assez instruits pour profiter de votre présence parmi eux, si auparavant vous ne commencez leur instruction par quelque écrit et si vous ne les aidez de tout votre zèle. Combien je me réjouirois avec vous et avec tout le monde chrétien de ce fait. Plus que personne, et mieux que je ne pourrois vous le dire par des mots que je n'expliquerois que très imparfaitement, vous êtes à même de juger quels sont les moyens les plus efficaces pour arriver à ce but. Quant à nous tous tant que nous sommes, vos frères ou plutôt vos fils en Jésus-Christ, nous ne cessons d'intercéder le Ciel par nos vœux et nos prières, afin que cette entreprise se termine sous des auspices encore plus heureux que ceux sous lesquels elle a commencé. C'est ce qu'espèrent et ne peuvent douter ceux qui connoissent votre piété immense et l'ardeur constante avec laquelle vous savez pousser à une heureuse fin les plus grandes œuvres avec plus de facilité que vous n'en mettez à les entreprendre.

Enfin, j'aurois pu vous dire plutôt que nous demandons à Dieu avec importunité qu'il vous conserve longtemps en bonne santé. Mais il faut en revenir à ce qui auroit dû faire le commencement de cette lettre. Je suis confus au-delà de toute expression, de ce que vous n'avez reçu aucune lettre de moi par Thonet, qui m'avoit apporté vos précédentes. Jamais il n'est arrivé, je pense, que j'ai eu deux lettres de vous, tandis que vous n'en receviez point de ma part. Quel en est le motif, ou, comme je le dirai avec plus de vérité, à qui la faute ? Si vous croyez qu'elle vienne de Thonet, je ne puis excuser sa trop grande négligence, mais je pardonne la faute. C'est assez pour moi que vous reconnoissiez que je ne suis pas coupable ; au contraire, si Thonet a négligé de s'acquitter de ce qu'il avoit promis, je n'excuse ni ne pardonne. Cependant, jusqu'à ce jour, j'ai toujours oublié et les injures et les querelles, comme cela doit être, tant je me suis fait une loi de n'avoir jamais d'inimitié perpétuelle contre ceux dont la faute vient, je ne dirai pas de ma volonté (car qui auroit pu prévoir cela ?) mais de mon peu de soin à placer ma confiance, comme vous allez le voir.

Vous saurez donc qu'à cette époque, et au moment où j'étois à notre sainte Congrégation, Thonet avoit dit à mon secrétaire qu'il vouloit monter à cheval, mais dès le soir il était déjà parti. Combien je me reprochai d'avoir été aussi négligent, lorsque j'aurois dû, au contraire, montrer plus de diligence pour vous donner, à la fin de l'année qui vient de s'écouler si heureusement pour nous, un témoignage éclatant, ou au moins un signe quelconque de mon amour, que vous partagez si dignement. Et qu'on ne me conteste pas ce fait, je le soutiendrai avec d'autant plus de véhémence que je ne voudrois pas qu'il fût dit qu'on ne m'a accordé mon pardon qu'en considération de ma volonté et de ma diligence antérieure ; mais non pour rendre hommage à la vérité. Cependant, je ne veux pas agir avec vous si familièrement, parce que je désire que cette lettre si mal écrite, comme vous le voyez, et si bizarre, vous tienne lieu de présent.

J'ai à vous entretenir de quelque chose plus convenable à la dignité de notre étroite et mutuelle liaison. Vous devinez que je veux parler de mes œuvres poétiques que je vous ai dédiées, comme vous le savez,

Je vous les offre, et vous devez les regarder dès aujour-d'hui comme votre propriété, quoique je ne puisse pas vous les livrer en ce moment. Notre imprimeur doit les mettre sous presse dès que la rigueur du froid n'y mettra plus d'obstacle. Je vous dédie, en outre, mon *Traité des Conjectures*, qui se trouve déjà entre les mains de l'imprimeur de Genève, afin que cette ville soit contrainte, par ce fait, à connoître et le prévôt et le pontife désigné de son église. Comme l'impression sera en latin et en françois, il en résultera que si tout le monde ne sait pas que je suis et votre frère et votre ami intime, au moins le plus grand nombre l'apprendra. Notre ami Guichard, qui part, vous salue. Il n'auroit pu vous écrire, empêché qu'il en a été, soit par son état maladif, soit par la coutume constante de notre marquis.

Si le temps me l'avoit permis, j'aurois écrit à notre baron. Quoique je tienne pour parfaite son extrême bienveillance envers moi, faites cependant tout ce qui dépendra de vous pour que non seulement il me la conserve, mais encore qu'elle s'accroisse ; c'est ce que je désire et attends de votre amitié. Faites-lui, s'il vous plaît, mille complimens de ma part, ainsi qu'à tous nos illustres et chers amis, et particulièrement à notre cousin.

Tous vos petits Fabre et tous les Fabre qu'a fabriqués votre sœur Fabre, vous saluent (1). Nous nous portons bien, mon très cher frère ; prenez soin de votre santé avec la même ardeur que vous mettez à m'aimer.

---

(1) Nous avons traduit cette phrase littéralement, pour conser-ver le jeu de mot qui roule sur *Faber*, *Fabri* en latin ; ouvrier, ar-tisan, forgeron, etc., en françois.

23ᵉ LETTRE.

L'original est conservé au monastère de la Visitation d'Annecy.

AU PRÉSIDENT FABRE.

Sur les qualités requises pour être reçu chanoine à l'Eglise cathédrale de Genève, et sur un prêtre qui désire de l'être sans les
avoir.

*Antonio Fabro senatori, Franciscus de Sales, præpositus ecclesiæ
Gebennensis, S. D.*

Necii ex Episcopi nostri domo 1595.

Facient sua negligentia, mi frater, quibus ad te litteras meas extremas perferendas dederam, ut et has
simul accipias. Porterio huic nostro cum quodam sacerdote nomine capituli negotium coram te forsitan
erit. Nimirum vult hic ut canonicum haberi, nos re-
pugnamus. Habemus enim constitutiones decreto apos-
lico firmatas que quiquam locum inter nos facere ve-
tant, qui vel nobilis ex utroque parente vel doctor non
sit. Solus Pontifex hac nos conscientia potest solvere.
At Pontifex non aliter illi in bulla canonicatum conces-
sit, quam si ad doctoratum intra annum promoveatur.
Horum nihil ab ipso factum, et vult nihilominùs cano-
nicus et dici et esse. Martinus V anathemati caput præpositi nominatìm et canonicorum objicit si secus con-
senserint. Nuper cum in romanâ curiâ conditionis re-
missionem postulasset, repulsas, quod certo scimus,

passus est. Petivit vero ut te judice controversia hæc finiatur. Nemo recusavit. Quare cum in bulla sua illi nobisque lex dicta sit, eam proferat. Tu judica; si enim tuta possit fieri conscientia, non abnuo, non abnuunt cæteri, imò cupimus omnes cum optimo modo canonicum esse; vir enim est et doctus et pius. Sed cum in odiosis versemur, si constitutionum nostrarum venerationem et excommunicationis asperitatem speties in periculosis difficilè adduci nos ab alio quam a te patiemur, quem non modo ut peritissimum Fabrum, sed ut religiosissimum confratrem veneramur.

Hæc comunia, at ego a te expecto quid de Possevino nostro : nam de cantore fratre nostro, et de Girardo a canonico quodam Sebusiano qui nobiscum est audivi.

Bene vale, frater milliès suavissime, et Christum habeto propitium.

La négligence de la personne que j'avois chargée de ma dernière lettre, sera cause, mon cher frère, que vous recevrez celle-ci en même temps. M. Portère, au nom du chapitre, traitera peut-être avec vous une affaire qui concerne les intérêts d'un prêtre. Cet ecclésiastique désire être chanoine; nous ne voulons pas de lui. Car, en vertu de nos statuts confirmés par un décret du Saint-Siége, nous devons exclure tout candidat qui ne feroit pas preuve de noblesse dans les deux souches, ou qui n'auroit pas le grade de docteur. Le souverain Pontife peut seul nous dispenser de cette clause. Mais la bulle par laquelle il admet ce prêtre au canonicat, stipule expressément qu'il sera reçu docteur dans l'espace d'un an. Le candidat n'a pas rempli la condition, et nonobstant il veut être chanoine et en exercer les fonctions. Martin V menace personnellement d'excommunication le doyen et les chanoines, s'ils ont la foiblesse d'adhérer. Nous savons de bonne part que le postulant a sollicité une dispense en cour de Rome, et qu'il a essuyé un refus. Alors il vous a choisi pour arbitre, et finalement il demande à débattre la question devant vous. Personne ne s'y est opposé. Puisque la bulle dont il est porteur nous impose, dit-il, une obligation, qu'il la fasse valoir. C'est à vous de décider; pour moi, je ne veux que le repos de ma conscience; à ce prix, je consens, ainsi que les autres; il y a plus, nous serions enchantés que cet homme fût admis, car il est pieux et éclairé. Or, comme notre position est délicate, vu le respect que nous avons pour nos statuts, et le danger d'une excommunication, nous ne pouvons nous abandonner à d'autres qu'à vous, mon cher Fabre, comme au plus habile et au plus pieux de nos confrères.

Ces détails ne nous sont point personnels; mais vous me donnerez particulièrement des nouvelles de notre ami Possevin; car pour Girard et le grand chantre, j'en ai eu par un chanoine de votre ville. Adieu, cher et tendre ami, que Jésus-Christ vous soit en aide.

24ᵉ LETTRE.

L'original est conservé au monastère de la Visitation d'Annecy.

LE PRÉSIDENT FABRE A SAINT FRANÇOIS DE SALES.

Le président Fabre lui parle de la dédicace de ses poésies.

Fratri suavissimo Francisco de Sales , ecclesiæ Gebennensis præposito,
et P. D. Antonius Faber, S. P. D.

Ex urbe VII cal. febr. 1595.

Defuisse tibi ad scribendum chartam inter arma fà-
cilè credo, qui propemodùm deesse mihi video inter
chartas. Itaque accipio, quamquam illubenter et peri-
vitus, excusationem illam, quam mihi Thonesius tuo
nomine pro litteris reddidit ; sed jam lege ut si post-
hac cartæ penuriâ, ullius ex amicissimis meis litteris
mihi carendum sit, des operam et diligentiam aliorum,
ut omnium quotquot sunt, fuerunt, et erunt, caream
potiùs quam tuis. An non autem tibi nescio quo fato
factum videtur quod eodem tempore typographeo quoque nostro carta defucit, ne poeticas illas meas medita-
tiones adhuc excudere potuerit ? Id tamen propedièm
facturum se pollicetur, et ut faciat quantùm possum
urgeo non tam quod meæ sint quàm quod tibi jàm
pridèm nuncupatæ. Illa enim pæcipua laus mihi futura
sit si assequi potero, ut hoc veluti nuncio singularis

nostræ necessitudinis et, ut verè soles dicere, incomparabilis ad exteros quoque fama perferatur.

Angustior sanè est tota hæc nostra Sabaudia, quàm ut rem tantam suis finibus continere possit. Sed charta mihi quoque defuerit si longioris epistolæ argumentum petere velim ex magnitudine mutui amoris nostri quœ licet mihi æquè ac tibi perspectissima, non aliâ tamen quam tuâ eloquentiâ ex dignitate commendari se aut exprimi patiatur.

Benè vale, mi frater suavissime, et me ut facis ama. Consobrino nostro charissimo plurimàm, si placet, ex me salutem.

Je crois sans contredit que le papier vous ait manqué au moment d'entrer en lice, puisque je m'aperçois qu'il manque presqu'au même temps parmi mes lettres. C'est pourquoi je reçois à contre-cœur et comme forcé, l'excuse que Thonesius m'a donnée en votre nom au lieu de lettres. Si à cause de cette pénurie de papier, je dois être privé des lettres de mes amis, dès à présent, rappelez-vous bien que vous devez mettre tous vos soins pour que je sois privé plutôt des lettres de tous mes autres amis, présens et à venir et quel que soit leur nombre, que des vôtres. Je ne sais aussi par quelle fatalité l'imprimeur s'est trouvé sans papier dans le même temps, à tel point que mes poésies ne sont pas encore imprimées. Il m'a promis cependant de s'en occuper au premier jour. Je le presse autant qu'il dépend de moi, non pas parce que ce sont mes écrits, mais parce que je vous les ai dédiés depuis long-temps. Cette faveur, si je puis l'obtenir, me sera particulièrement utile, en ce que par cette voie, le bruit de notre étroite liaison, que vous avez coutume d'appeler sans pareille, passera à l'étranger.

Certes, notre Savoie est si resserrée qu'elle ne pourroit pas contenir dans ses limites une si grande renommée. Mais le papier me manqueroit également, si je voulois pousser plus loin mes raisonnemens sur l'étendue de notre affection mutuelle, ce que je ne ferois pas cependant avec autant d'éloquence que vous, mais avec la dignité due à vos mérites.

Portez-vous bien, mon très cher frère, et aimez-moi, comme vous faites. Mille complimens, je vous prie, à notre très cher cousin.

25ᵉ LETTRE

Tirée du 3ᵉ volume du 2ᵉ procès de la canonisation de Sᵗ François, pag. 157, conservé au monastère de la Visitation d'Annecy.

LE PRÉSIDENT FABRE, A S. FRANÇOIS DE SALES.

Sur les calamités qui affligent la patrie.

Fratri suavissimo Francisco de Sales, præposito ecclesiæ Gebennensis, Antonius Faber, S. D.

Ex orbe xv cal. aprilis 1595.

Eram apud Sebusianos, et cum Guichardo nostro viro, quod te scire arbitror, nunc prorsus militari ut tempori nihil nisi bella et classicum resonanti, magis quam genio meo inservirem, ludebam effigiem belli,

similitaque veris prælia, buxo acies fictas et ludiera
regna, cum redditæ nobis sunt amantissimæ illæ tuæ
litteræ, ad 11 calendas Martis data. Sanè perquam opportunè ut communi utriusque erga te nostri impa-
tientiâ urgeremur, ne longiorem earum expectationem
ferre possemus.

Ego vero proprio quodam jure, in mediis publicarum
et privatarum miseriarum doloribus, hanc implorarem
consolationem quæ mærorem aliquâ saltem ex parte le-
varet meum.

Itaque noli quærere quàm gratæ, jucundæque nobis
fueritit quales et quam multi, quam que honorificè inter nos de te sermones, cum amisso statim ludo quasi
ambo vicisse videremur.

Idunum agere cæpimus ut suavissimo de mutui amoris nostri magnitudine, deque tuis et virtutibus et laudibus colloquio reliquum diem transigeremus.

Ille, ut est ingenii non minùs quàm animi impetu
potens, ex tempore conscripsit epistolam si quid mei
judicii est non inelegantem, quam post dies aliquot
dicenti mihi tradidit ut curarem ad te perferendam.

Mihi qui majorem et jucundiorem legendis tuis,
quàm conscribendis aut poliendis meis, diligentiam ad-
hibere soleo, meliùs visum est et commodiùs differre
rescriptionem in id usque tempus quo hæc loca re-
diissem, præsertim cum nec haberem ad manus per
quos possem scribere ; quamquam non parùm diligentiam meam illud excitabat, quod tardiùs quàm putarem
ad Sebusianos meos profectus, videbam ex eo futurum
ut longiorem quoque scribendi moram facere quam
sperares.

Post meum verò reditum (is fuit nudius tertius)
posteriores tuas accepi ex Thononiensi Babylone con-

scriptas quarum repetita sæpiùs jam lectione mirum in modum recreatus sum, ex eâ potissimum parte quâ tu me bono et forti animo esse jubes ad publicas istas calamitates constanter moderatèque perferendas. Est omninò, mi frater, ut scribis; oculi augent dolorem fitque multò acerbior, cùm eâ videre cogimur, quæ nec audire sine gravissimo mærore possemus.

Teterrimum prorsus et miserrimum spectaculum ! oppressa, præcepsque in ruinam patria, cui opitulare non possit.

Neque verò possum negare tamen et si ad meos profecturus sìc me comparassem, ut quem misera quæque et videre et perferre opporteret, me tamen non leviter commotum esse cum multò graviora et deploratoria vidi omnia quam timueram.

Nil de privatis meis rebus conqueror, quarum perturbatio non mediocris animum meum longè graviùs perturbaret, si a me ipso, ut eleganter ais, tædi vellem fero ista, licet minùs æquo fortasse quam deceret, tamen satis accepto animo, non quod ad eum sapientiæ gradum pervenerim quem tu mihi ab oculos ponis (nimirum est astutè quidem, sed benevolè mihi imponas, ne cunctari possim quìn talem me præstare debeam qualem me tibi videri fingis) sed quia nihil tam durum aut calamitatum accidere potuit quod non jam inde a multis annis eventurum prævideram, quodque ridendus mihi ipsi videar, magis quam miserendus, si in tantis totiusque reipublicæ calamitatibus, cum in eâdem sim navi in quâ cæteri, præcipuâ quâdam immunitate, vitæque conditione gaudere velim.

At nihil me æque, ac illud confirmat, quod quotiès de te cogito (facio autem fere assidue), agnosco indignum fore me quem tu fraterno amore prosequi deberes, si

ab eâ discesserem animi magnitudine, quam in te admirabilem et prope modum singularem non modò vultu
et oratione præ te fers, quod tibi cum multis commune
est, sed etiam quod paucis contingit, facto ipso totâque
institutæ vitæ ratione testaris.

Quàm putas, animo meo hæret, hærebitque semper,
quod te nuper, dùm unà essemus, dicere memini, cum
quidam at te retulissent me, levissimo implicitum morbo,
graviore, quam par fuerat, mortis metu eruciatum
fuisse, id te de eo qui se fratrem tuum diceret et gloriaretur, non temerè credere potuisse! Nam qui, te potissimum magistro, didicerit mortem non pertimescere,
quam ego nunquam sanè pertimescendam existimari,
an non multò stultior sit, si eis rebus moveatur, quæ
non aliam ob causam acerbæ videri possint, quam quia
mortem vel quod adhuc insaniùs fuerit, vitam quoque
ipsam reddere soleant accerbiorem.

Sed tamen facere non possum quin me communes
miseriæ conturbent quibus non valdè affici vereor, ne
inhumani patiùs quam constantis hominis esse videretur. Idque me tuo etiam exemplo, quod mihi instar
omnium est, ut esse debet, facere certò scio. Verum de
his fortasse nimis multa.

Reliquum est, mi frater, ut te non jam horter ad
pugnam istam quam te adversùs hæreticos tanta contentione capescere video, sed moneam potiùs et rogem ut
sanitatis et incolumitatis tuæ rationem habeas, tibi pa-
reas, caveasque ne tenuiores corporis vires, et animi
viribus impares, jamque tot jejuniis attritas, dicendo
scribendoque exhaurias, quas tibi integras salvasque
conservari non minùs reipublicæ quàm meâ scis interesse, quandò quidem tibi cum eo hoste res est, quem

non nisi longo lentoque, ut vides, bello possis ad deditionem compellere.

Ego, si quid hoc ad rem pertinet, votis saltem et
quantis potero ad Deum optimum maximum precibus
adjuvare te non desinam, faciamque ut confratrum nostrorum, quorum omnium propensissimus est ut esse
debet, erga te animus, idemquoque studium experiare.

Bene vale, mi suavissime, et Baronem nostrum, itemque consobrinum; si nunc tecum est, ac cæteros omnes
tui amantissimos, meo, si placet, nomine salvere jube.

Senator noster, longissimo jam et puriculosissimo
morbo consternatus, tam malè habet ut nedum medi-
cis exploratum sit sperandum ne magis de clarissimi
viri salute, an pertimescendum habeant. Non possis credere quàm id me torqueat, pro arctissimâ quæ inter nos
est, non tantum dignitatis et ordinis, sed etiam, quod
primum est animorum conjunctione. Faxit Deus optimus maximus ut brevi convalescat, quem diutissimè
sospitem salvumque esse non tuâ solum, et meâ, sed
totius quoque reipublicæ causâ cupio.

Interim vale, et me ut soles, ama.

A la Ville, 17 mars 1595 (1).

Je me trouvois dans le Lyonnois, et là, plutôt que
de m'abandonner à mes pensées, ayant pour adversaire
notre ami Guichard qui, comme vous le savez, dans ce
temps de carnage, n'a plus à la bouche que les mots de
trompette et de combat, je jouois à la petite guerre, à

---

(1) Le texte porte : le xvᵉ jour avant les calendes d'avril.

ces batailles qui figurent si bien la réalité par des com-
battans de bois, enfin, je déployois ma tactique militaire (1), lorsque le 27 février (2), on me remit fort à
propos vos dépêches, ces dépêches charmantes qui ex-
citoient à tel point notre attente, qu'un plus long retard nous paroissoit insupportable.

Pour moi, si des malheurs domestiques et ceux de
ma patrie livroient mon âme aux chagrins les plus cui-
sans, je n'appellerois de mes vœux que cette consolation si propre à charmer tous mes ennuis.

Il est donc inutile de me questionner sur l'effet ma-
gique produit par votre lettre, sur le sujet de nos longues conversations, sur les panégyriques dont vous
étiez toujours le héros : nous oubliâmes tous les deux
notre partie, comme si nous l'eussions gagnée l'un et
l'autre.

Bref, le reste de la journée s'écoula dans un doux
entretien qui rouloit uniquement sur la sincérité de
notre amitié, sur vos excellentes qualités et sur vos
vertus.

Guichard, dont l'imagination est aussi féconde que
son cœur est brûlant, improvisa une lettre qui, si je
puis juger sainement, n'est pas dépourvue de grâces :
quelques jours après, il me la remit pour que je vous
la fisse passer.

Mais moi, qui prends toujours plus de plaisir et qui
apporte plus d'attention à lire vos lettres qu'à compo-
ser et à polir les miennes, j'ai mieux aimé différer ma
réponse jusqu'à la fin de mon voyage ; d'autant plus que

------

(1) Il s'agit ici d'une partie d'échecs.
(2) Le texte porte : le 2ᵉ jour avant les calendes de mars.

je n'avois point de courrier à ma disposition : et pourtant, il y avoit une circonstance bien capable de me stimuler, c'est qu'étant parti plus tard que je ne pensois, mon séjour dans le Lyonnois, et par conséquent le retard de ma réponse, devoient se prolonger au-delà de vos prévisions.

A mon retour dans mes foyers, il y a de cela trois jours, je fus agréablement surpris par votre dernière lettre datée de Thonon : je l'ai relue mainte et mainte fois, surtout ce passage dans lequel vous m'encouragez à supporter les malheurs publics avec constance et résignation. Oui, mon cher frère, ce que vous dites est vrai : les maux que nous voyons de nos yeux sont cruels, et c'est une chose déchirante d'être témoin d'une calamité dont le récit seul nous affecte vivement.

Spectacle affreux et déplorable ! Voir la patrie éplorée sur le penchant de sa ruine, et ne pouvoir la secourir !

Je ne puis le nier : bien qu'avant mon départ, je me fusse préparé à souffrir de tous les maux dont je serois témoin, cependant le cœur me saigna, quand je vis la réalité si fort au-dessus du tableau que je m'en étois fait.

J'aurois mauvaise grâce à me plaindre de mes affaires personnelles : dans d'autres circonstances peut-être cette position seroit-elle pénible pour moi ; mais maintenant, si mon courage n'est pas ce qu'il devroit être, du moins peut-il paroître raisonnable : non que je sois arrivé à ce degré de sagesse auquel vous m'élevez gratuitement (certes je n'hésiterois pas de consentir à ressembler au portrait que vous avez tracé de moi avec une malice tempérée par la bienveillance), mais

c'est qu'il ne m'est arrivé aucun malheur, aucun dé-
sastre que je n'aie prévu depuis plusieurs années ; c'est
que je me croirois plus digne d'exciter la risée que la
compassion, si, au milieu de tant de calamités qui dé-
solent ma patrie, placé sur le même vaisseau que les
autres citoyens, je prétendois être privilégié et jouir
d'une condition plus heureuse.

Mais ce qui m'encourage surtout, c'est de penser à
vous, et j'y pense à toute heure. Je réfléchis combien
je serois indigne de l'amitié fraternelle que vous me
portez, si je venois à m'écarter de ces sentimens généreux qui, non seulement se peignent sur vos traits
et dans vos discours, ce qui vous est commun avec
bien d'autres, mais dont on retrouve encore l'em-
preinte dans toutes vos démarches et jusque dans vos
moindres actions, ce qui certes n'est donné qu'à un
petit nombre d'hommes.

Aussi il est gravé profondément dans mon cœur, et
il y restera toujours gravé, ce mot qui sortit l'autre
jour de votre bouche. Quelqu'un vous rapporta devant
moi que, dans une maladie peu dangereuse, je m'étois
laissé abattre par la crainte de la mort, crainte pué-
rile, eu égard à la circonstance. Je ne puis, disiez-vous,
le croire à la légère d'un homme qui se dit mon frère
et qui s'honore de ce titre. Or, celui qui s'est aguerri
à votre école contre la crainte de la mort (et pour moi,
tant que j'ai joui de toute ma raison , je n'ai jamais jugé
la mort capable d'inspirer de l'effroi), celui-là, dis-je,
ne seroit-il pas bien plus fou de s'attrister d'un mal qui
n'a d'autre résultat fâcheux que celui de rendre la mort
plus douloureuse ; ou, ce qui montreroit encore plus
la folie de cet homme, d'empoisonner seulement son
existence.

Cependant, refuser de prendre part à la désolation générale, ce seroit vouloir me donner la réputation d'un homme dur, plutôt que celle d'un homme magnanime. Je puis donc hardiment exercer ma sympathie, en m'appuyant encore de votre exemple, ce puissant mobile qui me tient lieu de tout.

Il me reste un devoir à remplir, mon cher frère : je ne veux pas allumer votre zèle contre les hérétiques que vous combattez avec tant d'ardeur ; mais, je vous en prie, je vous en conjure, épargnez-vous, prenez soin de votre santé ; n'oubliez pas que, pour l'amour de moi et dans l'intérêt de la république, vous devez ménager les forces de votre corps, ces forces qui ne peuvent rivaliser avec celles de votre âme, ces forces abattues par tant de jeûnes, épuisées par les veilles et par les prédications ; conservez-les : car vous avez affaire à un ennemi qu'une guerre longue et habilement dirigée peut seule contraindre à se rendre, comme vous avez pu vous en convaincre.

Pour moi, si mes vœux vous sont de quelque secours, je ne cesserai de prier le Seigneur de vous être favorable ; vous trouverez le même zèle chez nos confrères qui vous portent tout l'intérêt dont vous êtes digne.

Adieu, mon ami. Soyez, s'il vous plaît, mon interprète auprès de notre ami Baron, de mon cousin, s'il est encore avec vous, et de tous ceux qui vous sont chers.

La maladie du sénateur est si grave, que les médecins ne savent ce qu'ils ont à espérer ou à craindre. Vous ne sauriez croire combien j'en suis tourmenté, moins en ma qualité de confrère, qu'en raison de l'étroite amitié qui nous unit l'un à l'autre. Dieu veuille

le rendre à la santé et lui accorder une longue suite
d'années pour notre bien et pour celui de l'État.

Encore une fois adieu, et aimez-moi comme par le
passé.

26ᶜ LETTRE.

L'original est conservé au monastère de la Visitation d'Annecy.

A UN GENTILHOMME EN DIGNITÉ.

Saint-François le prie de faire en sorte que , dans le traité avec la
république de Genève, on n'oublie point de stipuler, en faveur
de la cathédrale de Genève. la jouissance de ses biens qui sont
dans les états du duc de Savoie.

Monsieur,

Il plut à S. A. il y a quelque temps, depuis ces guerres, déclarer pour l'église de ce diocèse être de son intention et plaisir que tous les biens qui se trouveroient
en ses états avoir été de l'Église anciennement devant
que Genève eût chassé les ecclésiastiques, retournassent
à l'Église comme vrai patrimoine de J.-C., ce qui a fait
que le chapitre de Saint-Pierre ayant été avisé qu'il se
devoit tenir quelque journée à Turin touchant ce bailliage et autres affaires, il a pris résolution en l'assurance
de votre zèle et piété de vous supplier très humblement
de leur faire aumône de votre crédit et intercession en
cet endroit, afin que si le cas de quelque restitution de

7

pays échéoit en traité, ils ressentent le profit de la dé-vote intention de sa dite altesse, et que les biens qui se trouveront avoir été dudit chapitre au temps de la sub-version de Genève leur soient restitués.

Ils vous supplient donc, Monsieur, très humblement tous en général, et moi en particulier comme ayant cet honneur d'être prévôt en leur compagnie, de prendre cette leur affaire en main, se promettant que si la bonne intention de S. A., dressée sur la piété de la cause, est aidée de votre faveur et autorité, elle sortira en son ef-fet avec grand mérite de sa dite altesse, qui nous aura remis notre pain en la main, et de vous, Monsieur, qui nous aurez procuré ce bien, duquel je puis vous assu-rer avec vérité que nous avons bon besoin, pour s'être la pauvreté de cette église cathédrale de trente chanoi-nes quasi tous gentilshommes ou gradués, fort rengre-gée par ces guerres, sans avoir voulu jamais diminuer aucune chose de ce qui s'observoit pour la décoration du service divin.

Vous suppliant donc nous avoir pour recommandés, nous recommanderons de toute notre dévotion votre santé et prospérité à **N. S.**, et demeurerons obligés à ja-mais de prier plus particulièrement sa divine bonté qu'elle vous comble de ses bénédictions. Et pour mon regard, Monsieur, continuant en la condition de M. de Boisy, mon père, je demeurerai votre très humble ser-viteur.

27ᶜ LETTRE

Tirée du registre des lettres de saint François de Sales, conservé au
monastère de la Visitation de Pignerol.

A SON PÈRE.

Saint François s'excuse auprès de son père de rester toujours à
prêcher dans le Chablais, et le prie de ne pas attribuer sa persévérance à la désobéissance.

1595.

Monsieur mon très honoré père,

Si Roland était votre fils, aussi bien qu'il n'est que
votre valet, il n'auroit pas eu la couhardise pour un si
petit choc que celui où il s'est trouvé, et n'en feroit pas
le bruit d'une grande bataille. Nul ne peut douter de la
mauvaise volonté de nos adversaires; mais aussi vous
fait-on tort quand on doute de notre courage. Par la
grâce de Dieu, nous savons que celui qui persévèrera
sera sauvé, et qu'on ne donnera la couronne qu'à celui
qui aura légitimement combattu, et que les momens de
nos combats et de nos tribulations opèrent le prix d'une
gloire éternelle.

Je vous supplie donc, mon père, de ne point attribuer ma persévérance à la désobéissance, et de me regarder toujours comme votre fils respectueux.

28ᵉ LETTRE

Tirée du 5ᵉ volume du 2ᵉ procès de la canonisation de saint
François, pag. 164, conservé au monastère de la Visitation
d'Annecy.

LE PRÉSIDENT FABRE A SAINT FRANÇOIS DE SALES.

Il l'exhorte à être constant et ferme dans son projet de convertir
les habitans de Thonon.

*Fratri suavissimo Francisco de Sales, præposito ecclesiæ Gebennensis,
Antonius Faber, S. D.*

Ex urbe et ex tempore 12 de cal. julii.

Binis à te, mi frater, acceptis litteris hâc unâ epistolâ
respondebo, et breviùs sanè quàm vellem, aut soleam,
in tantis quibus nunc opprimor temporum angustiis.

Priores erant de inopinato, magis quam acerbo, Gui-
chardi nostri casu, de Alexandri mei lachrymis, aliis-
que hujus modi meis ineptiis.

Posteriores de tuo ad Thononenses reditu.

Ad priores vis habeo quid respondeam ; nam de Guichardo nostro, si repetam liberatum eum a latronibus,
casumque illum moderatè, ut debuit, pertulisse, nihil
novi dixerim, nisi quod suis ille ad me litteris id ipsum
testatus est, quod ego ex hominis moribus mihi per-
spectissimis, jam satis per me conjiciebam, quorum
testimonium mihi multò certiùs est, quam litterarum.

Illud tamen possum addere quod licet novum, tibi

tamén persuasu facile erit, novam illi amandi colendi-
que tui causam accesisse cum ex litteris meis intellexit
quam te leviùs istud infortunium, pecuniario tantum
incommodo æstimatum, mali habuisse; quâ de re brevi
tibi gratias habiturus est, redditurus haud dubiè eum
et tu voles, et ille poterit. Expecto ut primo quoque
die ad nos venias, mox ad principem, ut audio perrec-
turus.

De libello meo, quem tibi, aliis que multis exemplo
tuo, tantoperè probari video, quid rursùs dicam, aut
novas habeam gratias ? Vetus jam istud beneficium
tuum est quod ego sic accipio, uti quasi nihil dum
præstiterim, majus quidpiam a te expectari, et à me
plura præstare debere intelligam ; quæ si voto et animo
meo respondebunt, possis tu faciliùs et lubentiùs tua
agnoscere, quam hæc leviora quæ tu tanta contentione
mea esse defendis, ne quid de his laudibus detrahatur.
Sic enim *Sales* illos tuos interpretor, ut ironicum agas
in eo ipso in quo me hyperbolicum fingis ; sed alias,
et ni fallor, brevi jocandum erit liberiùs et largiùs.

Venio ad posteriores tuas litteras in quibus jucundissimum illud fuit quod te video nihil de pristinâ istâ
animi alacritate remittere nihilque non tentare ut, si
(quod abominor) minùs feliciter res succedat, ea sola
tibi culpa objici possit quòd plus animi ingenii habue-
ris ad audendum, quam ii omnes, quorum ac parte
præcipua autoritas est voluntatis ad adjuvandum.

Sed illud sanè molestissimum est quod conqueris,
nec immerito, tam frigidè tantam rem ab istis tractari,
qui tàm præclaros conatus tuos et modis et artibus omnibus fovere deberent. Nihil autem miseriùs, quam
quod hoc tempore in quo pax ista precaria aut ut
Vigilius loquitur, sequestra totque mensium firmatæ

induciæ facere deberent, ut benè sperare liceret, vix quisquam est qui præter te in hanc curam velit incumbere sed tamen si tibi, mihique credis, perge ut cæpisti in id usque tempus quo desperatio nonminùs probatam omnibusque cognitam quàm justam habitura sit excusationem. Habebis tuæ fortitudinis virtutis que non modo testes, sed etiam admiratores, eos ipsos quos fautores habere, ut decebat, non potuisti, Deum verò optimum maximum retributorem, qui laborum tuorum estimationem non ex perceptis fructibus, sed ex iis qui percipi potuerunt et debuerunt proprietate tuâ initurus est; quamquam vix mihi in animum cadere potest, ut de tam piis, et quod præcipuum est, piè habitis conatibus desperandum putem.

Inter hæc scribendum, opportunè advenit frater ille noster Hyerosolymitanus, scis quem intelligam Locatellus faustus lætusque, hoc uno minùs ut sibi mihique videtur felix, quod superioribus diebus necium profectus, videre te non potuit, quo nomine mirum est quantis cum onorem ludibriis, quod ille non ita dudùm gloriaretur hanc sibi præcipuam fore oblectationem, si absenti me, solus te frueretur ego vero tantam felicitatem, fateor enim libere etiam fratri inviderem.

Soror tua, quam tu clarissimam vocas, cùm charissimam dicere clariùs posses, te salutat ut compatrem, adeò ineptit illa in hoc ipso quod ineptire velle desinit, nisi sororis nostræ Locatellæ, quam opprimè gravidam esse scis, exemplo movebitur, nec enim ignoras hoc genus, pene adjeci demoniorum exemplo magis quam ratione, autoritate moveri.

Bene vale, mi suavissime, et consobrino nostro, tum Baroni, cæteris que amicis nostris plurimam, si placet, ex me salutem. Iterum vale, et me, ut facis, ama.

Mon cher frère,

Pour toute réponse aux deux lettres que j'ai reçues de vous, je vous écris celle-ci : son extrême brièveté, si contraire à mes désirs et à mes habitudes, vient de l'accablement où me jettent les effroyables malheurs de l'époque.

Votre première lettre rouloit sur l'accident plus imprévu que funeste de notre pauvre ami Guichard, sur les larmes de mon Alexandre, et autres misères à moi du même genre.

La dernière avoit trait à votre retour à Thonon.

A la première, j'ai à peine de quoi répondre ; car, si je répète, au sujet de notre ami Guichard, qu'il s'est sauvé d'entre les mains des voleurs, et qu'il a supporté cette mésaventure avec patience, selon son devoir, que dirai-je de nouveau qu'il ne m'ait attesté lui-même dans sa correspondance ? et d'ailleurs, son caractère qui m'est bien connu me faisoit bien prévoir sa conduite : ce dernier témoignage, je le préfère, pour sa certitude, à celui d'une lettre.

Cependant, je puis ajouter une chose que, malgré sa nouveauté, vous vous persuaderez facilement ; c'est que cet événement a redoublé envers nous et son amour et son estime, lorsqu'il a eu connu par mes lettres combien vous aviez souffert vous-même de sa légère infortune, infortune toutefois seulement d'argent. A ce sujet, il doit bientôt venir lui-même vous offrir et vous payer toute sa reconnoissance, sans doute le jour que vous désignerez, et qu'il le pourra lui-même. J'attends aussi qu'au premier jour vous veniez nous voir, étant sur le point de vous mettre en route, d'après ce que j'apprends, pour aller trouver le prince.

Quant à mon petit livre, qui, je vois, a été si bien goûté de vous, et, à votre exemple, d'un grand nombre de personnes, que dirai-je de rechef, ou quels remercîmens nouveaux vous ferai-je? C'est déjà un de vos anciens bienfaits, que j'accepte toutefois, à condition de me bien rappeler que vous devez attendre de moi quelque chose de plus grand que cette misère là, et que moi, de mon côté, je suis obligé à faire bien davantage. Que si ce nouveau travail répondoit à mes vœux et à mon idée, il vous sera plus facile et plus agréable de le regarder comme votre bien propre, que la précédente nullité, dont néanmoins, malgré moi, vous soutenez le mérite, dans la crainte que l'on ôte quelque chose à vos éloges. C'est ainsi que j'appelle cela une de vos saillies ; l'ironie est sœur de l'hyperbole. Mais une autre fois, et, si je ne me trompe, bientôt, plaisantons avec moins de réserve et plus longuement.

Je viens à votre dernière lettre, où j'ai vu avec grand plaisir que vous n'aviez rien perdu de votre ancienne gaîté d'esprit, et que dans toutes vos démarches vous agissiez de manière que, dans le cas d'un mauvais succès (ce qu'à Dieu ne plaise), on ne puisse vous donner qu'un seul tort, celui d'apporter dans vos entreprises encore plus d'audace que tous ceux qui n'ont, pour arriver à leur fin, que la force seule de leur volonté.

Une chose, en vérité, m'afflige, c'est de vous voir plaindre, et avec raison, de la froideur avec laquelle des hommes traitent une si grande affaire, ceux-là mêmes qui devroient, par toutes sortes de moyens et d'expédiens, soutenir la noblesse de vos efforts.

Oui, rien de plus misérable : dans un temps où la

paix est précaire, où, comme parle Virgile, la trève, après avoir suspendu les armes depuis tant de mois, devroit faire concevoir d'heureuses espérances, rien de plus misérable qu'à peine il y ait, excepté vous, une seule personne qui veuille s'occuper de la paix ? Toutefois, si vous prenez conseil et de votre cœur et du mien, marchez, comme vous avez commencé, jusqu'au temps où le désespoir que vous concevrez de terminer jamais cette affaire, vous offrira une excuse aussi notoire et approuvée du public qu'elle sera juste.

Vous aurez pour garans et pour admirateurs de votre courage et de votre vertu, ceux-là mêmes qu'il convenoit que vous eussiez, et que vous n'avez pu avoir pour coopérateurs.

En vérité, vous aurez le grand et le meilleur des rémunérateurs, Dieu qui ne mesurera point vos travaux à ce qu'ils vous ont rendu, mais à ce qu'ils pouvoient et devoient rendre.

Non, je ne puis comprendre que l'on doive désespérer jamais d'efforts aussi justes et, ce qui est mieux, dirigés avec autant de piété.

Pendant que j'écris ces lignes, arrive bien à propos notre frère de Jérusalem ; vous savez qui je veux dire, l'heureux et joyeux Locatellus. Une seule chose, suivant nous deux, manque à son bonheur : c'est que, parti dernièrement pour Annecy, il n'a pu vous voir.

A ce propos, il est incroyable combien j'ai ri de lui, pour s'être vanté, il y a quelque temps, qu'il auroit un plaisir particulier si, en mon absence, il jouissoit de votre société.

Pour moi je l'avoue, un si grand bonheur, je l'envierai même à mon frère.

Votre sœur, que vous appelez très illustre, et que

vous pourriez nommer mieux votre sœur très aimée,
vous salue comme son compère.

A ce sujet, il n'y a folies qu'elle ne dise et ne fasse,
à moins qu'elle ne se laisse guider par l'exemple de
notre sœur Locatella, dont vous connoissez bien la
grossesse ; mais vous n'ignorez point que ce sexe-là,
je l'ai presque ajouté, se laisse plutôt diriger par l'exemple du démon, que par l'autorité et la raison. Adieu,
mon cher frère ; saluez de ma part, je vous en prie,
notre cousin et le Baron, et nos autres amis. Encore
une fois adieu. Faites toujours ce que vous faites, aimez-moi.

29ᵉ LETTRE.

AU PÈRE CANISIUS, DE LA SOCIÉTÉ DE JÉSUS.

Saint François lui parle de ses efforts pour convertir la ville de
Thonon à la foi catholique, de l'abjuration de Pierre Poncet,
célèbre jurisconsulte, et il le prie de lui fournir les preuves de
l'interprétation d'un texte de la Genèse.

*Epistola Francisci Salesii, præpositi ecclesiæ Gebennensis, patri
Canisio, è societate Jesus.*

Virtutis quidem is est splendor, ea est præstantia,
pater observandissime, ut, quod tu minimè ignoras,
nullis terrarum aut locorum intervallis impediri possit quominùs et videatur, et eos a quibus possidetur,

ut etiam reddat cospicuos et amabiles : qui, quamvis quid ipsa sit virtus ignorant, virtutis tamen nomen honorant. Quo minùs excusatione nunc indigene mereor, quod ignotus et obscurus homuncio litteras ad te dare non verear.

Non enim tu vicissim ignotus es aut obscurus, sed qui tot rebus, ut moderatissimè loquar, hactenùs pro Christo gestis, dictis, scriptis universis Christi fidelibus innotuisti, ut mirandum non sit eum qui universis toties scripsit christianis, a multis hoc solum nomine quod christiani sint, epistolas item accipiat.

Eum ergo non longo admodum intervallo, et solo propemodum Lemano lacu a te me abesse cognovissem, rem tibi quidem non ingratam, mihi vero in posterum longè utilissimam facturum existimavi, si qui presens nequeo familiarius, per litteras absens interrogarem et docentem te per litteras item interdum audirem pro tua in proximos charitate ; sic enim scriptum est : *Interroga generationem pristinam et diligenter investiga patrum memoriam, et ipsi docebunt te, loquentur tibi, et de corde suo proferunt eloquia..*

En igitur nonus agitur hic mensis quo sum inter hæreticos hos Thononienses, jussu Reverendissimi Gebennensis, ut quia nulla vi ad causas Ecclesiæ eos reduci vult serenissimus Allobrogus princeps pro pacto cum Bernensibus eam in sententiam facto, videam etiam atque etiam num eis ad Chistum convertendis verbo et colloquiis sit aliquis locus, quem ubi nactus fuero, immittet in messem hanc idoneos plerosque, tum alios quidem tum etiam ex vestra societate operarios. Nec verò rem omninò in multos hos dies protrahunt. Princeps, cujus tamen autoritate res inceptæ, quod aliis rebus sit impeditus, nullam huic rei dat operam.

Inter rumores bellicos metuunt incolæ, ne si iterum Bernensium aut Gebennensium in nos explicentur arma et non solum ad Ecclesiam videat aliquis (quod se nunquam facturos pollicentur omnes) sed tantum aures catholicis theologis dederit, is pessimè et crudelissimè ab iis excipiatur.

Non commisi tamen quin pro mea tenuitate conciones singulis dominicis diebus bis saltem haberem et quidem in templo publicè, quo velut prodromus aliis opere et verbo potentioribus viam aprirem. Pauci tantum qui supersunt catholici ea recreati ; hæreticorum nullus propemodum accessit unquam, nisi videndi me potiùs (est enim genus hominum curiosum), quam audiendi gratia.

Dei interim beneficio factum est ut aliquot animæ, octo nimirum, iis novem mensibus Christo nomen reddiderint. In iis Petrus Poncetus jurisconsultus eruditus sanè, et quod ad heresim spectat, etiam ministro longè doctior. Quem cum antiquitatis auctoritate non nihil moveri viderem et saltem torqueri, explicavi opus tuum illud catechisticum cum auctoritatibus, sententiisque patrum a Buses descriptis, cujus lectione sensim ab errore abduci se in tritam veteris Ecclesiæ viam passus est, manusque tandem dedit, quo etiam nomine plurimum uterque tibi debemus.

Is autem cum nuper pro libero hominis arbitrio urgerem locum Genesis : *Sub te erit appetibus ejus et tu dominaberis illius* objecit referri voces *ejus* et *illius* ad Abelem nimirum dominaberis fratris non peccati : rationemque ex Calvino reddebat. Quod in Hæbreo relativa illa sint masculina, peccatum vero apud Hæbreos fæminina voce exprimatur. Ego vero interpretationem catholicam satis confirmavi, sed objectionem clarè re-

fellere non potui, quippe qui libris hìc caream neces-
sariis. Advexi namque pauca tantum, ut fit, præcipua
de hujus sectæ controversiis volumina inter cætera
Bellarmini opus illud illustre controversiarum, quem
dum hac in difficultate consulo, non satis locis nodum
explicasse comperio, dum de cohærentia relativi mas-
culini ad nomen fæminimum nihil tangit. Quare cum
bonum hunc virum, et ex auditoribus meis catholicum,
ad vos discedentem, moxque rediturum cognovissem,
hujus objectionis solutionem a te peritissimo et huma-
nissimo doctore rudis ego tyrunculus petere constitui,
tua in proximos omnes juvandos fretus propensione.

Quod reliquum est, Deus optimus maximus vene-
randam canitiem tuam quam diutissimè reipublicæ
christianæ servet incolumem, et tu me quod è vestrâ
societate Antonius Possevinus jampridem fecit, in hu-
millimum habeto servum in Christo et filium.

Très Révérend Père,

Tel est l'état, telle est l'excellence de la vertu, que,
ce qui ne vous est point inconnu, l'on ne peut empêcher
qu'elle ne soit remarquée dans tous les pays du monde,
et qu'elle ne rende ceux qui la possèdent distingués et aimables, même pour ceux qui sans connoître ce que
c'est que la vertu, en respectent pourtant le nom. C'est
pourquoi, je sens que j'ai moins besoin d'excuse pour
oser vous écrire, moi homme de rien, inconnu et
obscur.

Car vous n'êtes point vous également inconnu et obscur, mais, pour parler avec modération, vous êtes connu de tous les fidèles par tant de choses que vous avez faites jusqu'ici pour le Christ, par vos actes, vos paroles et tous vos écrits, en sorte qu'il n'est pas étonnant que celui qui a écrit tant de fois à tous les chrétiens, reçoive des lettres de plusieurs, à ce seul titre qu'ils sont chrétiens.

Ayant donc su que je n'étois pas séparé de vous par un très long intervalle, mais seulement par le lac de Genève, j'ai pensé que je pourrois faire quelque chose qui ne vous seroit point désagréable, mais qui deviendroit très utile pour moi, dans la suite, si, ne pouvant m'entretenir familièrement avec vous, je vous adressois des questions par lettres, et que je reçusse également par lettres votre réponse, selon votre charité pour le prochain; car il est écrit : *Interrogez la génération ancienne, et examinez avec soin les souvenirs des ancêtres, et ils vous enseigneront, vous parleront, et vous feront entendre les paroles de leur cœur.*

Ainsi voilà neuf mois que je suis au milieu de ces hérétiques de Thonon, par l'ordre du très respectable Évêque de Genève, pour voir, par tous les moyens, s'il est possible de les convertir au Christ par la parole et les entretiens, parce que le sérénissime prince de Savoie ne veut point qu'on les ramène à la cause de l'Eglise par la violence, d'après le traité fait à ce sujet, entre lui et les habitans de Berne. Lorsque mes discours me les auront rendus favorables, Dieu enverra à sa moisson un grand nombre d'ouvriers capables, et de votre société et d'autres. Ces ouvriers termineront leur travail en peu de jours. Mais ce prince, sous l'autorité duquel l'affaire s'est commencée, empêché par d'autres embarras, ne s'occupe plus de la cause de Dieu. Parmi les bruits de guerre les ha-

bitans craignent que si les armes des habitans de Berne
et des Cévennes se déploient de nouveau contre nous,
que ce ne soit un motif d'être mal et cruellement traité
par eux, si, sans revenir tout-à-fait à l'Eglise (ce que
tout le monde promet hautement de ne jamais faire),
on prêtait seulement l'oreille aux théologiens catholiques.

Cela ne m'a point empêché de faire (eu égard mon
incapacité) deux fois par jour des discours, le jour du
Seigneur, publiquement et dans le temple, afin que
comme précurseur j'ouvrisse la voie à des hommes plus
puissant que moi et en œuvres et en paroles. Seulement
le peu de catholiques qui restent ont été soutenus par
les exhortations. Peu d'hérétiques sont encore venus;
c'étoit toujours moins pour m'entendre que pour me
voir, car cette espèce d'hommes est pleine de curiosité.

En attendant, Dieu m'a fait le bonheur que pendant
ces neuf mois quelques âmes, c'est-à-dire huit, sont re-
tournées à la foi. Parmi ces convertis, Pierre Poncet, jurisconsulte très instruit, et pour ce qui regarde l'hérésie,
plus instruit qu'un ministre. Voyant qu'il n'étoit point
ébranlé par l'autorité de l'antiquité, mais que plutôt il
en étoit embarrassé, je lui expliquai votre catéchisme
avec les extraits et les pensées des Pères recueillies par
le père Busée. Cette lecture le retirant peu à peu de
l'erreur, l'a ramené dans la vieille voie de l'Eglise, et enfin il s'est rendu. C'est à ce titre que nous vous devons
beaucoup l'un et l'autre. Lorsque dernièrement j'appli-
quois au libre arbitre de l'homme ce passage de l'Écriture : *Tes appétits seront sous ta puissance, et tu les domineras*, notre jurisconsulte m'objecta que les paroles se
rapportaient à Abel : *Tu domineras sur ton frère, et
non au péché*, et il en donnoit une raison tirée de Cal-

vin, parce qu'en hébreu ce pronom relatif est masculin, et le péché féminin dans la même langue.

Pour moi, je ne manquai point de preuves pour fortifier l'interprétation catholique ; mais je ne pus réfuter
clairement l'objection, parce que je manque ici des livres nécessaires. Je n'ai apporté, comme cela se fait,
que très peu de volumes avec moi, les principaux ouvrages sur les controverses de cette secte, et parmi
eux le livre si remarquable de Bellarmin, son livre des
controverses. Cependant j'ai beau le consulter, je me
suis convaincu que la difficulté de ce passage n'est point
assez clairement expliquée, car rien n'a trait aux rapports
du pronom relatif masculin au pronom féminin. Ayant
appris que cet homme excellent, et un de mes auditeurs
catholiques, devait aller vous voir et retourner quelques
jours après, j'ai résolu, moi apprenti ignorant, de vous
demander la solution de ce passage, à vous qui êtes un
docteur si habile et si complaisant, encouragé que je
suis, par votre penchant à aider tous les hommes.

Quant au reste, que le Dieu bon et grand conserve,
sans outrage votre vénérable vieillesse, le plus long-temps
qu'il le pourra, à la république chrétienne. Imitez ce
que depuis long-temps Antoine Possevin, de votre société, a fait. Regardez-moi comme votre très humble serviteur en Jésus-Christ et fils.

30e LETTRE.

L'original est conservé au monastère de la Visitation d'Annecy.

LE PRÉSIDENT FABRE, A S. FRANÇOIS DE SALES.

Il lui parle de deux de ses ouvrages : du Code et des Centuries ; il lui marque comme il espère de terminer la seconde et la troisième, l'une sur l'Eucharistie, l'autre sur la sainte Vierge.

De Chamberi en hate ce 25 octobr. 1595.

Monsieur mon frère,

Je ne suis plus marri que, pour faute de porteur, j'aie retardé plus que je ne voulois de répondre à vos premières lettres qui me furent rendues ces jours passés avec les sonnets de ma seconde centurie, par M. de Chavanes ; car je me fusse plaint fort aigrement de notre M. Portier, auquel j'avois remis mes précédentes lettres, avec celles du P. Possevin, et le livre qu'il m'avoit adressé pour vous faire tenir. Maintenant je suis hors de cette peine, voyant par les vôtres dernières, qu'enfin le tout vous a été rendu.

J'ai pris fort à mon avantage ce que vous m'écrivez, que nos messieurs de Thonon font état de ma première centurie ; car outre que mal aisément peut-il être ainsi qu'ils ne fassent sans comparaison plus d'état de vous à qui je la rapporte toute, comme je dois. Il me semble que c'est un commencement de témoignage qu'ils donnent de leur résipiscence, s'il est vrai, ce que j'ai toujours ouï dire, que les hérétiques ne veulent point ouïr parler de pénitence, du moins en la façon que j'en parle.

Les vers desquels M. Després m'a honoré m'ont été fort agréables, et je vous remercie de la recommandation que vous y avez ajoutée du vôtre, et lui de sa faveur. C'est un personnage duquel j'ai déjà ouï parler, et toujours en bonne part, ôté le point qui est le principal de la religion; ce seul point a été cause que je n'en ai pu faire l'état que j'eusse voulu, car, comme il me souvient de vous avoir autrefois dit, je ne peux me commander de croire qu'un hérétique puisse rien avoir de bon, du moins que l'hérésie ne gâte et ne corrompe, non que j'estime qu'il y ait en tous de la malice; j'en ai connu qui, hors le fait de la religion, pouvoient passer en montre pour honnêtes hommes; mais je ne peux les excuser que je ne les accuse tous, étant plus ceux qui sont les plus habiles entr'eux, d'un grand défaut de jugement, et de trop de présomption, en ce qu'ils osent faire plus d'état de leur jugement particulier que de celui de l'Église universelle, fondés seulement sur l'opinion d'un homme, lequel s'il eût été de moins, ils seroient maintenant des nôtres.

Toutefois je veux bien espérer de sa conversion, puisque vous qui le voyez de plus près en concevez cette espérance. Aussi me semble-t-il bien difficile qu'un honnête et si habile homme, comme il est, puisse croupir longuement en telle misère, pour peu qu'il veuille ouïr parler de la religion à un votre semblable. Je remettrai à ce temps-là de l'embrasser, et de recueillir avec plus de démonstration l'amitié que sa poësie me présente, vous priant toutefois de l'en remercier de ma part.

Si j'étois venu à bout de ma seconde centurie, je lui

écrirois très volontiers pour le prier de l'avoir agréable ; si ainsi étoit, nous aurions tout gagné, puisqu'elle sera toute en l'honneur du S. Sacrement, et non moins, s'il fait état de la troisième, laquelle je prétends faire, Dieu aidant, en l'honneur de Notre-Dame.

J'attends de bon cœur l'ornement que vous m'avez promis pour mon Code savoisien, lequel je vais avançant de jour à autre le plus que je peux pendant le loisir que m'en donnent ces féries.

Entr'autres points, n'oubliez pas, s'il vous plaît, celui-là, que nos hérétiques font métier de nier tout et ne rien dire. Ils le font sans doute par art et par finesse, afin qu'ils ne soient tenus de rien prouver, et qu'ils nous chargent tant plus de preuves, d'autant qu'il est beaucoup plus aisé de nier la vérité, que de prouver le mensonge.

Ils se fondent sur la règle qui dit que *dicenti, non neganti, incombit probatio ;* mais vous savez mieux que moi comment cette règle est entendue en notre jurisprudence, à laquelle proprement elle appartient ; nos lois disent que celui qui dit et affirme quelque chose n'est pas tenu de le prouver ; la raison en est, parce que la preuve d'une négative semble être impossible par la nature même, d'autant que ce n'est qu'une pure privation qui en somme n'est rien selon les philosophes ; mais cette raison même montre que la règle doit être entendue d'une pure négative qui ne puisse être circonstanciée de point de façon, car quand elle est co-arrêtée, comme parlent nos maîtres, de la circonstance de quelque lieu ou de quelque temps, la preuve s'en peut faire, et il faut qu'elle se fasse par celui qui nie ; comme si quelqu'un nioit d'avoir été à Rome un tel jour, il pourroit et devroit prouver en quel autre lieu il fut ce jour là.

Il y a de plus que la négative même qui est pure privation, *et quæ nihil ponit, nec includit affirmativam contrariam*, doit être néanmoins prouvée par celui qui l'avance, toutes et quantes fois que c'est le fondement de son intention, et en ce point s'accordent tous nos docteurs fondés sur ce que toujours le demandeur doit être chargé de prouver son intention, et ce, sur quoi il la fonde.

Il y en a une infinité d'exemples ramassés par le premier Marian Socin en ses *Commentaires sur le Droit canon*, qui traite cette matière plus amplement qu'aucun autre docteur quelconque, qui jamais en ait parlé. Il me souvient de l'y avoir autrefois lû à plein fond combien que je n'ai pas à présent le livre.

Je me suis fort appuyé autrefois sur cette dernière considération, pour conclure que nos hérétiques, pour nieurs qu'ils soient, sont tenus de prouver toutes leurs négatives, car ils ne peuvent nier qu'ils ne soient demandeurs, puisqu'ils viennent nous troubler en notre possession de seize cents ans qui nous rend défendeurs, et vous savez que c'est la principale commodité de la possession qu'elle décharge le possesseur de toute nécessité de preuve jusqu'à ce que le demandeur ait fondé et prouvé son action ; de là vient que *adversùs extraneos, id est nihil juris habentis actores, etiam vitiosa possessio prodest ;* mais c'est trop faire le docteur avec vous ; aussi me faites vous *doctor de volgar.*

Je ferai tenir vos lettres au père Possevin et à notre frère M. D. Lacatel.

J'ai été presque botté pour vous aller voir, afin de vous conduire au baptême de notre neveu, lequel nous espérions devoir être fait le jour de la Toussaint ; mais j'ai été retenu par une infinité d'incommodités, et pour avoir su aussi que M. le Commandeur doit partir aujourd'hui pour Lyon, et qu'à cette occasion, la solennité du baptême sera remplie en autre temps.

Vous me trouverez aussi long en françois qu'en latin, mais je ne saurois qu'y faire ; encore avois-je à vous prier de m'aider à me faire réponse des lettres que j'ai écrites à Genève, et adressées à l'hôte du Lion-d'Or, pour savoir si ces imprimeurs mettront la main à imprimer mes derniers livres de *Conjectures*, suivant les promesses qu'il m'en ont faites toute cette année. Je ne peux vous en dire davantage, pour le désir que j'ai de faire savoir en Allemagne et en Italie, aussi bien qu'en France, que nous sommes frères ; et comme tel je vous baise les mains ; ainsi font ma belle-mère et ma maîtresse (1) avec nos écoliers, qui prient tous Dieu avec moi qu'il vous conserve, Monsieur mon frère, à longues années en sa grâce, et nous en la vôtre.

> Votre plus humble et plus intime frère et serviteur.
>
> FABRE.

---

(1) Il appelle ainsi son épouse.

31e LETTRE [1]

Tirée du 5e volume du 2e procès de la canonisation de St François,
pag. 145, conservé au monastère de la Visitation d'Annecy.

LE PRÉSIDENT FABRE, A S. FRANÇOIS DE SALES.

Il lui parle de son arrivée à Annecy, des progrès de la foi catholique à Thonon, et l'entretient des misères publiques et privées.

Fratri suavissimo Francisco de Sales , ecclesiæ Gebennensis præposito,
Antonius Faber, S. D.

Ex urbe vii cal. decembris.

De tuo, mi frater, ad Annecienses nostros reditu
etsi ex multorum sermonibus audiebam, ne tamen facilè possem credere, illud faciebat quod nullis a te litteris de eo certior factus essem, qua cùm multis de
causis avidissimè expectabam, tum ob hoc maximè ut
scirem venisses ne tantùm, an etiam rediisesses. Occur-
rebat enim quod de Attilio Regulo apud Pomponium
nostrum quodam loco legisse memineram, cum a Car-
thaginensibus Romam missus esset, non visum eum
post liminio rediisse, quia dixerat se reversurum, nec
animum habuerat Romæ remanendi.

---

(1) Nous donnons à présent entière cette lettre qui, mutilée et
tirée de la vie du Saint par Aug, de Sales , a déjà été publiée lettre
vol. I. pag. 38.

Etsi namque subverebar nequa temporis prorogatio et desiderio meo et labori tuo accederet, malebamque te ubivis gentium, quam inter perditos et desperatos istos helluones vivere; tamen non dubitatam quin si quid aut jam profeceras, aut longiore molestia proficere posse sperares, nihil tibi adeò durum aut difficilè videretur quod non facile concoqueres, ne tam præclari instituti te unquam præniteret.

Nunc verò mirificam capio voluptatem ex constantiâ consilii tui, cujus andio majores quotidiè fructus tibi totique reipublicæ christianæ constare inclinatâ jam ad partes nostras victoriâ, parataque triumpho de Avulhaco, cæterisque non minorum dumtaxat gentium, ut sibi videntur, diis, sed melioris etiam notæ adversariis, quorum alios intelligo argumentorum tuorum solâ recitatione fractos, aspectum congressumque tuum fugere (quid verò, Deus bone ? si dicentem te et differentem audiissent ?); alios, oblatæ disputationi impares, scripto agere decrevisse, hoc ipso impudentes, quod chartam, quamtumvis mendacem et impudentem, non putant erubescerere posse.

Sed hæc omnia, cæteraque hujus generis, quæ me singulari oblectatione afficiunt, essent multò jucundiora, si mihi per te non per alios essent explorata. Quamquam enim te scio eum esse qui laudes tuas ne audire quidem libenter, narrare verò multò minus velis, tuam tamen modestiam hâc in re illud frangere deberet, quod de iis nihil possis, detrahere, quin tantumdem fere ex Dei optimi maximi gloriâ ad quam omnia, ut debes refers detrahatur.

De me nihil est quod scire te putem oportere. Quid enim publicas privatasque de temporum injuriâ querelas ad te deferam aut cur velut in pictâ tabulâ ponam tibi ante oculos profugam ad me socium cum liberis amissos biennii fere integri reditus, et facultates penè omnes quæ per lassiviam exercitûs eripi, deripique potuerunt, cæterarum quarum amissio paulò difficilior est jacturam nec dubiam ab hostibus imminentem.

Malo te ipsa vel omninò nescire vel ex verbis, quam ex litteris meis intelligere, ne tu pro singulari tuâ erga me voluntate, magis meâ causâ commoveare, quam ego ipse, qui fero, non dicam omninò constanter et non dolenter sed tamen ita moderatè, ut appareat nihil me humani a me alienum putare, nam præter id quod jam indè a multis annis omnimodò eventura ista prævideram, nisi Deus à nobis averteret, cùm ipsum nos a nobis avertimus, illa quoque me non parum juvat consolatio miserrima quidem, sed tamen efficacissima, tot tantisque nos infortuniis premi non posse, ut non plura graviora que et pati possimus et expectare debeamus.

Magis me illud affecit et perturbat, quod nos omnes video in communibus maximisque periculis versari ipsamque rempublicam, cujus malis, et incommodis non moveri tam sit insipientis quàm moveri propriis. Erit mihi adversùs ingruentia omnia præcipuum solatium, si tu me amare perges et devotis tuis piisque ad Deum optimum maximum precibus adjuvare, litteris quoque et cohortationibus ad miserias istas publicas privatasque tolerandas, quantâ poteris ope ac diligentiâ confirmare. Itaqne tuas litteras, quam primum expecto.

Benè vale, frater suavissime, et consobrinum nostrum, itemque Servetanum, cæterosque notros amantissimos, meo, si placet nomine salvere jube.

Mon cher frère,

Le bruit couroit que vous étiez de retour à Annecy ; cependant je n'en voulois rien croire, dans l'absence de vos lettres qui me l'apprissent. J'attendois une lettre de votre part avec impatience, et cela pour bien des motifs : pour savoir surtout si vous n'aviez fait que passer à Annecy, ou si vous étiez tout à fait de retour. A ce propos, je faisois allusion à ce que j'ai souvenance d'avoir lu quelque part dans Pomponius, au sujet d'Attilius Regulus. Envoyé de Carthage à Rome, on ne le voit point usant de sa franchise pour rentrer dans ses foyers : IL AVOIT DIT QU'IL RETOURNEROIT. Il n'avoit pas eu l'idée de demeurer à Rome.

En effet, malgré mes craintes que mon désir de vous voir, et que vos travaux ne fussent prorogés, je ne doutois point que, dans le cas d'un commencement de succès, ou dans l'espoir d'y parvenir avec plus de peine, je ne doutois point cependant que, loin de vous repentir jamais d'une entreprise si noble, vous n'eussiez volé, au contraire, de grand cœur à tout ce qu'il y a de plus dur et de plus difficile. Mais aujourd'hui j'éprouve un plaisir bien vif, en voyant la fermeté de votre dessein, dont chaque jour, ainsi que je l'apprends, vous recueillez les heureux fruits, ainsi que la république chrétienne, tandis que déjà la victoire penche de notre côté, et que nous sommes sur le point de triompher d'Avulhualus et de nos autres ennemis, qui osent se croire non seulement les dieux des petites nations, mais plus encore.

J'apprends que les uns, terrassés par le seul énoncé de vos raisonnemens, évitent votre présence et vos entrevues. Mais que seroit-ce, mon Dieu, s'ils avoient entendu vos discours et vos entretiens ! J'apprends que les autres, incapables de soutenir une polémique orale, ont résolu de soutenir leurs opinions par écrit, ayant l'effronterie de croire que le papier, quelque mensonger et impudent qu'il soit, ne sauroit rougir. Mais tout cela, et toutes autres choses du même genre qui me causent un grand plaisir, me seroient beaucoup plus agréables encore, si je les apprenois par vous et non par d'autres. En effet, bien que je vous connoisse pour être un homme qui n'aime point entendre ses propres louanges, et encore moins les raconter, votre modestie devroit céder à cette considération, que vous ne pourriez en rien retrancher, sans ôter également à la gloire du Dieu grand et bon à laquelle, tout, comme vous le savez, doit se rapporter.

Pour ce qui me concerne, il n'y a rien d'important que je sache digne de vous faire savoir. A quoi bon vous entretenir des plaintes publiques et privées sur les malheurs des temps, ou pourquoi mettrois-je devant vos yeux le tableau vivant d'un de nos malheureux alliés qui s'est réfugié chez moi avec ses enfans, qui, au bout de deux ans, n'a pu retourner dans ses foyers, et dont tous les biens qui pouvoient être enlevés et pillés ont été dévorés par la licence de l'armée ? Ses autres biens (1), qu'il est plus difficile de perdre par leur nature, sont menacés d'une destruction certaine par les ennemis.

Je désire avant tout que vous ignoriez entièrement ces choses, ou je préfère que vous les appreniez de

______

(1) Les immeubles.

moi de vive bouche, plutôt que par mes propres
lettres, de peur que votre grand amour envers moi
ne vous fasse sentir mes maux avec plus de vivacité
qu'à moi-même, qui les supporte, je ne dirai point
avec confiance et sans me plaindre, mais néanmoins
avec tant de modération, qu'il paroît que je ne crois
rien d'étranger à moi de ce qui appartient à l'huma-
nité.

En effet, outre que depuis plusieurs années je pré-
voyois que ces malheurs nous arriveroient de quelque
manière que ce fût, à moins que Dieu ne les détournât
de nous, tandis que nous-mêmes nous l'éloignons de
nous, je ne suis pas peu soutenu par cette consolation, misérable en effet, mais très efficace, savoir que
nous ne pouvons être accablés de tant et de si grandes
infortunes que nous ne puissions en supporter, et ne
devions en attendre davantage et de plus graves.

Mais ce qui m'affecte et me trouble le plus, c'est
de nous voir courir tous des dangers communs et
horribles, ainsi que la république, dont il n'est pas
moins d'un fou de n'être pas ému des maux, qu'il
est insensé d'être sensible aux siens.

Mais j'éprouverai une grande consolation contre les
malheurs des événemens, si vous continuez à m'aimer
et à m'aider auprès du Dieu bon et grand, par vos
pieuses et ferventes prières, et me fortifier, avec tout
le soin et le zèle dont vous êtes capable, par vos lettres
et vos exhortations, à supporter les misères publiques
et particulières. J'attends le plus tôt possible une lettre
de votre part. Adieu, mon très cher frère, et veuillez,
je vous en prie, saluer de ma part notre cousin, et
Servetanus et tous nos bons amis.

32ᶜ LETTRE.

L'original est conservé aux archives de la cour de Turin.

A S. A. CHARLES EMMANUEL Iᵉʳ, DUC DE SAVOIE.

Saint François informe S. A. de ce qu'il croit nécessaire pour le rétablissement de la foi catholique dans le Chablais.

De Thonon, le 29 décembre 1595 (1).

Puysqu'il plaît à Vostre Altesse de sçauoir les moyens, que je pense estre plus pregnans pour faire sortir en effect le saint désir qu'elle a de voir ces peuples de Chablaix reünis à l'Église catholique, comme j'ay appris de Monsʳ. d'Auully, auquel il vous a pleu d'en escrire, je diray purement et fidellement ce que j'en crois.

Il est du tout necessaire qu'il y aye un reuenu certain et infaillible pour l'entretenement de quelque bon nombre de prédicateurs, qui soient debrigués de tout autre soucy, que de porter la sainte parole au peuple, a faute de quoi voycj la second' année qui se se passe des qu'on a commencé de precher icy à Thonon, sans jamais interrompre avec fort peu de fruit :

____

(1) Cette lettre a déjà paru dans l'édition des OEuvres complètes de saint François de Sales, Paris, 1833, par J.-J. Blaise, tom. xviii, pag. 52, sous la date du mois de septembre 1596. Les variantes sont si importantes, que nous avons cru devoir la reproduire de nouveau.

tant parce que les habitans nont voulu croire qu'on prechast par commandement de Vostre Altesse ne nous voyans entretenir que du jour à la journée qu'aussy parce qu'on n'a peu attirer nombre suffisant d'ouvriers à cette besoigne pour n'auoir ou les retirer, ni de quoy les nourrir, puisque les frais mesmes qui s'y sont faits jusqu'à présent ne sont encore payés. Et à ceci pourroyent suffire les pensions qu'on employoit auant la guerre à l'entretenement de passé vingt ministres huguenots qui prechoyent en ces balliages, s'il playsoit à Vostre Altesse de commander qu'auec une prompte exécution elles y fussent appliquées.

Encore seroit-il nécessaire de faire redresser les églises, et y establir reuenu conuenable pour les curés qui en auront la charge, ne pouuans les precheurs s'attacher à aucun lieu particulier, mays devans estre libres pour aller par tous ces balliages comme la necessité portera.

Et surtout il est besoin au plus tôt, de dresser et parer les églises de ceste ville de Thonon, et de la paroisse des Alinges, et y loger des curés pour l'administration des sacremens, veu qu'en l'un et en l'autre lieu il y a là bon nombre de catholiques, et plusieurs autres bien disposés qui, faute de commodités spirituelles, se vont perdans outre ce que cela seruira beaucoup pour appriuoiser le peuple à l'exercise de la religion catholique principalement, s'il y a moyen de faire les offices honorablement comm' auec orgues et semblables solemnités au moins en ceste ville, qui est le rapport de tout le duché.

Mais l'on prechera pour néant, si les habitans fuyent la prédication et conseruation des pasteurs comm' ils ont faict cy deuant en ceste ville.

Playse donques à Vostre Altesse pour faire escrir'
une lettre aux symdiques de ceste ville, et commander
à l'un des messieurs les Senateurs de Sauoye de venir
icy conuoquer généralement les bourgeois, et en pleyn'
assemblée en habit de magistrat, les inuiter de la part
de Vostr' Altesse à prester l'oreille, entendre, sonder,
et considérer de près les raysons que les precheurs leur
proposent pour l'Église catholique du giron de laquelle
ils furent arrachés, sans rayson par la pure force de
Bernois : et ce en termes qui ressentent la charité et
l'authorité d'un très-bon prince comm' est Votre Altesse vers un peuple desuoyé.

Ce leur sera, Monseigneur, une douce violence qui
les contraindra ce me semble de subir le joug de vostre
saint zèle et fera une grand' ouverture en leur obstination. Et s'il plaît à Vostre Altesse y employer monsieur
le sénateur Faure, ie tiens que son affection et sa suffisance y seroit extrêmement sortable.

Monsieur d'Auully aussy avec son exemple et la sol-
lecitation familière qu'il pourra faire vers les particuliers aydera beaucoup à l'œuvre, ce que je crois qu'il
fera volontiers selon la bonne volonté et disposition
qu'il a, en laquelle mesme ie l'ay toujours veu des le
commencement que je vins icy.

Après cela dresser une compagnie de gens d'armes
ou cauallerie, pour engager la jeunesse, suyuant l'aduis
de feu monsieur le baron d'Hermence, pourueu qu'elle
fut dressée religieusement auec quelques institutions
xpiennes, ne seroit pas un moyen inutile d'attirer les
courages à la religion. Sty aussy, en cas d'obstination,
de priuer à forme des *fidèles* de tous offices de justice
et charges publiques les *persistans* en l'erreur.

Enfin, qui adiousteroit à tout cecy un college de

jésuites en ceste ville, feroit ressentir de ce bien tout le voysinage qui, quand à la religion, est presque tout morfondu.

Reste, Monseigneur, que je remercie Dieu qui vous présente de si signalées occasions et allum' en vous de si sains desirs de lui faire le seruice pour le quel il vous a fait naistre prince, et maistre des peuples : il y a de la despence en cest poursuite, mais c'est aussi le suprême grade de l'aumosne chrestienne que de procurer le salut des ames : le glorieux St. Maurice (1) au quel V. Altesse porte tant d'honneur sera nostr' aduocat en ceste cause pour impetrer de son maistre tout' bénédiction à Vostre Altesse qui est l'instrument principal e uniuersel de l'establissement de la foy catholique en ces contrées, lesquelles il arrousa de son sang et de ses sueurs, pour la confession de la mesme foi. Ainsy prie-je sa Diuine Majesté pour la prospérité de Vostre Altesse, comme je dois, puysque je suys né et mourray,

Monseigneur, de Vostre Altesse,

Le très humble et très obéissant sujet et serviteur,

François de Sales, indigne préuost
de l'église de Genève.

---

(1) L'auguste famille de Savoie et ses sujets ont eu toujours en grande vénération le saint martyr Maurice. Le peuple invoquant sa protection dressa plusieurs temples en son honneur, et le duc Ami viii intitula à saint Maurice l'ordre des chevaliers qu'il fonda à Ripailles.

MÉMOIRES

Pour estre presentees a S. A., sur le restablissement de la religion catholique en son duché de Chablaix.

L'original est conservé aux archives de la cour de Turin.

L'année 94, Son Altesse fit sçauoir par une sienne lettre très expresse à Monseigneur l'Evesque de Genève, que son intention estoit que l'exercice catholique fût restably en Chablaix, et par ce y furent envoyés deux prédicateurs desquelz l'un commença au mois de septembre à prêcher dans Thonon, et l'autre en la paroisse des Alinges ; et affin qu'ilz peussent continuer, Leurs Altesses commandèrent à diverses fois qu'on délivrast quelque somme pour leur nourriture, ce que n'ayant esté fait, les habitans n'ont peu croire que ces prédicateurs fussent là par la volonté de Leurs Altesses : et les dits prédicateurs ont estés contraints de se réduir' à un seul qui prêchast en deux lieux pour ne charger trop les particuliers qui avançoyent la despense.

Playse donc à S. A. commander que la despense faite jusqu'à présent en deux ans soit payée, qui peut revenir à trois cens escus.

Et dès-ores y ayant certaine espérance de bon succès, et mesme plusieurs paroisses demandant l'exercice catholique, il faudroit y acheminer environ huict prédicateurs debrigués de tout' autre charge pour prêcher de lieu en lieu selon la nécessité, et leur entretenement pourroit venir à cent escus pour homme, de quoy il

ne manieront rien, mais sera délivré selon le besoin
par qui il sera advisé.

2. Seroit requis encores de restablir des curés en
toutes les paroisses qui sont environ 45. Mays parce
qu'il y a beacoup d'églises ruinées qui cousteroyent infiniment à redresser, il faudra, pour ce commencement,
joindre plusieurs paroisses en une, et ainzi suffiroit
qu'il y eût de seze à dix-huit grandes paroisses, lesquelles, pour estre bien servies, devront avoir des
curés qui aye moyen d'entretenir avec eux un vicaire
et qui, partant, devront avoir huict vins écus d'or annuelz avec les maysons des cures.

3. En quoi ne faut comprendre la ville de Thonon,
laquelle, pour estre le rapport de tout le duché, auroit besoin que l'office s'y fît à haute voix et décem-
ment, et mesme, s'il se pouvoit, qu'il y eût des orgues
pour apprivoiser avec cest' extérieure décence le simple
peuple, et partant seroit requis que le curé fût au
moins accompaigné de six prêtres, pour lesquelz et
pour luy il auroit besoin de quatre à cinq cens escus
annuelz.

4. Or, pour trouver tant de revenu, il est expédient que messieurs les chevaliers de Saint-Lazare et
autres qui y tiennent, les revenuz d'église se conten-
tent de payer ces sommes par forme de pension, attendant qu'autrement soit prouveu et que tous les benefices cures soyent laissés à cest effect.

5. Et outre les pensions assignées jadis aux ministres
huguenotz sur les bénéfices, pourront maintenant estre
appliquées à l'entretenement, sans toucher aucunement à celles qui estoyent prises sur les deniers de Son
Altesse.

Et pour pouvoir commencer promptement l'exercice

catholique à Thonon, réparer l'église, avoir les paremens nécessaires, peut-estre pourroit-il suffire qu'il pleut à **S. A.** accorder les aumosnes de Ripaille et de Filliez, retardées et non payées, et semblablement les pensions des ministres non payées cy-devant, qui ne se trouveront point avoir esté rapportées au profit de messieurs de St.-Lazare ou au service du prince, aussi bien autrement sont ce choses perdues.

Que si cela ne suffisoit, on pourroit encores loysiblement se servir des aumosnes futures jusques à suffisance.

Seroit aussi requis esloigner le ministre de Thonon et le mettre en lieu qui soit hors de commerce, tel qu'il sera advisé si on ne peut le lever du tout.

Et encores de lever le maistre d'escole hérétique et en mettre un catholique, attendant d'y pouvoir loger des jésuites qui y seroyent tres apropos.

Et pour le bien de cest escole il seroit bon y employer un legat faict par François Echerny, de douze cens florins annuelz pour l'entretenement de quelques pauvres escoliers.

Et affin qu'en l'execution de ces choses il ne se commette point d'abus, et n'en soit tiré aucune chouse au proufit d'aucun particulier, il seroit requis qu'un ou deux des messieurs du senat de Savoye fussent deputés pour y tenir main.

Et pour attirer ceux de Thonon plus aysement à se rendre capables de la rayson il seroit expedient, que l'un de ces seigneurs du senat convocast le conseil general de la ville de Thonon, et invitast les bourgeois à bien ouyr et sonder les raysons catholiques, et de la part de **S. A.** avec paroles qui ressentent et la charité et l'authorité d'un tres bon prince vers un peuple desvoyé, car leur seroit une douce violence et un bon exempl' aux voisins.

Plays' aussy à S. A. user de quelque libéralité à lendroit de sept ou huict personnes vieilles et de bonne réputation, qui ont vescu fort catholiques et fort longuement parmi les hérétiques avec une constance admirable et en grande pauvreté. Et se pourroit faire ceste libéralité, leur assignant à chascun certaine portion des aumosnes qui se doivent chasqu' année à Filliez e Ripaille.

Plays' encore à S. A. user de sa liberalité vers une petite paroisse nommée Meringe, voysin' aux Alinges, laquelle se reduict maintenant tout entier' à la foi catholique, et qui fut toute bruslée par les gens de S. A. affin quelle ne servît aux embuscades des ennemis, comm' il appert par l'attestation que leur en a faicte le sieur juge maye de Chablaix. Et partant, demandent grace à S. A. de toutes tailles et subsides pour cinq ans.

Enfin sera nécessaire dans quelque tems priver les hérétiques de tous les offices publicz et y favoriser les catholiques.

Au reste, il y avoit parmi les huguenotz un consistoire composé pour le plus et presque tout de gens laics où présidoit un homme laiz et assistoit un des seigneurs officiers de S. A. sans y avoir voix décisive, et là estoyent corrigés, repris et censurés de paroles et de quelque legere peine les vices que le magistrat n'a pas accoustumé de punir comme ivroigneries, jeuz, noyses, luxures ; en quoi le peuple se tenoit en discipline non sans autant de fruict que le mauvais fondement de leur religion le peut permettre.

Et partant sembleroit bon de leur en laisser quelque forme ; avec ce changement que puisque telles

corrections se doivent faire à la forme de levangile,
le president seroit l'un des predicateurs constitué par
l'evesque, les conseillers des plus apparens de là autour, moitié ecclesiastiques, moitié lais, entre lesquelz
le premier seroit un des seigneurs officiers de S. A.
avec voix décisive.

Là seroit corrigès telz vices, que ceux qui estoyent
corrigés parmi les huguenotz; et la peine tant pécu-
niaire que corporelle, pourra estre limitée par S. A.,
comm' elle l'estoit au consistoire des huguenotz.

34ᵉ LETTRE.

L'original est conservé au monastère de la Visitation d'Annecy.

LE PRÉSIDENT FABRE, A SAINT FRANÇOIS DE SALES.

Il lui parle d'un ordre de Son Altesse, de l'abbaye de Talloires,
et d'autres affaires.

*Fratri suavissimo Francisco de Sales, ecclesiæ Gebennensis præposito,
Antonius Faber, S. D.*

Ex urbe XII cal. martii 1595.

Acceptis uno die binis a te, mi frater, litteris, expertus sum, quod jam sæpè antea, nunquam te minùs negligentem esse quam cum negligens videris. Nam eo
ipso aut præcedenti die scripseram ad te epistolam, per
brevem quidèm, sed plenam expostulationis quod per
tam longum tempus nullas a te habuissem.

Nunc mihi planè satisfactum est iis litteris, quibus ad omnia mearum capita tam diligenter, et accuratè respondisti, nisi quod subticuisti; dolo ne bono an malo non ausim dicere, quod maximè significare debueras, quodque ex Chanentio cum ei tuas darem intellexi, habere te nunc principis nostri non voluntatem solum quæ tamdiù desiderata et expectata est subscriptionem. Quo nomine si tibi et mihi, totique reipublicæ nostræ non gratuler, indignus sanè sim quem boni ament, nedum tu qui et optimus. Sen id mallem coram et in fraternis amplexibus quam in litteris, præsertim quas aut longiores aut politiores facere otium nunc non detur.

De prioratu Talloriarum rursum benè sperare cæperam, defuncto Calcanco qui principis voluntatem præcipiti ambitione meritis tuis præripuerat. Sed ut audio, Baronis de la Batie magistri hospitii filio id indultum est.

De centuriâ meâ faciam quod suades et scribis.

De pecuniâ curavi quod petis ut humanissimè creditrici meæ satisfiat, duplici in eam rem exquisitâ ratione, ut si una deesset, altera succederet.

Si, quod abominor, neutrò succedet, curabo artibus omnibus, ne illam collati in me beneficii, te verò præstiti amicissimè officii pœnitere possit. De eo scripsi ad Chisseum nostrum itemque ad Agiæum à quo etiam habui de ea re suavem et benevolam interpellationem. Nos omnes valemus et te salvere jubemus. Tu vale; et nos, ut facis, ama.

Post hæc scripta accepi posteriores has litteras, et quæ tu de hæreticis nostris tam argutè et copiosè scripta adjecisti.

Habeo gratiam, et de eo brevi ad te rescribam. Dominum D. Lullin, a quo tempore tuas accepi litteras, non vidi. Faciam ut intelligat se mihi per te commendatum.

En recevant à la fois deux lettres de vous, mon frère, j'ai acquis la certitude de ce que j'avois déjà éprouvé auparavant; que vous n'êtes jamais aussi négligent que vous voulez le paroître. Car le même jour ou la veille, par une lettre bien courte, à la vérité, que je vous adressois, je me plaignois vivement de votre long silence.

A présent me voilà pleinement satisfait, et surtout de la diligence et du soin que vous avez mis à répondre sur les points principaux de mes lettres. Il en est cependant quelques-uns sur lesquels vous avez jugé à propos de vous taire. Vous dirai-je que c'est bien ou mal? je n'ose. Vous auriez dû me faire connoître principalement le résultat des démarches de Chanentius, à qui j'avois fait part de vos intentions, et me dire si vous étiez parvenu à obtenir, non-seulement les bontés de notre prince, mais encore l'ordonnance désirée et attendue depuis tant de temps. Si, dans cette occasion, toute notre république et nous, ne nous félicitons de cet événement, certainement je dois être déclaré indigne de celui qu'aiment tous les gens de bien, vous qui êtes le meilleur. Toutefois, j'aimerois mieux que tout se passa en félicitations publiques et en embrassemens, que par lettres quelqu'éloquentes et polies qu'elles puissent être.

J'avois de nouveau conçu l'espérance de vous voir posséder le prieuré de Talloires, devenu vacant par le décès de Calcane, qui, par son ambition démesurée, avoit ravi à vos mérites les bontés du prince; mais d'après ce que je viens d'apprendre, le fils du baron *De la Batie*, intendant de l'hospice, en a été pourvu.

J'agirai auprès de ma compagnie suivant vos désirs.

Sur votre demande, je me suis occupé avec le plus grand soin des moyens convenables pour pouvoir remplir loyalement mes obligations. Deux voies ont été choisies par moi pour n'être pas pris au dépourvu dans le cas où la première viendroit à manquer : si, ce qu'à Dieu ne plaise, je n'obtenois rien ni d'un côté ni de l'autre, je mettrois en usage tous les moyens possibles pour qu'il ne soit pas dit que vous avez mal placé votre confiance en moi, et que vous me surpassez en amitié. J'ai informé Chisseus de tout ceci. J'en ai écrit également à Agineus, de qui j'ai reçu une réponse pleine de douceur et d'affection.

Nous vous saluons tous, et nous vous conjurons d'avoir soin de votre santé. Portez-vous bien, et aimez-nous comme vous faites.

Je venois de finir cette lettre, lorsque j'en ai reçu deux de vous avec les écrits par lesquels vous réfutez avec tant d'esprit, et d'une manière si victorieuse, les erreurs de nos hérétiques.

Je vous remercie de cet envoi. Sous peu je vous écrirai de nouveau sur ce sujet. Je n'ai pas vu M. de Lullin à l'époque où j'ai reçu vos lettres. Je tâcherai de lui faire comprendre que vous me l'avez recommandé.

35ᵉ LETTRE.

L'original est conservé aux archives de la cour de Turin.

A S. A. CHARLES EMMANUEL Iᵉʳ, DUC DE SAVOIE.

Saint François entretient S. A. de la disposition du peuple de Chablais à revenir à la foi catholique, et le supplie de faire ériger
une église à Thonon.

De Thonon, 19 mars 1596,

Monseigneur,

La disposition en laquelle je vois maintenant ce peuple de Chablais est telle que si en exécution de la saint'
intention de Vostr' Altesse on dressoit promtement
l'église à Thonon et quelques autres lieux, je ne doute
point d'asseurer V. A. qu'elle verroit dans peu de moys
le general de tout ce pais reduict. Puysqu'en la ville
plusieurs sont si bien disposés, et les autres tant esbran-
lés en leur conscience que si on leur presente l'occasion,
ilz prendront infailliblement le port que V. A. leur desire. Et quand au reste du pays ilz sont venus pieça de
dix ou douze parroisses prier qu'on leur donnast l'exercice de la foy catholique, si que le temps est venu de
voir Dieu loué et le zele de Vostr' Altesse en effect. De
laquelle j'attens l'ordre et provision necessaire; et la
suplie très humblement croire, quoyque peut estre on
luy die le contraire, que je ne luy escris qu'avec la rea-
lité en conscience en laquelle il faut servir son souverain

prince et Dieu mesme. Je prie sa divine majesté qu'elle accroisse tousjours ses bénédictions en Vostr' Altesse, de laquelle j'ay cest honneur d'estre,

> Monseigneur,
>> Très humble et très obéissant serviteur
>> et sujet,
>>> FRANÇOIS DE SALES,
>> Indigne prevost de St-Pierre de Genève.

28e LETTRE

L original se conserve au monastère de la Visitation d'Annecy.

LE PRÉSIDENT FABRE, A SAINT FRANÇOIS DE SALES.

Sur l'arrivée de Son Altesse en Savoie.

Fratri suavissimo Francisco de Sales, ecclesiæ Gebennensis præposito, Antonius Faber, S. D.

Ex urbe Chamberiaci, vi cal. aprilis 1596.

Scripsissem ad te mi frater, diligentiùs, si de serenissimi Ducis nostri adventu, de quo te scio potissimum laborari, certi quid et explorati habuissem; sed fuerunt omnia in hunc usque diem adeò incerta et in utrumque eventum titubantia, ne dicam penè deplorata ut nihil scribendum occurreret quod levandi et consolandi tui causa scire te mea interesset. Nunc certioribus quam antea rerum argumentis erectæ sunt spes nostræ reditu præsidiis Rochelani, qui affirmat non solum in

expedito, sed etiam in tuto et ante festa paschalia ven-
turos a rege in hanc urbem legatos, qui perpetuum
inter principes fædus sanciant, et jurejurando devin-
ciant. Id si ita erit, non dubitamus quin ad nos princeps quoque statim sit advolaturus. Tu quod facturum
te promittis, si et principem et nos amas, fac ut venias
multùm tibi ex loci et temporis opportunitate auxilii
præsidiique ad ista quæ solo Deo optimo maximo aus-
pice tam feliciter instituisti et commodè et honorificè
peragenda.

De Avulæo nostro doleo mirum in modum quod
longioribus eum sermonibus tenere, ut sperabam et
cupiebam, non potuerim.

Recessit enim postridiè quam Necio veni, cum tamen non priùs recessurum putarem, quam principem
vidisset. Litteram a te nullus mihi reddidit. Itaque
quas Necii dixeras ad me scripsisse video interceptas,
feroque ut debeo molestissimè; et si fuit illud multò
jucundiùs te videre, tantâ præsertim videndi mei cupiditate incitatum, ni puderet magis quod meâ causâ
tam grave et noctis et iteneris incommodum suscepisses.
Pater Cherubinus infinitam tibi salutem ardebat miro
videndi amplectendique hominis desiderio maximè cum
id tibi optatissimum esse ex me intellexisset. De dæmo-
nomaniâ istâ Thononensi aliquas a te litteras habere
vellet. Si otium erit, scribe, at etiam si otium non erit.

Quod tamen sine otio facere potes, me ama, et
vale, mi frater iterum atque iterum, suavissime. Iterum atque iterum vale.

Tui omnes quos, cum aliis scribo, soleo meos dicere te salutant.

J'aurois mis plus de diligence à vous écrire, si j'avois eu quelque chose de positif à vous annoncer sur la venue de notre sérénissime duc; ce dont vous tenez tant à cœur d'être informé; mais il règne jusqu'à ce jour tant d'incertitude et d'hésitation (je dirai presque de regrets), que je n'aurois rien à vous écrire, si je ne savois que vous entretenir de ce qui peut m'intéresser, c'est diminuer vos peines et y apporter quelque consolation.

Dans ce moment, nos espérances, qui n'étoient basées que sur des indices, viennent d'acquérir quelque degré de certitude par le retour du gouverneur Rochelane. Il nous donne l'assurance positive que des légats envoyés par le roi doivent arriver ici pour signer et jurer un pacte d'alliance perpétuelle entre les princes. Si cela est ainsi, nul doute que le prince arrivera incessamment. Si vous l'aimez ainsi que nous, faites ce que vous avez promis; profitez de la circonstance et du temps et du lieu pour finir honorablement ce que vous avez commencé avec tant de bonheur, sous les seuls auspices du Dieu tout-puissant.

Je suis étrangement fâché de la conduite d'Avulléus, et je ne saurois dire jusqu'à quel point, car j'espérois et je désirois le retenir par mes discours. Il est parti trois jours après son arrivée à Annessi, tandis que je pensois qu'il ne s'en iroit qu'après avoir vu le prince.

Personne ne m'a remis de lettres de votre part; ainsi celles que vous dites m'avoir écrites ont été interceptées, ce qui me chagrine extrêmement, comme cela doit être. Bien qu'il m'eût été infiniment agréable de vous voir, excité comme vous l'étiez par un désir non moins ardent de me voir aussi, j'aurois été encore plus fâché si pour mon seul plaisir vous vous étiez exposé à supporter toutes les incommodités d'un voyage aussi pénible.

Le père Chérubin vous salue. Il désiroit ardemment de vous voir et de vous embrasser, surtout lorsqu'il a su par moi que vous en aviez le même désir. Il voudrait avoir quelques lettres de vous sur la démoniaque de Thonon. Si vous en avez le temps, écrivez; et écrivez même si vous n'en avez pas le temps.

Ce que vous pouvez faire cependant, sans en avoir le temps, c'est de m'aimer. Aimez-moi; adieu, mon frère, adieu, adieu encore et mille fois adieu. Tous vos amis et ceux que j'ai l'habitude de nommer les miens vous saluent.

37ᵉ LETTRE

Tirée du 5ᵉ volume du 2ᵉ procès de la canonisation de saint François de Sales, conservé au monastère de la Visitation d'Annecy.

LE PRÉSIDENT FABRE, A S. FRANÇOIS DE SALES.

Sur les progrès de la foi catholique à Thonon.

Fratri suavissimo Francisco de Sales præposito ecclesiæ Gebennensis, Antonius Faber, S. D.

Ex urbe XIII cal. maii 1596.

Majorem te in dies, mi frater, voluptatem capere ex præclaro isto consilio, et ad rei christianæ dignitatem cælitus comparato instituto, etsi minus miror, qui nunquam dubitavi quin tam sanctos conatus Deus optimus maximus pro solitâ suâ ergà te munificentiâ fortunaturus esset, gaudeo tamen mirum in modum cum ex tuis litteris ea ipsa intelligo quæ frequentissimis de te sermonibus publicè testata circumferuntur.

Magna omnium fuit expectatio quid rei eventus laturus esset, a quo tempore auditum est hanc a te tam difficilem susceptam esse provinciam, hac potissimum tempestate quæ omnium maxime novas ac propemodum inexplicabiles ut certe expertus es, difficultates allatura videbatur.

Nunc verò major, ne dicam nescio voluptas, an admiratio est non eorum duntaxat qui negotio magis quam tibi diffidebant, sed illorum etiam qui, cum rem probarent, vix tamen persuadere poterant futurum ut tam citò, tam uberes diligentiæ et contentionis tuæ fructus constarent, quod nimus tibi opus et auxilii parari viderent ab iis quorum authoritate præcipuè geri res debebat, quàm necesse esset ad tantam rem feliciter aggrediendam gerendamque ; sic enim jam omnibus ferè persuasum est fore brevi ut sacrosancta religio per tot annos ab istis populis explosa pristinam suam per te recuperet dignitatem, indeque tanquam ex armario munitissimo potentissimæ ad expugnandam Babylonem machinæ tandem depromantur.

Mihi sanè non parvi momenti esse videtur quod de foriceto recuperato scribis ; fuit enim ille huc usque præcipui, ut audio, inter hæreticos nominis pro eâ quâ prestat juris nostri rerumque agendarum scientiâ, ut sperare liceat non defuturos per multos qui exempli autoritate movebuntur, ut ratione tandem vinci se patiantur. Oh ! si Avulleus tibi datam fidem præstaret, Deo autem redderet, omnia penè acta putarem his duobus antesignanis adeò egregiis ad deditionem compulsis. Sed de hoc audio nescio quid quod mihi bilem movet et stomachum facit ; verum ipse viderit.

Possevinus noster, cum hic esset superioribus diebus, in cumque sermonem incidissemus, testabatur nihil se aut antiquiùs, aut optabiliùs unquamha buisse,
quam ut te videret, deque toto isto negotio alloquere-
tur, non solum ne dubitare posset, quin, id consilii
cupiendum esset quod optimum uterque vestrum pro-
baret, sed etiam ut quantùm haberet ingenii, virium
et authoritatis, totum id conatibus istis adjuvandis
fovendisque conferret. Sed accidit ut cum proximo
quoque die necium se profecturum crederet, meas-
que jam ad te litteras urgeret, Lugdunum versus per-
gere coactus fuerit ad ea tractanda negotia cum duce
Montmorentiano, quorum maximè gratia in hæc usque
loca peragravit. Quando rediturus sit, plane adhuc in
incerto est, etsi Bonaldus ille noster, cui tuas ad se
et ad Possevinum litteras reddidi, sperat diutiùs non
abfuturum, quod ex ejus rescriptione commodiùs cog-
nosses.

Ubi vero redierit, si nihil intercessit quod consilii
mutandi causam præbeat, hoc possum confirmare facturum eum ut ad te quam citò advolet; quamquam
multo gratiùs mihi fecerit, si pro suâ gravitate hanc
tibi ad se, ut equius est, veniendi necessitatem impo-
nat, ut quod per me, ut video, impetrare abste vix
possem, per eum assequerer, cui nihil tu denegare
magis possis, quam debeas.

Nam quod me interpellas ut ego ad te potiùs, etsi
concedo, libentissimè præstare tamen mihi paulò difficiliùs est quam velle, tametsi non despero fieri posse,
ut in dies profectio conferetur quibus possim desiderio
meo non minùs quam tuo satisfacere quid enim ardentiùs cupiam, quam te videre ut salesium meum, quid
meo imo meissimum, aut ut tandem dicam expressiùs

me ipsissimum, totis oculis, brachiis et sensibus amplecti totque et tam enixis amplexibus fatigare?

Nam ut ea taceam quæ mutuam nostram necessitudinem jam tot vinculis constringunt, ut neque diminui posse videatur, placet mihi ratio illa quam tu proponis induendæ accessionis, quod senatore nostro vitâ functo quem nos singulari quidem sed tamen communi, studio et voluntate prosequebamur, sic nos agere par est ut, quodam veluti accrescendi jure, viriles nostras amicitiæ partes augeri sentiamus quamquam nec improbarem, si vis, hoc non tam accrescendi, ne qua incomparabili conjunctioni nostra fiat injuria, si quid ad ejus magnitudinem accedere posse fateamur. Sed vim malo esse in re quàm in verbis.

Hic ego finem facerem (sum enim meo more jam longior, sed consulto, ut hoc habeas diuturnioris meæ licet inculpatæ cessationis fœnus), nisi quod tu de patre Cherubino posterioribus litteris adscripsisti, cogeret me ut de tam propensâ tanti veri erga te voluntate, tamque pio officio testata tibi gratularer.

Pervenerat ad nos superiore mense nec varius, nec inconstans rumor, defunctum apud salinates virum clarissimum hoc solo incertum, quod alii ferro hostium alii veneno inter pocula propinato necatum mentiebantur; mirus ex eo stupor dolorque optimorum omnium animos occupaverat, me verò licet non sim ex optimis, tanto gravior, quanto major jactura fuisset mea, defnncto illo cujus probitate et summo in me studio possim aliquando, si non optimus quod propemodum dispero, saltèm bonus fieri, aut minùs malus quam sim posteà compertum est, non nisi mundo eum mortuum, sibi vero totique reipublicæ christianæ adhuc superstitem esse. Nec desunt qui affirment eum

nos necii proximâ quadragesimâ prædicatorem habi-
turos. Quo tamen nomine, ne tibi gratulari possim,
illud facit quod mihi jam doleo qui tecum non ero.
Nos Guarinum Franciscanum expectamus.

Sed jam nimis multa, qui ad mediam usque noctem Guichardo nostro litteras tuas curavi perferendas.
Expecto a Girardo quas ad te scripturum se discedenti
nuper mihi receperat.

Superest ut plurimum a meis omnibus, sed a mè
maximam tibi et consobrino nostro tum Baroni cæterisque amicis nostris salutem accipias. Benè vale, frater,
ter quaterque suavissime, et me ut facis, ama.

———

A la Ville, le 18 avril 1596 (1).

Mon cher frère,

Le sublime projet que vous avez formé et que le Ciel
vous a inspiré pour la gloire du Christianisme, a donc
pour vous un attrait soujours croissant. Je n'en suis pas
surpris, car je n'ai jamais douté que vos généreux efforts ne fussent secondés, comme à l'ordinaire, par la
grâce du Seigneur; mais ma joie n'en est pas moins
grande, parce que votre lettre est venue confirmer tous
les bruits que la renommée fait courir sur vous de
bouche en bouche.

Dès que l'on eut appris que vous entrepreniez une

———

(1) Le texte porte : le xiiie jour avant les calendes de mai.

province aussi difficile, tout le monde fut dans l'attente de l'événement, surtout à cause des circonstances qui paroissoient devoir vous susciter des difficultés nouvelles et presque insurmontables; et ces difficultés, vous les avez éprouvées en effet.

Mais à présent, je ne saurois dire ce qui domine le plus, de la joie ou de l'admiration, non seulement chez les personnes qui avoient confiance en vous, sans compter sur vos succès, mais encore chez celles qui, approuvant cette résolution, ne pouvoient croire à des résultats aussi prompts et aussi marqués, malgré vos efforts et toute l'étendue de votre zèle. Or, ce qui entretenoit la méfiance, c'étoit le peu d'empressement, c'étoit la tiédeur des hommes dont l'influence auroit dû se faire sentir dans ces conjonctures. Enfin, tout le monde est convaincu maintenant que la religion, après avoir été si long-temps flétrie par ces peuples, vous devra son premier éclat, et que les foudres les plus terribles sortiront de cette province comme d'un arsenal, pour écraser la Babylone moderne.

La conversion de Foricet, que vous m'apprenez, me paroît de la plus haute importance; en effet, cet homme, dont on vante les profondes connoissances en droit et en morale, exerçoit sur les hérétiques une influence telle que son exemple fera impression sur la masse et en ramènera plusieurs à la voix de la raison. Oh ! si Arcillas accomplissoit la promesse qu'il vous a faite et revenoit à Dieu ! La défection de ces deux illustres coryphées seroit à mes yeux un succès presque complet. Mais on me donne, au sujet de ce dernier, certaines nouvelles qui m'échauffent la bile et excitent mon indignation. Au reste, cela le regarde.

Notre cher Possevin étoit ici ces jours derniers; et

la conversation étant tombée sur ce sujet, il me disoit qu'il n'avoit rien si fort à cœur que de vous voir et de vous entretenir là dessus : intimement persuadé que cette conférence vous éclairera sur le meilleur parti à prendre, il se propose de seconder vos démarches par tout ce qu'il a d'influence, de talent et de crédit. Mais malheureusement, croyant pouvoir partir pour Récie, au moment même où il me pressoit d'écrire mes dépêches, il fut obligé de se diriger vers Lyon, pour traiter avec le duc de Montmorency des affaires dont l'importance occupe tous les esprits. L'époque de son retour n'est pas encore certaine, quoique Bonald, à qui j'ai remis votre lettre pour Possevin, prétende que son absence ne sera pas longue. Sa réponse vous en instruira plus certainement.

Je puis vous donner l'assurance qu'aussitôt qu'il sera de retour, il volera vers vous, à moins qu'il y ait quelque chose de changé dans ses dispositions. Néanmoins, si l'importance du personnage vous déterminoit à venir le joindre de préférence, ce qui seroit peut-être plus convenable, j'obtiendrois enfin de vous, par le crédit d'un homme à qui vous n'avez rien à refuser, une faveur que je me vois dans l'impossibilité d'obtenir par moi-même.

Quoique vos instances réitérées m'aient arraché la promesse d'un déplacement, il m'est plus difficile de tenir à ma parole que de vous la donner. Néanmoins, j'espère pouvoir choisir mon temps de manière à contenter votre désir et le mien. Eh ! quel plus ardent désir pour moi que celui de voir de mes yeux et à loisir, mon ami, mon cher ami de Sales, ou, pour parler plus énergiquement, cet autre moi-même, de le serrer dans mes bras et de le fatiguer par l'étreinte de mes embrassemens.

Sans parler ici des liens solides qui resserrent notre amitié, cette amitié qui, au point où nous la portons, n'est plus susceptible d'augmentation ni de diminution, j'aime assez le moyen d'accroissement que vous proposez, savoir, de charger, comme par droit d'accession, notre rôle d'ami d'un nouveau personnage, par exemple, de celui du sénateur que nous venons de perdre et qui nous étoit également cher à tous deux. Mais moi, je ne voudrois pas appeler cela accroissement : je dirois que notre intimité ne perd rien de sa force ; car parler d'augmentation, ce seroit faire injure à cette constante amitié qui nous unit l'un à l'autre. Au reste, je m'explique foiblement, mais je sens avec énergie.

Je devrois terminer ici (car je suis déjà plus long que de coutume ; et je ne m'étends ainsi que pour expier le long silence dont vous m'avez fait un reproche); mais ce que vous me dites dans votre dernière lettre au sujet du père Chérubin, m'engage à vous féliciter de la haute considération qu'il vous porte et des pieux services qu'il vous rend.

Le mois dernier, un bruit qui ne se démentoit pas, nous annonçoit que cet illustre sénateur étoit mort à Saluces ; mais on ne savoit comment : les uns prétendoient qu'il étoit tombé sous le fer des ennemis, d'autres, qu'il avoit été empoisonné dans un repas. Cette nouvelle fit une pénible impression sur tous les habitans recommandables. Quoique je ne me mette pas au nombre de ceux-ci, j'ai été d'autant plus affecté de cette mort, que je perdois un homme par les conseils et l'amitié duquel j'aurois pu devenir non pas un excellent citoyen, je n'irai pas jusque-là, mais du moins un bon citoyen ; ou, si vous voulez, un moins mauvais que je ne suis. Mais on sut bientôt qu'il n'étoit mort

que pour le monde, et qu'il vivoit encore pour lui et
pour le monde chrétien. Quelques personnes assurent
même qu'il viendra prêcher à Annecy le carême prochain. Je fais trève aux complimens, parce que je suis
fâché de n'être pas en ce moment auprès de vous. Nous
attendons Guérin, de l'ordre de Saint-François.

J'en ai trop dit, car cette lettre m'a tenu jusqu'à mi-
nuit. J'ai envoyé vos dépêches à Guichard. J'attends
que Girard me remette pour vous la lettre qu'il devoit écrire lors de mon départ.

Il me reste enfin à vous charger de mille choses
pour vous de la part de vos connoissances, et de la
mienne, pour notre cousin Baron et tous nos amis.
Adieu, mon frère, mille et mille fois chéri. Conservez-
moi toujours votre tendresse.

38e LETTRE.

L'original est conservé chez la marquise Faletti de Barolo, née de
Colbert, à Turin.

A UN GENTILHOMME DE SAVOIE.

Saint François lui envoie le commentaire sur un texte de saint Hié-
rôme ; il lui annonce que madame de Ravoire et sa fille de
chambre ont abjuré l'hérésie.

A Sales, le 10 may 1596,

Monsieur,

Je vous enuoye le commentaire de saint Hierosme
tout au long, duquel ont estés tirées les paroles qui vous

faysoyent difficulté (1). Il est clair et net , plein de doctrine catholique, puysque la parole de l'apostre demeure, *quæ seminaverit homo hæc et metet.* Et le secours que les ames qui sont en purgatoire recoyuent

---

(1) Est confidentia quoniam canis vivens melior est leone mortuo. Quia viventes sciunt quod moriantur et mortui nesciunt quidquid et quia suprà dixerat cor filiorum hominum impleri malicia et procacitate , et post hæc omnia morte finiri. Nunc eadem complet et repetit donec vivunt homines eos posse fieri justos post mortem vero nullam boni operis dari occasionem. Peccator enim vivens potest melior esse justo mortuo si voluerit in ejus transire virtutes vel certe et qui se in malicia potentia procacitate jactabat et mortuus fuerit melior potest quis pauper esse et vilissimus quarè quia viventes metu mortis possunt bona opera perpetrare. Mortui verò nihil valent ad id adjicere quod semel secum tulere de vita et oblivione obvoluta sanè omnia juncta illud quod in psalmo scriptum est oblivioni datus sum tamquam mortuus à corde. Sed et dilectio eorum et odium et æmulatio et omne quod in seculo habere potuerunt mortis finitur adventu. Nec justè quippè possunt agere nec peccare nec virtutes adjicere nec vitia. Licet quidam huic expositioni contradicant asserentes etiam post interitum excrescere nos posse et decrescere et in eo quod nunc ait. Et pars non erit eis adhuc in seculo in omni quod factum est sub sole. Ita intelligunt ut dicant eos in hoc seculo et sub hoc sole quem nos cernimus nullam habere communionem. Habere verò sub alio seculo. De quo Salvator ait non sum ego de hoc mundo et sub sole justicia. Et non excludi opinationem quæ contendit postquam de hoc seculo migraverimus et offendere posse creaturas rationales et promereri. Aliter referebat mihi hebreus versiculum istum in quo dicit melior est enim canis vivens super leonem mortuum. Ita apud suos exponi utiliorem esse quemvis indoctum et eum qui adhuc vivat et doceat præceptore perfecto qui jam mortuus est verbi causa ut canem intelligamus unum quemlibet de pluribus preceptorem et leonem Moysem aut alium quemlibet prophetarum. Sed quia nobis hæc expositio non placet ad majora tendamus et Chananæam illam cui dictum est fides tua te salvam fecit canem esse juxtà evan ge-

n'est autre qu'une recompense de la communion de l'Église en laquelle les personnes xpiennes meurent; communion par laquelle elles ont merité d'estr' aydées par nos prieres, et c'est là où se rapporte la premiere

---

lium dicamus. Leonem verò mortuum circumcisionis populum sicut Balaam propheta dicit. Ecce populus ut catulus leonis consurgit et ut leo exultavit. Canis ergo vivens nos sumus ex nationibus. Leo autem mortuus judeorum est populus à domino derelictus, et melior est apud dominum iste canis vivens quam leo ille mortuus; nos enim viventes cognoscimus Patrem et Filium et Spiritum sanctum. Illi verò mortui nihil sciunt neque expectant aliqnam repromissionem atque mercedem. Sed completa est memoria eorum neque ipsi meminerunt quæ facere debuerant neque illorum jam dominus recordatus est dilectio quoque qua aliquandò Deum diligebant periit et odium quo audacter loquebantur non ne odientur et....... odivi et super tabescebam nec non et zelus eorum juxtà quem princeps zelatus est et mattathiæ intremuerant poplites perspicuum est autem quod et pars eorum non est in seculo non enim possunt dicere pars mea domine.

Leur confiance est fondée sur ce qu'un chien vivant vaut mieux qu'un lion mort. Car les vivans savent qu'ils mourront, et les morts ne savent même pas, comme il a été dit plus haut, que le cœur des enfans des hommes étant plein de malice et d'arrogance, la mort met fin à toutes ces vanités. Mais voici une explication qui offre le même sens et qui est plus satisfaisante : tant qu'un homme existe, il peut devenir juste ; mais après sa mort, il n'a aucun moyen de pratiquer les bonnes œuvres. Un pécheur vivant pourra donc valoir mieux qu'un juste mort, s'il veut surpasser celui-ci en vertus ; si au contraire, n'ayant usé de sa puissance et de ses richesses durant sa vie que pour faire le mal avec impudence, il meurt dans cet état : le plus pauvre et le plus vil des hommes vivant ne vaut-il pas mieux que lui ? Vivans, nous pouvons, par la crainte de la mort, donner à nos bonnes œuvres plus de perfection ; tan-

partie du commentaire quand il dict (*mortui vero nihil valent adycere*) c'est-à-dire ils ne peuuent plus acquerir de merites ni de justices, mais ils peuuent bien perceuoir le fruict de celle qu'ils ont eu en ce monde, et en

---

dis que les morts ne peuvent rien ajouter aux mérites qu'ils ont acquis pendant leur vie, tout pour eux étant couvert du voile de l'oubli, selon cette parole du Psalmiste : Je suis comme mort dans le cœur et voué à l'oubli. Tout ce qu'ils ont aimé, haï ou recherché dans le monde, tout ce qu'ils y ont possédé a disparn, leur est échappé à l'arrivée de la mort; et, puisqu'ils sont également incapables de bonnes ou de mauvaises actions, ils ne peuvent donc pas plus accroître leurs vertus qu'ajouter à leurs péchés. Il y a des personnes qui sont d'un sentiment contraire à cette doctrine : elles soutiennent que même après le trépas nous pouvons acquérir ou perdre, et voici le sens qu'elles donnent à ce qui a été dit tout à l'heure : Ceux-là n'auront plus part à rien de ce qui se fait ou s'agite dans le monde et sous le soleil. Cela, disent ces personnes, doit s'entendre de ce qui se fait dans ce monde et sous ce soleil que nous voyons; là, en effet, n'est point la communion des morts, mais elle est dans un autre monde, celui que le Sauveur avoit en vue lorsqu'il a dit : Je ne suis point de ce monde, et la justice n'est point sous le soleil. Ainsi, il ne faut point exclure l'opinion de ceux qui prétendent que lorsque nous sommes sortis de ce monde, nous pouvons encore offenser les créatures intelligentes ou nous les rendre favorables.

Un hébreu de ma connoissance m'expliquoit tout autrement ce verset : Un chien vivant est bien au-dessus d'un lion mort. Voici comment on l'entend parmi ceux de sa nation : Un homme très ignorant quel qu'il soit, mais vivant et pouvant se faire entendre, est plus utile à la société qu'un très habile et célèbre docteur après sa mort. Le premier sera désigné par un terme de mépris qui pourra signifier chien ; on donnera le nom de lion à un de leurs plus grands docteurs, tel que Moyse ou quelqu'autre des prophétes. Mais cette explication ne nous satisfait point, il nous faut quelque chose de plus relevé. Nous donnerons, selon l'expression de l'Évangile, le

vertu de la communion des saints en laquelle ils sont decedés peuuent estr' aydés par les prieres, ausmones et satisfactions. Le dernier sens qu'il apporte du chien mort et lion viuant est mistique ou allegorique, (mays vous considererez mieux que moy tout cecy). J'ay eu ceste bonne nouuelle que madame de Chauoyrée et sa fille de chambre auoyent abjuré l'heresie. Je ne sçai si elles auront esté instruittes à plein fons, et partant ie vous supplie ou par lettre ou autrement les consoler, que si l'occasion se presentoit ie voudrois bien sçauoir s'il leur sera point demeuré de scrupule; car il est mal aysé à personnes qui ne sçauent pas poiser la fermeté de la vraye Église de demordre ainsi tout à coup. Or,

---

nom de chien à la Chananéenne à qui il a été dit : Votre foi vous a sauvée ; par le lion mort, nous entendons le peuple de la circoncision dont le prophète Balaam a parlé en ces termes : « Voici tont le peuple qui se lève comme un lioncean et qui bondit comme le lion. » Nous sommes donc le chien vivant de toutes les nations, le lion des Juifs est mort, ce peuple ayant été abandonné de Dieu : le chien qui a la vie est donc plus agréable au Seigneur que ce lion qui l'a perdue. Car nous qui sommes vivans, nous connaissons le Père, le Fils et le Saint-Esprit; quant à ceux qui sont morts, ils ne savent rien, n'attendent aucune promesse, n'espèrent aucune récompense. Leur mémoire a eu son terme, et comme ils ont oublié ce qu'ils devoient faire, le Seigneur ne s'est plus ressouvenu d'eux. L'affection avec laquelle ils se portoient autrefois à servir et à aimer Dieu, a péri ; elle s'est changée en une sorte de haine qu'ils ont exhalée en paroles audacieuses. « Comme ils me haïssent..... je les haïrai et plus encore............ Je brûlois pour eux du même zèle qui dévoroit leur prince et qui faisoit tressaillir Mattathias dans tous ses membres. » Il est clair que ce peuple n'a plus aucune part dans le monde, puisqu'il ne peut dire : Seigneur, vous êtes mon partage.

Monsieur, c'est chose vre que ie ne vous dois pas recommander si ie ne vous estois tant seruiteur que ie suis. Je languis en ceste si longu' attente de Son Altesse, laquelle ne venant pas ceste prochaine semayne comm' on pretend, ie retourneray à Thonon pour l'attendre, cependant j'y envoyé mon cousin. Monseigneur le Nonce m'escrit que Son Altesse est très bien resolue, pour le reuenu des benefices et affection, à ceste besoigne. Ie prie Dieu nostre createur, qu'il nous face viur' et mourir pour son seruice; et vous supplie croire que ie suis,

Monsieur,

Vostre humble serviteur,

FRANÇOIS DE SALES.

39e LETTRE

Tirée du 5e volume de la 2e canonisation de St François, pag. 167, conservé au monastère de la Visitation d'Annecy.

LE PRÉSIDENT FABRE, A SAINT FRANÇOIS DE SALES.

Il lui parle des pères Possevini et Girard, et de l'entretien qu'il a eu sur lui, saint François de Sales, avec un certain baron.

Fratri suavissimo Francisco de Sales, ecclesiæ Gebennensis præposito Antonius Faber, S. D.

Ex urbe III non. augusti 1596.

Etsi tàm longo inter nos, mi frater silentio non magis delector, quam tu, dicam tamen ingenuè, me mea nunc

pudet, pænitetque diligentiæ ; audio enim te, si posteriores meas litteras paulò tardiùs accepisses, ad nos
venturum fuisse, ut clarissimum patrem Possevinum
videres, quem si videre non potuisses, ego sanè te vi-
dissem, sed quandò ita res tulit ut neque tu illum,
neque ego te videre potuerim, utrumque nimiâ et illius in discedendo, et meâ in scribendo diligentiâ, erit
quod meæ post hac ignoscas negligentiæ, si quid a me
hâc in re peccabitur licet non ignorem, vix fieri posse
ut damnum contingens ex diligentiâ per negligentiam
sarciatur, mihi præsertim cui hoc unum vertat absen-
tiæ tuæ solatium si per litteras tuas te videam, per
meas te alloquar.

Grata tibi fuisse et patris Possevini et Girardi nostri
munera gaudeo. Quod verò tam opportunè spondens
advenerit, non tantum tibi, sed etiam mihi summo-
perè gratulor ; nihil enim est quod feram molestiùs,
quam cùm nebulones istos audio de suis ineptiis tam
magnificè sentire et gloriari, de nostris verò nostro-
rumque egregiis meritis tàm audacter et impudenter
mentiri.

Baronem nostrum qui, ut scis nunc adest iterùm
atque iterùm conveni, primùm ut viro nobilissimo,
meique amantissimo grati animi testimonium exhibe-
rem ; deindè ut ex ejus potissimùm sermonibus intelligerem, quid ille de tuis conatibus non tam sentiret,
quam speraret. Ille verò, quasi certâ et exploratâ, jam
nec dum inclinatâ victoriâ, triumphum canere mihi
visus est, et ea credere quæ ad felicitatem satis mihi
fuerit sperare posse.

De Ponceto præcipuè tibi mirum in modum gratula-
tur, prædicatque tuâ illum operâ et eruditione ab infe-
ris revocatum, sacra religionis nostræ tàm serio am-

plexatum esse, ut tot ministellis in posterum nullo negotio profligandis, pro eâ qua fuit inter ipsos authoritate, sibi unus sufficere posse videatur.

De Avilleo verò sic loquitur, quasi nec dubitet quin ex nostris sit, totamque rem ex voto tuo confici ardentissimè desideret. Quod si ita est non video quid te malè jam habere debeat, nisi quod in re tanti momenti vix est ut christianæ impatientiæ longioris moræ incommoda concoquere possit.

De cæteris rebus sivè publicis sivè privatis, nihil attinet in sequentem paginam protrahere epistolam. Publicæ in eo statu deductæ sunt, ut eas miseratione multo faciliùs, quam auxilio prosequi quilibet possit; meæ verò ejusmodi, ut eanim conditionem parùm curare debeat quisquis publicis, ita uti par est, afficiatur.

Id unum nobis benè cedit, quod cum nihil sit in tanta rerum omnium perturbatione, quod non ducat ad desperationem, de omnibus tamen benè et in dies meliùs ac meliùs sperare non desinimus, sed cedet multò feliciùs se, quod tecum precari faciliùs est quàm ominari, unà cum Elia illo tuo per turbinem in cœlum rapiemur.

Litteras tuas ad Girardum quàm citò perferri curabo diligenter.

Benè vale, mi frater suavissime, et me, ut facis, amare perge.

Soror tua, itemque cæteri tui quotquot ferè hic mei sunt, te salutant, ego nostrum quoque, si placet, consobrinum. Iterum vale.

Quoique je ne sois pas plus content que vous, mon frère, du si long silence qui a régné entre nous, j'avoue

rai cependant avec franchise que je suis confus et re-
pentant de ma diligence. D'après ce que vous dites, si
vous eussiez reçu mes dernières lettres un peu plus tard,
vous seriez venu nous joindre pour voir l'illustre père
Possevin; et vous ajoutez que si vous ne l'aviez plus
trouvé, sans doute je vous aurois vu. Mais quand vous
saurez que la chose s'est passée de manière que ni lui ni
moi n'aurions pu vous voir, l'un et l'autre par notre
trop grande diligence, lui pour s'en aller, et moi pour
vous écrire, j'espère que vous excuserez ma négligence.
Si en ceci j'ai commis quelque faute, je ne dois pas
l'ignorer, attendu qu'il peut se faire que la négligence
répare le dommage causé par la diligence, surtout dans
cette circonstance qui me console un peu de votre absence, puisque si je crois vous voir en lisant vos lettres,
je crois m'entretenir avec vous en vous écrivant les
miennes.

Je suis charmé que les présens du père Possevin et de
Girard vous aient été agréables. Je me félicite grande-
ment de leur opportunité, non pas autant pour vous
que pour moi, car en vérité il n'y a rien que je souffre
plus impatiemment que de voir ces fourbes se glorifier
et avoir une si haute opinion de leur sottise et mépriser
avec tant d'audace et d'impudence nos excellentes qualités et celles de nos amis.

Le Baron se trouvant ici, je lui ai fait plusieurs visites, d'abord pour témoigner à ce personnage si illustre et si aimable toute ma gratitude, ensuite pour connoître par ses discours non pas tant l'opinion qu'il a de
vos entreprises, mais ce qu'il pense sur la probabilité
de la réussite. Votre triomphe lui paroît évident et presque certain. Il croit que je puis espérer tout ce qui peut
mettre le comble à ma félicité.

De Poncet vous rend particulièrement d'immortelles actions de grâce. Il publie qu'éclairé par vos ouvrages et votre érudition, il a été retiré de l'abîme et a embrassé avec tant d'ardeur les mystères de notre sainte religion, que les   à cause de l'autorité qu'il a exercée parmi eux ne veulent désormais lui confier aucune affaire. Aussi une seule chose paroît lui suffire.

Voici ce qu'on dit d'Avilléus : comme il ne doute pas qu'il soit des nôtres, il désireroit ardemment que tout se terminât d'après votre volonté. Cela étant ainsi, je ne vois pas quel contretemps pourroit vous retenir, à moins que dans une affaire de si grande importance, il ne puisse supporter, comme il arrive, les incommodités des souffrances chrétiennes.

Quant aux autres affaires, soit publiques, soit privées, il n'y a rien d'assez important pour m'obliger à prolonger ma lettre dans la page suivante. Les affaires publiques sont dans un tel état, qu'elles sont plus dignes de pitié que de secours. Pour ce qui est des miennes, elles ne sont pas en meilleur état ; d'ailleurs, quand on est affecté des affaires publiques, on doit chercher à y apporter un peu de remède (1).

Tout ceci nous afflige bien vivement. Certes, un si grand bouleversement dans toutes les affaires, n'est-il pas fait pour pousser au désespoir ? Cependant, nous nous attendons tous les jours à voir notre position s'améliorer : mais il est plus facile de prier avec vous,

---

(1) La phrase latine nous a paru un peu obscure et nous craignons de l'avoir mal rendue dans la traduction.

que de s'imaginer que ce tourbillon nous élevera ensemble dans le ciel avec votre Elie (1).

J'aurai soin de remettre fidèlement vos lettres à Girard, et le plus tôt que faire se pourra.

Portez-vous bien, mon très cher frère, et continuez à m'aimer comme vous faites.

Votre sœur et tous vos autres amis et les miens vous saluent. Saluez de ma part, s'il vous plaît, notre cousin. Encore une fois, adieu.

40ᵉ LETTRE

L'original est conservé au monastère de la Visitation d'Annecy.

AU PRÉSIDENT FABRE.

Saint François lui parle d'un livre et d'une image que lui a envoyés le père Possevin, et l'entretient sur les progrès de la foi catholique.

Antonio Fabro senatori, Franciscus de Sales, præpositus ecclesiæ Gebennensis, S. D.

Dicam ne quanta animi mei voluptate tuas litteras et clarissimi visi Antonii Possevini nudius tertius exceperimus? Et equidem alterutrius seorsim recordatio sola animum omnem delectare posset et soleret. Quid quæso, non recordatio solùm, sed utriusque erga me benevo-

---

(1) Là phrase latine nous a paru un peu obscure et nous craignons de l'avoir mal rendue dans la traduction,

lentiæ tantum pignus effecerit ? Epistola sanè scribentis quædam effigies manualis per se est. At in selecto illo libello suo de poesi et picturâ tam genuina est Possevini imago et representatio, ut nihilo ferè minùs illum mihi putem. Exhibeat, quam ipsamet præsentia tibi, ut non in messem alienam misisse manum videatur, qui dem de poesi et picturâ tractat, tam eleganter et graphicè se ipsum representabit et pinxerit. Neque tamen proptereà velim existimes me minori teneri desiderio ejus nunc in se videndi quod ex libro viderim ; imò verò nihil in hac mea dilectatione difficiliùs, quam quod in id tempus ceciderit, quo mihi per aliquos salvem dies fixo pede in hoc agro sit permanendum.

Tandem enim aliquandò albescunt aliquot hujus tantæ messis spicæ, quas si tempore tam incommodo non tempestivè colligam, verendum est ne ventis maximè aquilonaribus somne namque malum indè panditur, ut per prophetam dictum est vehementiùs iis in terris flantibus, grana rectæ fidei disjiciantur. In iis est jurisconsultus non indoctus, ac saltem omnium qui hic sunt doctissimus Petrus Poncetus, qui cum jampridem de præsentiâ corporis Domini in Eucharistiâ rectè sentiret, etsi in quam plurimis turprissimè erraret, a secta Calviniana, quæ in tanto sacramento hallucinaretur, abduci se facilè passus est, at vero ad caulas catholicas reducere peculiare illud fuit negotium, quod tamen nunc facere se debere, si velit ad læta cælestis montis pascua conscendere fatetur. Rei familiaris ammittendæ timor, antiquorum amicorum objurgatio, induciarum incerta duratio currenti compedem objiciunt. *Per calcatum perge patrem, per calcatam perge matrem, et ad crucis vexillum evola ;* beati Hieronimi sententia est. At si alibi unquam, hæc sanè locum habere deberet, ubi tantum vitæ spiritualis detrahitur quantum iis humanis commodis tribuitur; sed verum est illud antiquorum proverbium *equitem venire morbum*, *peditem abire*. Jubent me cumulatiùs deinceps sperare, tum ipse baro Hermentianus, tum eques Compelius, vir alioquin militaris, sed summè catholicus, qui uti in hebdomadam sequentem expeçtarem, nescio quibus faustis tamen, si veris prædictionibus compulit. Quarè tum ob primi hujus partus septimestris dolores, tum ne prognosticis amicissimi viri fidem omninò negasse videar, subsisto. Mox eo velociùs discessurus, quo nullis unquam aculeis patientia hìc mea tentata est acriùs quàm hâc retardatione. Tarditatem suavitas compensabit.

Interim nolo te lateat congregationis patrum Possevini et Cherubini nostri erga me concursus amicus. Misit hic icunculam Christi puelli dormientis et virginis matris salvatorem dormientem demisse adorantis. Ego cum nihil prope modum aliud hic oculis reficiendis occureret, identidem præ manibus habebam charum piumque munus amantissimi viri. Ille verò libellum per elegantem ut nosti quem dum primum aperio næniola jucundissima Virginis ad Christum infantem Horatii Tursellini se se objicit. Hic ergo picturam pictam et dictam, ille picturam veram et factam dedit. Quis non miretur illum occulis templorum solitudine ac vastitate obtusos, hunc autem aures horrendis blasphemiis tinnientes, tam amanter simul imagine et poesi tam sancta, tam pia recreasse quo nimirum altiùs meo Christum animo imprimerent pro suâ utriusque erga me benevolentiâ. Quorum tu mihi bonorum auctor es.

Eques Compelius vestras attulit litteras. Hermentianus baro te quam impensissimè salutat. Benè vale, et

ne suam erga me benevolentiam remittat Possevinus,
ut facis cura ; Christumque Salvatorem habeto propitium.

Vous exprimerai-je toute la joie que j'ai éprouvée il
y a trois jours, en recevant votre lettre et celle du bon
Antoine Possevin ? Il me suffit de penser à vous ou à
lui, pour que mon cœur batte de plaisir ; quel effet, je
vous le demande, ne dut point produire en moi votre
souvenir, joint à ce gage commun d'amitié ? Une lettre
est, en quelque sorte, le portrait de son auteur peint
par lui-même. Or, le charmant ouvrage dans lequel
Possevin traite de la poésie et de la peinture, renferme un portrait si frappant de l'écrivain, que je cher-
cherois vainement à me le figurer sous d'autres traits.
Vous jureriez qu'il est présent, et qu'en parlant sur ces
deux matières, il s'est occupé de lui seul, tant son pin-
ceau est habile dans le choix des nuances et des couleurs. Cependant, gardez-vous de croire que, pour l'a-
voir vu en peinture, je désire moins de le voir en
réalité : au contraire, je ressens l'avant-goût du plaisir
que je me promets, et je suis fâché seulement que
l'époque de cette entrevue coïncide avec celle où il
m'est indispensable de passer au moins quelques jours
de suite dans ce champ d'exploitation.

En effet, voici le moment où vont commencer à jau-
nir les épis d'une abondante moisson ; si j'en différois
la récolte dans un temps de tempête, je craindrois que
les semences de la foi ne fussent dispersées, l'aquilon
venant à souffler au milieu de ces terres : car c'est le

vent du Nord qui nous envoie tous les fléaux, suivant l'expression du prophète. Parmi les néophytes, se trouve un jurisconsulte habile, Pierre Poncet, sans contredit le plus savant de la province : malgré ses erreurs grossières sur presque tous les points de notre dogme, il avoit depuis long-temps des vues très justes sur la présence réelle du corps de Jésus-Christ dans l'Eucharistie ; aussi, ce fut chose aisée de le détacher de la secte de Calvin, dont le système est contraire à cet auguste sacrement. Mais il étoit difficile de ramener cette brebis égarée au bercail de l'Eglise ; et pourtant il faut bien en venir là, comme elle en convient elle-même, pour être admise dans les saints pâturages de la montagne céleste. La crainte de se voir dépouillé de ses biens, les reproches de ses amis de cour, l'incertitude de la durée de la trève, toutes ces considérations sont autant d'entraves qui l'empêchent d'avancer. *Marchez sur le corps de votre père, foulez aux pieds celui de votre mère, et volez à l'étendard de la Croix :* tel est le conseil de saint Jérôme. Cette sentence est surtout applicable, quand les intérêts temporels sont en opposition avec ceux du ciel. Mais le vieux proverbe est bien vrai :

Le mal vient à cheval et s'en retourne à pied.

On veut que j'espère, surtout le baron d'Hermence et le chevalier de Compèle, homme de guerre, mais excellent catholique ; celui-ci, par ses prévisions favorables, si elles sont justes, m'a engagé à patienter encore jusqu'à la semaine prochaine. Alors je reste, dans la crainte de paroître manquer de confiance en l'heureux pronostic d'un ami, surtout après les sept mois de douleur de ce premier enfantement. Bientôt je m'éloignerai d'autant plus vite, que rien, jusqu'à présent, n'a aussi fort exercé ma patience que ce retard. Le plaisir compensera les ennuis de l'attente.

Cependant, je ne veux pas vous laisser ignorer la bienveillance du père Possevin et du père Chérubin à mon égard. Celui-ci m'a envoyé une image représentant l'Enfant-Jésus qui dort, et la Sainte-Vierge, sa mère, qui l'adore humblement pendant son sommeil. N'ayant, pour ainsi dire, aucun autre objet à contempler, je regardois de temps en temps ce pieux cadeau d'un ami chéri. Le premier, comme vous savez, m'a donné un livre : en l'ouvrant, je fus agréablement surpris d'apercevoir l'Enfant-Jésus et sa mère, ouvrage de Tursellin. Ainsi je possède, d'une part, un tableau écrit, de l'autre, une peinture réelle. D'un côté, mes yeux se reposent sur cette image, fatigués qu'ils étoient par la vue de nos vastes temples déserts ; d'un autre côté, mes oreilles, qui viennent d'être souillées par d'horribles blasphèmes, sont charmées par les accens d'une poésie pure et sainte, qui grave en moi profondément la pensée de Jésus-Christ : je dois ces consolations à leur amitié, et surtout à vous qui m'avez procuré leur amitié.

Le chevalier de Compèle m'a remis votre lettre. Le baron d'Hermence vous salue affectueusement. Adieu ; ayez soin de me conserver toujours l'amitié de Possevin, et que Jésus-Christ, notre Seigneur, vous soit en aide.

41e LETTRE

Tirée du 5e volume du 2e procès de la canonisation de saint François, p. 117, conservé au monastère de la Visitation d'Annecy.

L'ARCHEVÊQUE DE BARI, NONCE APOSTOLIQUE,

A FRANÇOIS DE SALES, PRÉVÔT DE L'ÉGLISE DE GENÈVE.

Sur les prébendes des curés du Chablais.

Torino, li 10 dicembre 1596.

Mto Rdo Sigre,

La littera di V. S. di 14 novembre non mi é capitata prima che a 1 di decembre, e pero non si maravigliera della tardanza della riposta. Vedo ch'ella sta con pensiero della tarda spedizione che si fa qui circa li curati di Chablais, et con grand causa per il zelo chè dio Beneditto le ha dato della conversione di quelle anime, però non ha da perder la speranza per l'oltima intenzione di sua Altessa e per il carico chè iò ho di sollecitarla.

Il contrasto de cavaglieri di S. Lazaro é causa di questa dilazione, per chè pretendono di cavar tanta poca summa di danari da quelli beni ecclesiastici, che non possono concorrere a questa spesa di curati.

Finalmentè dopò molte repliche chè io ho fatte con sua Altessa, e lettere venuteli dal Sigr Cardinale Aldobrandino, si sta in disponerti a concorrere almeno alla spesa de sei curati, e spero con la grazia di Dio chè si conchiudera. E almenò V. S. sia certa chè io ne pur ometto un punto de diligenza come le potrà far fede M. della Bastia, il quale anco si adopra quagliardamentè per la sua parte acciò quanto prima ne segua l'effeto.

Io mandai a V. S. le lettere di S. A. per chè li fossero pagati li trecento scudi d'oro, e ne sto aspettando riposta : e desidero in ogni modo ch'ella si disponga di tornare a Chablais la sua presenza sara occasione di risolvere tanto più piesto questo benedetto negozio, il quale creda V. S. chè mi e più a cuore chè qualsi voglia altro ch'io abbia in questa nunziatura.

E con questo fine assicurandole chè la tengo semprè scolpita nella memoria, me le offero et raccomando di cuore.

Di V. S. M^{to} Reverenda come fratello per servirla.

G. CESARN, Arcivescovo di Bari.

Très révérend seigneur,

La lettre de V. S., du 14 novembre, ne m'a été remise que le 1er décembre : vous ne vous étonnerez donc pas du retard de la réponse. Je vois que vous vous affligez de ce que l'on diffère tant ici l'expédition de l'affaire concernant les curés du Chablais : je juge de votre affliction par le zèle que Dieu vous a donné pour la conversion de ces âmes; cependant ne perdez pas l'espérance, à cause des bonnes intentions de S. A. et de l'empressement que je mets à les solliciter.

L'opposition des chevaliers de l'Ordre de Saint-Lazare est la cause de ce délai, parce qu'ils prétendent ne tirer que peu d'argent des biens ecclésiastiques qui ne peuvent subvenir à cette dépense pour les curés.

Finalement, après beaucoup de répliques que j'ai faites à S. A., et après des lettres qu'elle a reçues du cardinal Aldobrandini, on est en mesure de disposer les chevaliers à contribuer à la dépense de six curés, et j'espère, avec la grâce de Dieu, que l'on concluera ainsi.

Au moins soyez sûr que je n'omets aucune démarche, comme pourra en faire foi M. de La Bastée qui, de son côté, s'ingénie courageusement pour que votre entreprise réussisse.

J'ai adressé à V. E. la lettre de S. A. pour le paiement des 300 écus d'or, et j'attends la réponse. Je désire de toute manière que vous vous disposiez à retourner dans le Chablais; votre présence donnera lieu de terminer cette longue affaire. Croyez que je l'ai plus à cœur qu'aucun autre dans cette nonciature.

Je finis en vous répétant que je vous tiens gravé dans mon souvenir; je me déclare tout à vous, Seigneurie Révérendissime, comme frère pour vous servir,

J. César, archevêque de Bari.

42e LETTRE

Tirée du 5ᵉ volume du 2ᵉ procès de la canonisation de saint François de Sales, conservé au monastère de la Visitation d'Annecy.

A MONSEIGNEUR L'ARCHEVÊQUE DE BARI, NONCE APOSTOLIQUE A TURIN.

Il lui parle de rétablir à Thonon un autel pour les saintes fêtes de
Noël.

A di 21 dicembre 1596.

Illustrissimo e Reverendissimo signore mio officiossimo,

Scrivo a S. A. S. soprà una opposizione che hanno
fatta questi de Tonone, quandò per celebrar queste
feste di Natale io voleva incominciare a far un altare
nella Chiesa nella quale sin adesso ho predicato.

Supplico V. S. Iᵐᵃ et Rᵐᵃ di procurarne la riposta, acciò
chè con lettere io possa mostrar a costoro chè lor deve
bastar di godere la libertà chiamata da conscienza senza
impedir l'esercizio catholico. Questa è l'ultimo sforzo
chè vuol far il demonio in questa opera, il qual non sarà
altro chè fumo, perchè V. S. Illᵃ ajuti dei suoi soliti favori, e solleciti chè quanto prima abbiamo modo di far
qui un honorato, e convenevole esercizio catholico, il
chè si avessimo adesso, cum io ne scrissi, ci è giá un
pezzo, a V. S. Illᵃ sarebbe nato Christo nel cuore de
molti dovevi resta ancora il demonio.

Pregho V. S. Illᵃ di perdonarmi chè io se ne sono im-

portuno, poichè non ho altro rifugio humano in questo
negozio, ch'appresso della sua bontá, alla quale incli-
nando mi humilissimamentè pregho dal signore ogni
contento, e resto, etc.

* * *

Illustrissime et révérendissime Supérieur,

J'écris à S. A. S. relativement à une opposition qu'ont
fait les habitans de Thonon, lorsque pour célébrer ces
fêtes de Noël, je voulois élever un autel dans l'église où
jusqu'ici j'ai prêché.

Je supplie V. S. illustrissime et révérendissime de me
procurer une réponse, afin que par des lettres je puisse
démontrer à ces habitans qu'il doit leur suffire de jouir
de la liberté, appelée de conscience, sans qu'ils empêchent l'exercice catholique. C'est le dernier effort que
veut faire le démon dans cette œuvre, et cet effort ne
sera que fumée, si V. S. nous aide de ses faveurs ordinaires et nous procure les moyens d'avoir, le plus tôt
possible, un honorable et convenable exercice catholique. Si nous l'avions à présent, déjà, ainsi que je l'ai
écrit il y a quelque temps à V. S. I., Jésus-Christ seroit
né dans le cœur de beaucoup chez qui habite encore le
démon.

Je prie V. S. I. de m'excuser, si je suis importun ; je
n'ai d'autre refuge humain dans cette affaire qu'auprès
de votre bonté, devant laquelle je m'abaisse en toute
humilité ; je demande au Seigneur pour vous toute satisfaction, et je suis, etc.

43e LETTRE.

L'autographe est conservé aux Archives de la cour de Turin.

A S. A. CHARLES EMMANUEL 1er, DUC DE SAVOIE.

Saint François se plaint que les syndics de Thonon se soient opposés
à ce qu'il dressât un autel dans l'église de Saint-Hippolyte.

A Thonon, jour de Saint-Thomas, 21 décembre 1596. (1)

Monseigneur,

J'attens le bon playsir de V. A. pour le restablissement de la réligion catholique en ce balliage dé Thonon
et cependant je pensois dresser un autel en l'Eglise St-
Hipolyte en laquelle je préche ordinayrement des deux
ans en ça, affin d'y pouvoir célébrer messe ces bonnes
féstes de Noel; les syndiques de ceste ville y ont apporté de l'opposition a la quelle par après ils ont renoncé. Je ne puis scavoir avec quel fondement ilz se sont
osés produire en cest affaire puysqu'on ne violoit point
le traitté de Nion (2) et quand on l'eust violé ce n'estoit

---

(1) Nous reproduisons cette lettre entière conforme à l'autographe, quoique déjà publiée tome VIII, pag. 58.

(2) Le traité fait à Nyon le 1ᵉ octobre 1589, entre le duc
Charles Emmanuel 1er et le canton de Berne, porte que l'exercice
de la religion se feroit librement dans les villages de chaque bailliage de Thonon et de Gex, et dans une paroisse ou village du
bailliage de Fernier. (Art. 4ᵐᵉ.)

pas a eux d'y prouvoir : on ne forçoit personne et ne faisoit ou autre que se mettr'en la posture et au train auquel V. A. avoit laissé ses catholiques despuis ne fust elle icy, duquel ayant esté levés par force on ne scauroit dire pourquoy ilz ne puyssent s'y remettre toutes les fois qu'ilz en auront commodité sous l'obeissance de V. A.

Le zele que j'ay au service de V. A. me faict oser dire qu'il importe, et de beaucoup, que layssant icy la liberté qu'ilz appellent de conscience, selon le traitté de Nyon, elle prefere neanmoins en tout les catholiques et leur exercice. Et que partant elle se layss'entendre a ces gens quilz doivent simplement et seulement user de la permission quils ont sans se mesler dempecher ceux qui par toute rayson et par l'exemple mesme de leur souverain prince, taschent d'avancer la foy catholique.

Je ne pense point qu'il y ait aucune raison qui puisse retarder l'affection sainte de V. A. en la sollicitation de grand bien ni qui la rend'autre qu'aymable et admirable à ses plus endurcis ennemis ; M. de Lambert veut user de liberalité à l'endroit d'un ministre qui se convertist et qui par sa sollicitation en tirera beaucoup, avant quil se descouvre ; je crois que V. A. l'aura agreable, et luy commandera quil en face encores davantage. Je supplie donc V. A. commander comm'il luy plaira sur ce sujet. Et priant Dieu tres affectionnement pour sa santé je m'honnoreray du bien que j'ay destre advoue,

Monseigneur
de V. A.

Tres humble sujet et serviteur
FRANÇOIS DE SALES
Prevost de St Pierre de Geneve.

44ᵉ LETTRE.

L'original est conservé au monastère de la Visitation d'Annecy.

LE PRÉSIDENT FABRE, A S. FRANÇOIS DE SALES.

Il lui parle de sa nomination à la présidence du conseil des Génevois, et de diverses autres affaires.

De Chambéri, à la hâte, la veille de Noël, à 9 heures du soir, 1596.

Monsieur mon frère,

Etant au plus fort des *Méditations poétiques*, que j'ai commencées depuis quelques jours sur les mystères du très saint Rosaire, pour faire quelque provision de dévotion pour ces bonnes fêtes, j'ai su par M. l'avocat Salteur, lequel m'a remis vos dernières lettres, qu'il y avoit commodité de vous faire réponse par le greffier de Thonon, et à l'instant, sans poser la plume, j'ai seulement changé de papier pour vous faire ce mot, non moins pour accroître en moi cet esprit de dévotion par l'imagination que je conçois de votre conversation, que pour vous avertir comme du jour même que je reçus votre paquet, je le remis à la poste avec les autres que le conseil dépêchoit par courrier exprès à son altesse et sous une même couverture, de sorte que je m'assure qu'il aura été bien et surement rendu, de quoi n'eusse-je pas tant tardé de vous avertir, si j'eusse eu la commodité d'un porteur.

Car, quant au reste, que voulez-vous savoir de moi,

de la négociation de M. de Jacob pour moi en notre cœur, je vous ai jà écrit, et m'assure que vous avez reçu la lettre, que son altesse trouve tout bon, et me laisse avec l'état de sénateur mes gages. On m'en écrit en ces termes : *Vous irez, vous demeurerez et tirerez vos gages.*

Toutefois, je n'ai encore point reçu de lettre de son altesse, non plus de leurs excellences ; tellement que, non sans beaucoup de peine, je suis contraint de dissimuler à ne faire pas semblant que je désire de voir la chose exécutée, quand ce ne seroit que pour empêcher que nos confrères ne vous veuillent mal pour l'assurance qu'ils ont que la force de notre amitié m'attire à cette résolution, autant qu'autre chose quelconque. J'espère que le retour de M. de Marclaz, mon cousin, m'apportera ce contentement avec les autres.

Cependant, *Felix nobis* de la lettre de notre Saint-Père. C'est maintenant, à ce que je crois, qu'il fera bon être de vos amis à qui en voudra avoir à Rome et à Turin. Je ne perds point pour cela courage d'espérer que vous aimerez toujours le président, lequel vous avez bien aimé sénateur. Encore veux-je que le Pape le sache quelque jour, aussi bien que son altesse le sait.

Je ne pensais vous écrire qu'un mot, et vous voyez où la passion me porte. Encore ferai-je bien celle-ci plus longue, si le premier coup de matines ne me pressoit. Car je vous écris cette lettre en semblable temps, auquel je jouissois de votre première entrevue à Anneci en notre étude, sont passés trois ans. La seule souvenance me recrée infiniment. Dieu veuille que dans un an je la puisse rafraîchir par une nouvelle jouissance.

Je n'écris rien à M. de Charmoisy, mon cousin, en réponse de la sienne, tant pour n'en avoir à cet heure le loisir, que pour avoir déjà satisfait à tout ce qu'il attend de savoir de moi par celle qu'il aura reçu de moi depuis la sienne écrite. Si je puis retirer de M. Chanen le dépêche de gentilhomme avant que ce porteur soit parti, je ferai qu'il la portera. *Sin minus*, ce sera pour l'autre fois.

Je vous baise bien humblement les mains, et à M. notre cousin, sans oublier tout ce qu'il y a de bon et d'honnête en votre ville de Thonon.

Ma maîtresse (1) et vos neveux vous en présentent autant et du même cœur, duquel nous prions Dieu tous, tant que nous sommes,

Monsieur mon frère, pour votre santé et prospérité,

Votre plus humble frère et serviteur,

FAVRE.

---

(1) Il appelle ainsi sa femme.

45ᵉ LETTRE

Tirée du 5ᵉ volume du 2ᵉ procès de la canonisation de saint François, pag. 119, conservé au monastère de la Visitation d'Annecy.

L'ARCHEVÊQUE DE BARI, NONCE APOSTOLIQUE, A SAINT FRANÇOIS DE SALES.

Il lui parle d'un legs qui sera converti pour les églises des diocèses
de Genève et Tharantaise, et des prébendes des curés du Chablais, qui seront faites par l'intercession des saints Maurice et
Lazare.

Torino, 4 gennaio 1597.

Molto reverendo Signore,

In pochi giorni ho ricevuto tre lettere di V. S. una
dè 12, è l'altra dè 14, di December, e quest ultima dè
21 consignatami questa sera con l'alligata per S. A.

Rispondo alla prima, chè trattava delli legati pii
lasciati daquel gentiluomo savoyardo, nelli quali pretende la fabrica di San Pietro, ch'io ho mandata la lettera di V. S. a sua Sᵗᵃ, e supplicatola instantissimamentè
a volergli lasciare alle chiese delle Diocesi de Geneva e
Tharantazia, conformementè alla disposizione del tes-
tatore, e rimetter qualeivoglia ragione, chè si potesse
pretendere la detta fabrica, espero chè restaremo con-
solati ; e V. S. sarà avvisata della risposta.

Quantò alla secunda chè tratta delli curati de Chablais, V. S. sopra chè in tutte le audienze chè ho
avute da S. A., n'ho trattato vivamentè e insiemè con
li signori cavalieri di S. Lazaro, e finalmentè dopò

molte dispute ho ottenuto chè per adesso si stabilis
cono sei curati alle spese della relligione, laqual si
obblighera di darli 18 coppe di fromento, due carri
di vino, é ducento florini di moneta di Savoja per
ciascuno, comme V. S. vedra dall' alligata copia di
palizzo chè m'a scritta Monsr di Ruffie. Io non intendo
le misure ne le monete di Savoje, ma Monsr de Lullin
chè stato presente alla trattazione m' a assicurato chè
un anno per l'altro sarà di cento scudi e forse davan-
tagio. Partirà di qua fra pochi giorni il cavaliere Berg -
hera mandato dalla religione, il quale avra carico di as-
signar subitò il trattenimento per li suddetti sei curati,
e però V. S., al recever di questa proveda de sacerdoti
letterati, e di buona vita, e gli dia animo chè piacendo
a Dio s' aumenterano l'entrate, e ancò il numero degl'
altri sacerdoti, e ella sa chè tutti li principi sono deboli.

In questa medesima polizza mi ricereano li suddetti
signori Cavalieri un altro particolare circá li Curati chè
prestano nomi; non intendo io benè questo negozio, le
remetto a V. S. et le do la mia autorita acciò in tutto
quel chè honestamentè si può, si dia satisfazione alla
religione.

Io non voglio dire a V. S. la fatica chè ho avuta in
conchiudere questo negozio, con tutta la pietà di S. A.
chè in cose di religione non può essere più ardentè,
ma le dico benè chè s' io avessi durate cento volte più,
più fatica, devo reputarmi inutile in servizio di Dio
Benedetto.

Sara necessariò chè dopò la deputazione di questi sei
eurati, V. S. mi scriva piú spesso e più distintamentè
di tutto quel benè chè si andra facendo, per chè S. Sta ne
ricevera consolazione grandissima e sandra animando a
farci delle grazie.

Con la lettera di V. S. abbiamo l'informazione presa in quel negozio chè le comuisi V. S. fosse stata giudice un grand tempo. La Badia della abondanza non e anco data per certi degni rispetti, e S. Sta ha qualche intenzione di levarne quelli Monachi, e metterei in suo loco li riformati di S. Bernardo, e al nuovo abbate credo chè sara data questa commissione.

Da quest' ultima di V. S. di 21 ho intesa l'opposizione che l'anno fatta quelli di Tonon, e perchè ero stato il giorno inanzi all'audienza di S. A. gli ho mandata subitò la lettera di V. S. con la mia, e supplicatala a farne resentimento, et dara a lei risposta la qual procuraro chè se le mandi quantò prima.

V. S. attenda a faticar allegramentè et a scrivermi spessò, e sia sicura ch' io la tengo scolpita nel cuore, e me le offerisco, e raccommando quanto più posso.

Di V. S. molto R^{da} come fratello affettuosissimo.

G. Cesare, arcivescovo di Bari.

———

A peu de jours d'intervalle, j'ai reçu trois lettres de V. S., une du 12, l'autre du 14 décembre, et la dernière du 21, qui sera mise sous les yeux de S. A.

Je réponds à la première lettre de V. S., relative au legs pieux fait par ce gentilhomme savoyard, sur lequel la fabrique de Saint-Pierre fait valoir des prétentions, que je l'ai envoyée à Sa Sainteté. Je la supplie très instamment de vouloir bien abandonner ce legs aux églises du diocèse de Genève et Tharantaise, en conformité des dispositions du testateur, et repousser, par les motifs qu'elle jugera convenables, les prétentions de cette fabrique. J'ai lieu d'espérer qu'il sera fait droit à notre supplique. V. S. sera instruite de la réponse.

Quant à la deuxième lettre, qui concerne les curés du Chablais, V. S. saura que, dans toutes les audiences que m'a accordées S. A., je n'ai cessé de traiter vivement cette question de concert avec les seigneurs chevaliers de Saint-Lazare, et que, finalement après de grandes discussions, j'ai obtenu qu'on y établiroit dès à présent six curés aux frais des religieux, qui s'obligent de donner à chacun d'eux dix-huit mesures de froment, deux chariots de vin évalués cent florins de Savoie, ainsi que V. S. le verra par la copie du compromis ci-incluse, que m'a transmise M. de Ruffie. Je ne connois ni les mesures ni la valeur de la monnoie de la Savoie, mais M. de Lullin, qui étoit présent au traité, m'a assuré que cela feroit une année dans l'autre cent écus, et peut-être plus. Le chevalier Berghera doit partir sous peu de jours. Il est muni des pleins pouvoirs des religieux, et est chargé d'assigner tout de suite le traitement de ces six curés, afin que V. S. puisse faire choix de prêtres instruits, de mœurs irréprochables et animés de l'esprit de Dieu, qui pourront, avec le secours des autres prêtres, continuer le bien qui a été commencé. V. S. sait combien tous les principes sont foibles et erronés.

Par le même rescrit, les susdits seigneurs chevaliers me questionnent sur une autre particularité au sujet des curés qu'il convient de nommer. Je ne suis guère au fait de cette besogne ; j'en laisse le soin à V. S., et je lui donne mon autorité à l'effet qu'elle fasse tout ce qu'elle trouvera convenable, et à la satisfaction des religieux.

Je ne veux pas entretenir V. S. de la fatigue que j'ai

éprouvée pour conclure cette négociation, ni de la piété de S. A., qui n'est jamais plus ardente que dans les affaires de religion. Mais je vous le dis avec vérité, si elle avoit duré cent fois plus de temps, je n'en aurois pas supporté la fatigue, eût-on dû me regarder comme un membre inutile au service de notre divin maître.

Il conviendra qu'après la possession de ces six curés, V. S. m'écrive plus souvent et me donne des détails circonstanciés sur tout le bien qu'ils pourront faire, ce qui procurera une grande satisfaction à Sa Sainteté, et la portera à accorder des grâces.

Faites qu'avec la lettre de V. S., nous ayons l'information prise par la commission qu'elle a présidé pendant si long-temps. L'abbaye de l'Abondance n'a pas encore été donnée par des raisons de convenance. Sa Sainteté a l'intention d'ôter ces moines, et de mettre à leur place les religieux réformés de Saint-Bernard. Je crois que le nouvel abbé sera chargé de cette commission.

Quant à la dernière lettre de V. S., sous la date du 21, relative à l'opposition formée par ceux de Tonon, comme le jour de la réception étoit celui où ils devoient se rendre à l'audience de S. A., je m'empressai de la lui envoyer incluse dans la mienne, et je la suppliai de les traiter sévèrement, et de leur faire une réponse pareille à celle dont je parle plus haut à V. S. au sujet de sa première lettre.

Que V. S. s'apprête à m'écrire souvent et à se fatiguer agréablement ; qu'elle soit persuadée que je la porte gravée dans mon cœur, et qu'elle daigne en recevoir l'hommage : c'est ce que je lui demande instamment.

De Votre très révérende Seigneurie, le très affectionné confrère,   G. CESAR, archevêque de Bari.

46ᵉ LETTRE

Contenue dans le recueil du 2ᵉ procès de la canonisation de saint
François de Sales, vol. 5, pag. 152, conservé au monastère de
la Visitation d'Annecy.

LE PRÉSIDENT FABRE, A S. FRANÇOIS DE SALES.

Il lui parle de diverses affaires,

Chambéri, 9 janvier 1597.

Je reçus hier tant seulement vos deux lettres, l'une
du jour de S. Etienne, l'autre de S. Thomas. Le sujet
méritoit bien qu'elles me fussent plus tôt rendues, afin
que j'eusse pu faire plus diligemment et plus chaudement l'affaire de laquelle vous m'écrivez. La faute est
venue en partie des porteurs, en partie aussi de ce que
j'ai été absent de cette ville pour certains appointemens
que je suis allé faire du côté de Belley. Mais grâces à
Dieu, tout va bien, puisque vous avez réintégré la
messe en sa possession en un jour si solennel, quoique
non pas si solennellement que vous et moi eussions
desiré.

Tant y a que nos syndics de Thonon n'ont point été
ici pour se plaindre de vous, mais seulement pour présenter requête à la Chambre des comptes à cause de la
gabelle du sel, à ce que leur Procureur même m'a assuré, je l'ai aussi su de M. le Président Pobel, qui a toujours présidé au Conseil d'Etat en l'absence de M. de

Jacob; j'ai encore parlé à M. de Jacob qui m'a dit n'avoir ouï aucune plainte de vous, ni deçà ni delà les monts; au contraire toutes les voix du monde sont favorables a votre réputation et l'un et l'autre trouvent bon ce que vous avez fait, et que vous continuiez étant bien résolu si quelqu'un de ces Messieurs vient se plaindre à eux de lui bien laver la tête sans savoir; mais ils sont bien d'avis que pour ce qui reste à faire de plus, vous attendiez quelque commandement plus exprès de S. A. pour ne contraindre S. A. de venir aux remèdes violens qui seroient nécessaires, si ces Messieurs faisoient quelque insolence qui eût forme de mépris ou de rebellion; car en somme comme vous écrivez, ils n'ont point capitulé avec S. A.

M. de Jacob m'a assuré que S. A. est très bien disposée à plaider notre cause si ainsi le faut appeller, plutôt que celle de Dieu, contre Messieurs de S.-Lazare et que lui même s'y est aidé; assurant qu'en brief vous l'emporterez du moins pour l'entretenement de six curés. Il dit que M. de Lullin fait merveille, et m'assure que si à son retour de France la chose n'est résolue il employera tout son crédit pour la faire réussir à l'honneur de Dieu et à votre contentement.

Nous avons résolu d'en conférer avec M. de Lambert, par lequel en après je vous en écrirai plus en plein car je suis maintenant merveilleusement pressé.

La trève générale avec la France est continuée jusqu'au dernier d'Aoust. M. de Jacob s'y en retourne dans huit ou neuf jours.

J'ai de rechef recommandé à M. le Président Pobel l'affaire de ce bon gentilhome de Thonon, et à M. Chaven encore qui m'avoit permis merveille sans y avoir encore rien fait, et l'un et l'autre m'ont promis de le favoriser pour avoir le tout , et de la plus briève expédition qu'il sera possible.

M. l'Evêque de S.-Paul se recommande à vos bonnes grâces, et m'assure d'avoir fait tenir votre paquet à M. le Nonce qui doit l'avoir reçu déjà dès samedi dernier. Excusez ma hâte, et tenez moi *in infinitum extensivè et intensivè*, pour celui qui est, Monsieur mon frère, votre très humble frère et serviteur,

FABRE.

P. S. Ma maîtresse (1), vos neveux vous baisent les mains ; aussi fais-je moi et tous ceux de qui vous m'écrivez. Notre troisième Père m'a écrit ; je pense qu'il se porte très bien.

47ᵉ LETTRE

Insérée dans le 5ᵉ vol. du 2ᵉ recueil du procès de la canonisation de saint François de Sales , p. 154 , conservé au monastère de la Visitation d'Annecy.

LE PRÉSIDENT FABRE, A SAINT FRANÇOIS DE SALES.

Il lui parle de diverses affaires.

Chamberi , 14 janv. 1597.

En réponse de celle que ce porteur m'a remis de votre part, je vous dirai qu'il n'y a que quatre ou cinq jours que je vous ai écrit bien en plein par le solliciteur

---

(1) C'est à dire ma femme.

Decolombier, pour répondre aux deux dernières que j'avois eues de vous, dont la première étoit datée du jour de S. Etienne, l'autre du jour de S. Thomas. Je m'assure que ma lettre ne s'égarera pas, car je l'ai recommandée fort étroit : toutefois parce que peut-être elle ne vous sera pas sitôt rendue, je vous en ferai par celle-ci un épilogue.

Je vous écrivois qu'ayant conféré avec M. le président Pobel, et autres seigneurs du Conseil-d'État, j'avois su que le syndic Vernaz, qui étoit venu en cette ville, ne s'étoit aucunement plaint de vous, et que quand lui ou quelques autres viendroient à si mauvaise fin, on lui lavera bien la tête.

Il étoit venu seulement pour se plaindre de l'imposition qu'on leur veut mettre sur la gabelle du sel ; son procureur même me l'a ainsi confirmé. Tous ces messieurs trouvent bien fait ce que vous avez fait ; et M. de Jacob encore, avec lequel j'en ai conféré bien au long, est d'avis, puisque vous avez commencé à dire la messe à S. Hypolite, que vous continuiez ; mais il ne trouveroit pas bon que vous y fissiez conduire aucun autel, jusqu'à ce que vous ayez reçu les dépêches de Son Altesse pour ne donner point de sujet ou d'occasion de nouveau remuement en un temps si chatouilleux comme est celui-ci.

Qu'y feriez-vous, mon frère ? Il faut prendre cette mortification et la joindre à tant d'autres qui ont éprouvé votre patience. Dieu est béni le chef des Conseillers-d'État, lesquels se tiennent en ce temps par tout le monde. Mais quand on vient à parler de lui et de ses affaires, je crois qu'il faut qu'il sorte de l'assemblée comme s'il en étoit seulement le président, ou l'un des conseillers. Je me console en l'espérance que j'ai que votre dépêche ne tardera plus guères, et que vous n'avez pas peu fait pour cette boulée.

M. de Jacob m'a dit que M. de Lullin fait merveille contre les chevaliers de St.-Lazare, et que Son Altesse les combat pour nous *à spada trata*. Il m'a dit de plus que s'y étant une fois trouvé, et convié par Son Altesse d'en dire son avis, il l'a dit tel qu'il devoit pour la cause de la religion, et se promet qu'à son retour s'il reste à faire quelque chose, il s'y emploiera si chaudement que nous en aurons les effets. Il tient déjà pour fait qu'il y aura six curés entretenus, à six vingts escus par curé.

Il y a plusieurs autres choses en ma dernière lettre, à laquelle je suis contraint de me remettre pour le peu de loisir que me donnent les occupations du Sénat, où je me trouve en rapport et chargé d'ailleurs d'une infinité d'affaires ? Faut-il encore que je vous dise que j'ai reçu par M. de Jacob les patentes de Son Altesse, qui me permet d'aller en Genevois en retenant mon état de sénateur avec mes gages.

Mais je n'ai encore point reçu de lettre de Leurs Excellences. Je crois que M. de Jacob à son retour de France, où il n'est pas encore allé, me les apportera, et que par conséquent la chose ira à la longue. Je la porte impatiemment pour le désir que j'ai de vous voir, et M. notre père avec tout ce qui est de sa suite.

Mais je me console en l'espérance qu'entre ci et là, S. A. fera lever cette gendarmerie qui ruine tout le pauvre Genevois, ou du moins la cavalerie. M. de Jacob m'a assuré de Son Altesse qu'elle est en cette volonté, et que cela seroit déjà fait, sans l'avis qui vint à votre cœur de la contagion reprise à Annecy, lorsqu'on étoit sur le point d'en faire les dépêches. Il attend que

M. Troulion les lui apporte dans peu de jours, parce qu'il en a chargé sa mémoire, et écrit à S. A. de bonne encre. Toutefois, j'ai écrit à messieurs du conseil qu'il me sembleroit très expédient que toute la province députât quelque gentilhomme pour aller représenter à Son Altesse ses plaintes et le misérable état auquel se trouve réduit tout le peuple. J'espère que M. de Beaumont, avec lequel aussi j'en ai parlé, prendra bien cette peine, s'il en est prié un peu vivement.

J'ai écrit bien au long à M. notre père, par l'homme d'Anneci qui m'apporta la lettre de messieurs du conseil. Je m'assure que la lettre lui aura été rendue : celle-ci ne laissera, s'il lui plaît, d'être pour vous deux, comme encore les très humbles recommandations que ma maîtresse (1) et moi présentons à ses bonnes grâces et à celles de Mme notre mère, MM. nos frères et M^{elles} nos sœurs. Priant Dieu vous donner à tous une santé longue et entière.

Monsieur mon frère,

Votre plus humble frère et serviteur *in infinitum.*

FABRE.

P. S. Je remis au père Cherubin notre traité, incontinent que je le vis à Anneci, après vous avoir laissé. Je m'assure qu'il l'aura eu diligemment, car il me le promit, et je sais qu'il desiroit expressément de le voir.

---

(1) C'est à dire ma femme.

48e LETTRE.

L'original se conserve au monastère de la Visitation d'Annecy.

A L'ARCHEVÊQUE DE BARI, NONCE DE SA SAINTETÉ,
A TURIN.

Il lui parle de plusieurs affaires pour le rétablissement de la foi
catholique dans le Chablais.

Di Tonone 2 marco 1597.

Illmo e Rev^{mo} Signor mio Oss^{mo},

Da quindeci giorni in qua ho recevuto quatro lettere chè si compiacsce V. S. Illma e R^{ma} di scrivermi, una alli 10 di decembre de l'anno passato, la 2 al 4 de Gennajo e la terza alli 6, e la 4 alli 4 de Febrajo.

Ma quanto alla prima, nella quale V. S. Illma mi commandava di ritornar qui in Tonone, non ho da farglie altra riposta colla carta, poi chè già l'ho fatta alla sua intentione col l'effeto.

Quanto alla seconda, ho da ringratiare, quanto più posso humilissimamente V. S. Illma qual si degna pigliarsi cosi volontieri in protettione le nostre cose di questa diocesi, et particolamente nel procurar chè quel legato lasciato in Roma ci sia lasciato risarvato non ostante la pretenzione della fabrica di S.-Pietro, egià chè per l'ultima sua V. S. Illma mi commanda che se ne scriva à qualche Savoyardo stante in Roma, acciò ne tratti col li deputati della fabrica, e abbia ricorso a l'Illmo Sig^r Cardinale Aldobrandino, cosi si farà.

Vedo poi la gran fatica chè V. S. Illma avra durata per aver la provisione per li sei curati, e no posso chè io non ammiri il poco zelo de chi in questo negozio avrà fatto la difficoltá. E sia laudato id Dio æterno della patienza e zelo chè ha dato a V. S. Illma per farin fine spuntar questa benedetta impresa con questo principio. Del qual per dar distinto ragguaglio a V. S. Illma, diro chè sie un pezzo chè il Sig^r cavaglier Bergera e giunto qui con quel ordine chè mi scrisse V. S. Illma e essendo all' hora en Annessy per certo negozio, ritornai quanto prima per non esser cagione della ritardazione di cosi importante servitio. Quantumque io fossi certo chè questo cavaglier saria qui un pezzo, per aver a ricevere da sette milla ducati per la sua religione, chè è una summa la quale no si fa cosi presto nec travagli di guerra. Onde essendo venuto ho travato questo gentil'huomo tanto ben disposto, chè io son obligato di dar testimonio a V. S. Illma chè se tutto gli altri di quella religione fossero cosi fatti; V. S. Illma non fosse tanto travagliata. E jeri si diede principio al pagamento del frumento, domani per quanto mi ha detto si comminciara il pagamento del vino e denari.

E per dire del prezzo di queste pensioni secondo chè me ne riferiscono questi habitatori di Tonone, no puo esser uno anno per l'altro più di ottanta scudi. E confesso chè questo potra bastar dove li sacerdoti avrano qualchè commodità di casa e albergo, e di star molti insieme. E si dovranno pensare i signori cavaglieri chè in questo paese mancarono tutte le cose mondane alli sacerdoti, della discortesia in poi. Ma come mi scrive V. S. Illma il stesso signore che da piecoli semi per mezzo del tempo fa uscir grandissimi Alberi, dara ancora col tempo e la fatica de V. S. Illma un questo augmento a questo debole principio. Ho buona provisione de sacerdoti quali di subito si sbrigheranno, per venire qui, alla patienza e mortificatione. Lusano ogni diligentia acciò siano ricchi di buona vita, e al manco commodi di littere.

Questa quaresima, spero di collocarne 4 in diversi luoghi, e si io potessi li collocarei tutti sei ; ella non si possono ben introdurre, senza far un poco de preparatione, con il far qualche sermoni catechismi, il chè si deve far da qualche predicatore prattico, e a desso non è possibile averne per esser impediti tutti nelle quadragesimale prediche. Egli m'è necessario di star qui la quaresima, ne posso molto trascorrere adesso poi chè egli mè necessario ora mai, per maneamento d'altri, di attender alle confessioni per Pasqua.

Non v'è poi nè chiesa ristaurata, nè altare dressato, manco abbiamo calici, missali, e altri simili commoditè necessarie per le sei parrochie. Del chè trattando con signore cavaglier Bergera, e non avendo egli carico di lasciarci denari per questi servitii, si è contentato di spender da otto o dicei ducatoni per la chiesa di Tonone, dovè ogni cosa era sotto spora, senze altra commodita, se non d'un semplice, e mal fatto altare di legno, chè era fatto questo natale.

E per avisarci al restante chè si conveniva aver, si in Tonone come nelle altri parochie, si contento di assegnar il principio delle sei pensioni dal 15 di Gennajo sin al primo di Marzo, chesi è dato principio al pagamento, e dal 1 di Marzo, sin tanto chè siano collocati li sei curati, correndo sempre le pensioni.

Potremo forse avanzare da 60 ò 70 scudi per comparar le cose più necessarie e far il meno male chè sarà possibile.

E accio li supradetti cavaglieri non facciano compassione a Sua Santità col la loro poverta protestata, assicuro V. S. Illma che l'intrata chè cavano da questo bailliagezio de beni ecclesiastici sarà d'un anno per l'altro di 4 millia ducati buoni.

Quanto alla polizza del signore di Ruffia, nella quale desiderano le cavaglieri, chè alcuni curati chè prestano il nome a laïci chè tengono cure ne balliagi, rimettessero esse cure alla religione, come proprietaria per concessione di S. Santita de beneficii de balliagi quando tali curati non siamo abili, chè siano admessi alnumero delli sei, il signor cavagliere Bergera no m'ha aperto partito di questo particolare, ne posso intender come vogliono questi clerici armati chè un curato confidentiario posso esser abili per esser admesso ne numero delli sei chè devono essere un poco più costumati chè non sogliono esser li confidentiarii.

Laudo·iddio benedetto chè Sua Santità abbia qualche intentione di collocare nella abadia dell'abondanza i riformati di Santo Bernardo, e pregho il signor glie ne dia absolutissima voluntà a beneficio dell'anime.

Quanto poi al novo abbate, vorrei ben preghar humilissimamente V. S. Illma si degni commendarglie che faccia paghar essatamente e compimente la pensione chè si suol dare dall'abate al P. predicator ordinario di Evian, il qual adesso è un meritevole dottor, provinciale dell' ordine di Santo-Domenico, e la fatto stentase già l'anno passato, e tuttavia lo fanno più stentase questo; e io ho in questo un poco de l'interesse particolare, per esser Evian una terra vicina catolica, quanto si puo dire, e ha gran bisogna di buon predicatore, quale non puo avere senza questa pensione.

Vedo poi il dispiacere chè ha sentito S. A. dell'oppositione chè fecero questi di Tonone alle erettione dell'altare, e ne ho ricevuto una lettera, qual mi consola assai non avendo però lasciato di eriger l'altar nonostante l'oppositione fatta, per chè no si faceva dal consenso publico della terra, ma dalla sola passione di certi particolari.

———

Illustre et révérendissime Seigneur,

Depuis quinze jours, j'ai reçu quatre lettres que V. S. I. et R. a daigné m'écrire ; la première est du 10 décembre de l'année passée ; la seconde est du 4 janvier, la troisième du 6, et la quatrième, du 4 février.

Dans la première lettre, V. S. m'ordonnoit de revenir à Thonon : je n'ai pas de réponse à faire à cet égard, puisqu'en effet, en revenant, j'ai accompli ses intentions.

A l'égard de la seconde, je dois remercier V. S. I. aussi humblement que je le peux, puisqu'elle place ainsi sous sa protection les intérêts du diocèse, en demandant particulièrement que ce legs qui nous a été laissé à Rome, nous soit réservé, nonobstant la prétention de la fabrique de Saint-Pierre. Dans la dernière lettre, V. S. m'ordonne de faire écrire à quelque Savoyard demeurant à Rome, pour qu'il traite cette affaire avec les députés de la fabrique, et qu'il ait recours à l'illustrissime cardinal Aldobrandini.

C'est ainsi que l'on fera.

Je vois la grande peine qu'aura eue S. S. I. pour la provision des six curés, et je ne peux que m'étonner du peu de zèle de ceux qui auront suscité des difficultés dans cette affaire. Que Dieu éternel soit loué de la patience et du zèle qu'il a donnés à V. S. I. pour acheminer à une bonne fin une entreprise ainsi commencée. Pour vous informer en détail, je vous dirai qu'il y a quelque temps que le chevalier Bergera est venu ici avec cet ordre que me communique V. S. I. J'étois alors à Annecy pour certaine affaire, et je revins sur le champ pour n'être pas la cause du retard d'un si important service.

J'étois cependant certain que ce chevalier resteroit ici long-temps, puisqu'il avoit à toucher pour son ordre, sept mille ducats, somme qu'on ne reçoit pas si vite dans les embarras de la guerre. Arrivé ici, j'ai trouvé ce gentilhomme bien disposé. Je dois rendre témoignage à V. S. I. que si tous les autres chevaliers du même ordre étoient ainsi faits, il ne seroit pas dans une telle détresse. Hier on a commencé à payer ce qui se donne en bled, demain on commencera les paiemens en vin et en argent.

Pour parler du prix de ces pensions, selon ce que me rapportent les habitans de Thonon, elles ne peuvent pas être, une année dans l'autre, de plus de quatrevingts écus. J'avoue que cela pourra suffire là où les prêtres auront la commodité d'une maison ou d'une auberge, ou la possibilité de se réunir. MM. les chevaliers devront penser que dans ce pays, les prêtres ont été privés de tous les agrémens mondains, à commencer par la courtoisie, qui manque absolument. Mais, ainsi que me l'écrit V. S., le même Dieu qui, de très petites semences, par le moyen du temps, fait sortir de très grands arbres, donnera encore, avec le temps et les soins de V. S. I., un accroissement à ce foible commencement. J'ai une bonne provision de prêtres, qui se dépêcheront d'accourir ici à la patience et à la mortification.

On s'est donné tous les soins pour que ces prêtres fussent réclus, de bonne vie, et au moins aisés dans la culture des lettres.

Ce carême, j'espère en placer quatre dans divers lieux, et si je peux, je les placerai tous les six. On ne les sauroit bien introduire, sans un peu de préparation, sans quelques sermons, quelques cathéchismes. Pour cela, il faudroit un prédicateur expérimenté, et on n'en peut trouver aujourd'hui, parce que tous sont employés dans des prédications quadragésimales. Il est nécessaire que je demeure ici pendant le carême, je ne peux pas actuellement me déplacer, car je suis obligé, à défaut de prêtres, de rester pour entendre les confessions de Pâques.

Il n'y a ici ni église restaurée, ni autel dressé ; nous n'avons ni calices, ni missels, et autres semblables nécessités pour les six paroisses. Je parlois de cela avec M. le chevalier Bergera. Il n'avoit pas charge de nous laisser de l'argent pour le service ; il a cependant consenti à la dépense de huit à dix ducatons par église de Thonon, où tout étoit sens dessus dessous, sans autre commodité qu'un simple autel de bois, mal fait, construit depuis la fête de Noël.

Pour aviser à se procurer ce qu'il falloit avoir encore, tant pour Thonon que pour les autres paroisses, le chevalier a consenti à faire partir le commencement des six pensions du onze janvier jusqu'au premier mars. Ensuite, elles courront du premier mars jusqu'à ce que tous les curés soient placés. Nous pourrons ainsi avoir de reste soixante ou soixante-dix écus pour acheter les choses les plus nécessaires, et faire le moins mal qu'il sera possible.

Afin que les susdits chevaliers ne fassent pas compassion à Sa Sainteté, avec leurs protestations de pauvreté, je puis assurer que la rente qu'ils tirent de ce bailliage de biens ecclésiastiques, en bon an, mal an, de quatre mille bons ducats.

Quant au billet de M. de Ruffie, où les chevaliers demandent que plusieurs curés qui prêtent leur nom à des laïcs jouissant de la nomination dans les bailliages, remettent ces curés à l'ordre propriétaire par concession de Sa Sainteté, des bénéfices desdits bailliages, et qu'ensuite les mêmes curés, quoique non *idoynes*, soient admis au nombre des six curés, M. le chevalier Bergera ne m'a pas entretenu de cette prétention particulière, et je ne peux pas entendre comment ces *clercs armés* veulent qu'un curé confidentiaire soit propre à être admis au nombre des six : lesquels six doivent avoir plus de moralité que n'en ont d'ordinaire les confidentiaires.

Dieu soit béni, si Sa Sainteté a quelque intention de placer dans l'abbaye de l'Abondance les réformés de Saint-Bernard, et je prie le Seigneur qu'il en donne à Sa Sainteté la volonté la plus absolue pour le bénéfice des âmes.

Quant au nouvel abbé, je voudrois bien supplier très humblement V. S. I. de lui ordonner de payer exactement et complètement la pension que ledit abbé a coutume de donner au père prédicateur ordinaire d'Evian. Ce père est un docteur très méritant, provincial de l'ordre de Saint-Dominique : on l'a fait attendre l'année dernière, on le fait encore attendre cette année; en cela j'ai un intérêt privé, parce qu'Evian est une terre voisine, catholique, autant qu'on peut le dire ; ellè a grand besoin de ce prédicateur, qu'elle ne peut avoir sans cette pension.

Je vois le déplaisir que V. S. I. a éprouvé de l'opposition qu'ont fait ceux de Thonon à l'érection de l'autel, mais j'ai reçu une lettre qui me réjouit beaucoup, car on n'a pas laissé d'ériger l'autel malgré l'opposition, qui n'avoit pas pour cause le consentement public des habitans, mais la passion seule de certains particuliers.

49ᵉ LETTRE.

L'original appartient à madame la Marquise de Camerano, née Tornon, à Turin.

A MONSEIGNEUR L'ARCHEVÊQUE DE BOURGES.

Saint François l'informe des grâces accordées, par Sa Sainteté, à l'occasion du rétablissement de la religion dans le Chablais, et l'entretient des cures ainsi que des prébendes de la cathédrale de Genève.

1597.

Monsieur,

Nous allions attendant la comodité de quelques plus assurées adresses que ne sont les ordinaires en ce temps sy trouble pour envoyer nos lettres de dela, et quelque resolution du chemin que nos affaires prendroyent pour vous en donner quelque advis, et l'un et l'autre nous est seulment arrivés maintenant ; nous avions proposé dix articles à S. S. de vostre part et il nous a

13

provueu sur quelqu'un, sur les autres il nous a renvoyés au Nonce, et les autres il a presque refusé.

Il a accordé la desonions des bénéfices de Chabalaix ternier, et autres balliages iusque a la somme nécessaire, pour le retablissement de la sainte religion et des pasteurs.

Il a acordé que la provision desdicts pasteurs se fit par vous absolument pour cette première fois.

Que vous puissiez donner portion congrue au tous curés *etiam extra visitationem.*

Absoudre les heretiques comme cy-devant pour cinq ans à venir, licence laquel ilz estiment ici perpétuelle parce qu'il ne coute sinon d'anvoyer pour demander la continuation avant qu'elle soit passée.

Quant à vos decimes il renvoye l'affaire au Nonce afin qu'il advise comme on pourra jetter votre rate sur les autres bénifices moins chargé que l'esveché de Genève.

Il lui renvoye encore de prendre advis touchant l'affranchissement des talliables s'il sera expediant, et comme il se pourra mieux faire.

Quant à la visite des monastères il l'accorde, et la fera faire le temps étant venu.

Quant à la dispanse pour nos chanoines il l'accorde pourvu que les chanoines puissent servir à leurs cures, mais ce point n'est encore du tout bien esclaircy.

Quand aux theologale il ne les veut établir sur les monastères ne voullant, comme il dict, descouvrir un autel pour recouvrir un autre; neamoins le cardinal Borghesio notre commisaire nous bailla par advis de faire traicter ce point par monseigneur le Nonce, et que peut-être réussiroit-il, il faudra donq l'en supplier a nostre retour, et je croy qu'il sy employra volontier.

Quand au remument de notre cathédrale il est encore
en suspent parce que notre cardinal commissaire ne sceu
pas dire si Tonon estoit plus prest de Geneve qu'Annessi.
Néanmoins ny S. S. ny les cardinaux ne le goutent pas
trop estimant que ceux d'Annessi desirent notre séjour
en leur ville et qu'il nous tiennent en tel pris que toutes
villes font semblable pieces comme est la personne de
l'évesque et de son chapitre et disent qu'on peut sup-
pléer le fruict de cette mutation autrement. Mais je croy
en un mot que tout ce qu'il nous ne a pas accordé sera
renvoyé à monseigneur le Nonce; jamais je ne fut en
lieux où la paix fut si grande qu'il est en cette cour.
S. S. ne feroit pas une grace pour petite qu'elle ne soit
pesée et contrapesée par conseil de messeigneurs les
cardinaux, lesquels voyant le *santissimo di questo parere*
sont aussy eux-mesmes de iceluy, mais au reste il y re-
luit presque partout une courtoisie et maintien ange-
lique surtout en nos trois commissaire les cardinaux
Borghesio, Arigane et Bianchetto, et par excellance le
cardinal Baronius qui nous a portés de toute sa faveur
tant vers Sa Sainteté, que vers les cardinaux ; je croy
que vostre bonté aura agréable nostre petite négotia-
tion, quoy qu'elle n'otienne pas bonement du tout l'issue de vos saintes intentions, le seul cardinal Mathei estant malade nous retien encorre sans responce, sinon
qu'il reçoit vostre visitation, *et ei quid erroris admissum
esset in mora absolvit ad cautelam*, et fera droit touchant la prétention que vous avez d'estre mis au nombre
des ultramontains pour les termes de votre visitation,
mais il n'y a pas moyen de tirer aucun escriture de luy
d'autant qu'il ne peut signer.

Quand à la commission que j'avois première et principal je lay sollicitée et vers Sa Sainteté et vers l'Aldo-

brandino le plus vivement que iay sceu et pour toute
resolution on escrit à monseigneur nostre Nonce qu'il
traicte avec S. A. afin qu'il ne prenne aucune résolution touchant le point du quel on le solicitoit qui poura
servir d'une réelle et légitime raison de refus a S. A. et
parce qu'il n'y a point de Nonce en France il a fallu at-
tandre qu'on en députa un qui est monseigneur de Mo-
dene lequel est arrivé ici et prand ces memoires pour
partir et en autre il y en aura des bonnes pour nos affaires et comme m'a dit encore ce matin le cardinal Al-
drobrandino je l'iray trouvez pour l'instruire, voila je
croy une partie de ce que nous estions venu faire en
chemin nonnobstant la paine que l'on a eu de les pousser pour les ennuis que le Tibre nous a faict. Le cardinal saint Severin me dit que monseigneur le Nonce soli-
citait de me faire despescher pour aller vers vous en
l'absence du bon P. Cherubin, le quel a ce qu'on nous
advise de deca est tombé en une très lamentable infirmité, et Sa Saincteté et ces messieurs de Saint-Office bref
tous les bons regrettent infiniment cet accident et pour
la valeur de la personne qu'il rand inutile et pour le
bruict qu'en feront les adversaires qui n'ayant aucune
raison pour leur opiniatreté font bouclier de tous les
sinistres evenements qui nous arivent pour naturels et
ordinaires qu'il soient, or bien je fais tant plus de courage et monsieur le vicaire et moy et nos amis ne l'ou-
blions point en nos petites oraisons comme nous somes
obligez; je seroit ingrat sy je ne vous donnoit advis que
nous avons icy le seigneur chevallier Buaio, prieur de
Contamine, qui semploye pour nous a bonne estoient, et
le seigneur Bartho Bonesio, cameriero secreti di Sa
Sainteté. Or nous espérons entre cy et Pasque vous baiser les mains et randre conte en présance du tems et

loysir que nous avons faicte de nostre despance, ce ne
sera jamais sy tost que je le desire, et priant Dieu pour
votre bonne et longue santé je demeure éternellement

Monseigneur,

Vostre très humble fils et serviteur,

FRANÇOIS DE SALES.

5o^e LETTRE.

L'original est conservé aux archives de la cour de Turin.

A S. A. CHARLES EMMANUEL Ier, DUC DE SAVOIE.

Saint François recommande de pauvres gens à la charité de S. A. ;
il la prie de vouloir bien faire gratifier des villages dépendant de la
paroisse d'Alinges d'une exemption de toute espèce de charge,
pendant l'espace de quatre ans ; et M. d'Avully pour qu'il soit
maintenu dans sa judicature.

A Thonon, 12 mars 1597.

Monseigneur,

Dernierement quand j'eu cest honneur de baiser les
mains a V. A. je luy representay six ou sept pauvres
gens vieux et impuissans à gaigner leur vie qui ont
vescu icy avec une admirable constance en la foi catholique. Et parce que leur pauvreté pourroit estre secou-
rue avec une petite piece des graines de Ripaille et Filly

qui sont destinées aux aumosnes. Je suppliay très humblement V. A. a leur nom de leur en assigner quelque
portion, et selon la piété dont Dieu l'a enrichie elle la
trouva raysonnable. Maintenant je sçay que ces aumosnes se reduysent aux Alinges pour la munition de
la garnison. Mays je ne laisseray pas pour cela d'oser
supplier V. A. quil luy plais' ordonner que d'une si
grande quantite quattr' ou cinq muys en soyent appli-
qués à ces pauvres gens vieux et à un autre qui estant
encores de bon aage ne laisse pas d'estre pauvre et
moyennant cest' aumosne pourra servir au clocher pour
les catholiques. Il y a aussi certains petitz vilages qui estoyent anciennement de la parroisse d'Alinges et personne ne leur contredisoit d'en estre encores maintenant; mays parce que V. A. selon son saint zele a
grattiffié la parroisse d'Alinges d'un immunité de toutes
charges pour quattre ans à venir en contemplation de
leur retour a l'Église. On a oppose à ces petitz vilages
que du temps de l'occupation des Bernois on leur commanda d'aller ailleurs à la presche. Je supplie donques
tres humblement V. A. d'eslargir plus tost sa liberalité
sur ces vilages par une declaration que d'estressir cette
premiere parroisse qu'on adresse en ce païs à la foy catholique.

Les gens du Consistoire supresme de ce balliage taschent de lever a Monsieur d'Avully la judicature, qu'il
y tient de V. A. Mays puisque ce Consistoire n'est que
pour la correction des moeurs et qu'il n'est faite aucune
mention au traitté de Nion a ce que j'ay peu apprendre
comm' on ne perd pas le jugement pour se faire catholique aussy n'en devrait-on pas perdre la judicature spe-
cialement quand elle depend de la volonte de V. A. pour
la santé de laquelle je ne cesseray de prier Dieu nostre

Seigneur comm' ayant ce bien.... pouvoir et devoir dire,

Monseigneur,

De V. A.,

Tres fidelle et tres humble sujet et serviteur,

FRANÇOIS DE SALES,
Indigne prevost de St-Pierre de Geneve.

51ᵉ LETTRE

Tirée du 5ᵉ volume du recueil du 2ᵉ procès de la canonisation de St François, pag. 121, conservé au monastère de la Visitation d'Annecy.

L'ARCHEVÊQUE DE BARI, NONCE APOSTOLIQUE, A SAINT FRANÇOIS DE SALES.

Jlui parle du désir qu'éprouve Sa Sainteté de voir rétablir, par le Roi de France, la célébration de la messe dans le bailliage de Gex et Gaillard; et l'entretien de plusieurs matières de religion.

Torino, li 11 maggio 1597.

Mᵗᵒ Rᵈᵒ Sigʳᵉ,

Non mi sono capitate le lettere di V. S. di 23 di aprille se non alli 8 di maggio, e venendo ogni giorno corrieri de Savoia, mi maraviglio chè tardino tanto per camino.

Mi è piacuita infinitamente la lettera che V. S. ha scritta a S. Sᵗᵃ la qual con questo ordinario gli ho mandata, con l'altra del padre Spirito, e tutto il resto delle scriture allegate, e non dubito punto chè S. Sᵗᵃ dara ordini efficaci al sig Legato chè tratti col Re di Francia per la restituzione della messa nelle bailliagi de Gex et Gaillard , e spero anco chè si abbia da obtener secondo il desiderio di quelle povere anime.

Sentira anco gran gusto S. S.ta della devozione delli nuovi cattolizati, e in particolare che sia stato capo del buon esempio M. d'Arvilly, come si poterà sperare da un cavaliere suo pari.

Io ho scritto efficacemente a Monsig della Novallesa chè facia proveder della sua prebènda il predicatore di Eviano , e non lasciare l'instanza fin chè realmènte sia satisfatto.

Se si succedera pace ò tregua, presto V. S. sentirà la provisione necessaria per la riforma delle badie di Savoia e in particolare di quella d'Atilps et della abundanzia.

Aspetto con desiderio chè V. S. mi avvisi spesso delli progressi di Chablais, e creda certo ch'io non manco di ricordar perpetuamente a S. S.ta chè si trovi qualchè modo d'accrescere li predicatori e li curati.

E con questo fine assicurandola della singulare affezzione ch'io le porto, me le offerisco e raccomando con tutto l'animo.

Di V. S. molto R.do come fratello affectuosissimo

Cesare , Arcivescovo di Bari.

Poscritta. Avanti ch'io abbia mandata a V. S. questa mia lettera, ho ricevuta l'alligata risposta di Mons.r della Novallesa, della qualle vedra quel chè mi risponde intorno al predicatore di Eviano. E perchè io non sono informato di questo fatto, V. S. mi potrà rescrivere tutto quel chè passa, e quel chè sarà conveniente chè si dia di ellemosina al predicatore.

Turin, 11 mai 1597.

Très révérend seigneur.

Les lettres de V. S. du 23 avril, ne me sont parvenues que le 8 mai. Comme il vient tous les jours des courriers de Savoie, je m'étonne qu'elles restent si longtemps en chemin; j'ai lu avec un plaisir infini la lettre que V. S. a écrite à S. S.; je la lui ai envoyée avec l'autre du Père Esprit, et tout le reste des pièces alléguées, et je ne doute pas que S. S. ne donne à M. le Légat l'ordre positif de traiter avec le Roi de France pour le rétablissement de la messe dans les bailliages de Gex et Gaillard, et j'espère qu'on l'obtiendra suivant le désir de ces pauvres âmes.

Sa Sainteté apprendra avec satisfaction la dévotion des nouveaux convertis à la foi catholique. Elle apprendra en particulier, avec joie, que M. d'Arvilly ait le premier donné le bon exemple, comme on pouvoit l'espérer d'un gentilhomme tel que lui.

J'ai écrit fortement à monseigneur de la Novalèse, de faire payer de sa prébende le prédicateur d'Evian, et de ne pas cesser d'insister jusqu'à ce qu'il fût complètement satisfait.

S'il survient paix ou trève, V. S. entendra parler de la provision nécessaire pour la réforme des abbayes de Savoie, et en particulier pour celle d'Aulps et de l'Abondance.

J'attends avec anxiété que V. S. me fasse part des progrès du Chablais. Croyez aussi que je supplie perpétuellement S. S. de trouver quelque moyen d'augmenter le nombre des prédicateurs et des curés.

Recevez les témoignages de l'affection particulière

que je vous ai vouée, et avec laquelle je suis de tout
cœur de V. S. très révérende,

Le tout affectueux, comme frère,

CÉSAR, archevêque de Bari.

P. S. Avant d'envoyer cette lettre à V. S. j'ai reçu la
réponse ci-jointe de M. de la Novalèse; vous y verrez
ce qu'il me dit relativement au prédicateur d'Evian.
Comme je ne suis point informé de ce fait, V. S. pourra
me récrire ce qui en est, et ce qu'il sera convenable de
donner d'aumône au prédicateur.

52ᵉ LETTRE.

L'original est conservé au monastère de la Visitation d'Annecy.

LE PRÉSIDENT FABRE, A S. FRANÇOIS DE SALES.

Il lui marque qu'il compte aller à Annecy prendre possession de la
présidence du Conseil du Genévois.

21 mai 1597.

Monsieur mon frère,

J'avois différé quelques jours de vous écrire tout
expressément pour donner loisir à mes dépêches de
venir, afin de vous entretenir désormais de quelque
sujet plus agréable, que ne sont ces espérances languis-
santes qui nous ont morfondus depuis tant de mois.
Enfin tout est arrivé avec M. de Jacob, hormis la paix.

Je ne pouvois désirer lettres plus favorables que celles qui m'ont été écrites par leurs excellences, outre les patentes. Dieu soit loué que nous voilà tous deux, à l'égal contens, et en beau chemin de jouir s'il plait à Dieu, à longues années, de cette mutuelle et incomparable amitié, laquelle se fait déjà paroître et leurs mêmes où nous n'avons jamais été vus ni connus.

Il ne reste, sinon que cette jouissance s'en fasse de plus près. Et pour cette cause, je ne refuse pas d'être le premier à vous aller au devant, si messieurs du sénat et du cónseil trouvent bon que j'aille prendre possession de mon présidental, afin qu'à notre première vue je vous mette un président entre les bras.

J'espère que si ce n'est pour les derniers jours de la semaine prochaine, ce sera pour la suivante. Dieu sait combien je désirerais de vous y trouver, et pour combien de raisons ; mais je prendrais bien patience pour quelques jours, pourvu que je sois bien averti de votre bon portement, et que la conversation du Saint-Esprit vous console parmi tant de travaux que vous continuez de prendre à cultiver cette barbarie huguenotte, si cultiver se peut dire pour déraciner ; mais je parle du terroir non pas de la semence.

Quant à la conférence, je ne désire rien tant que d'ouïr dire le jour auquel elle se fera, et ne crois pas qu'il y ait présidentat que je ne quittasse pour aller en être témoin ; mais je suis bien comme vous, je crains que ces longueurs n'en fassent perdre et le jour et l'occasion. S'il se fait quelque chose, je m'assure que j'en serai averti des premiers, et que j'aurai ce crédit de m'y pouvoir trouver en quelque coin.

Je vous envoie une lettre que je viens de recevoir de M. l'évêque de Maurienne. Votre commère vous sa-

lue pour elle et pour son petit François qui se fait tous
les jours plus gros que grand. Notre frère de même,
avec toute la brigade ; mais moi plus que tous qui suis,

Monsieur mon frère,

Votre vous-même frère et serviteur,

Fabre.

53ᵉ LETTRE.

L'original est conservé au monastère de la Visitation d'Annecy.

A UN CARDINAL.

Sur les moyens de rétablir la foi catholique dans le Chablais.

14 septembre 1597.

Illustrissimo e Reverendissimo signore mio officiossimo,

Mentre son stato differendo di giorno in giorno di
scrivere a V. S. Ill.ᵐᵃ sin tanto chè io potessi concorrere
col signor Cherubino per scrivergli più compitamente
sonno occorse tante cose dègne di essere scritte, chè
io non so se le potrò ben tutte ridurre nella memoria.
Essendosi ridotti in Annemasse li R. P. Giovvanni
Saunerio gesuito, Spirito e Cherubino capucini, insieme col signor canonico di Sales, il curato di Annemasse tutti predicatori, e il barone di Viri consigliere
di stato di S. A. per cercar li merci convenevoli di ridurre alla fede li populi chè sono intorno a Geneva,

si come io scressi a V. A. Illma per l'ultima mia, so fece questa conclusione : chè bisognava ad ogni modo, chè le cure Fossero ritribuite dalli cavalieri di San Lazaro, e altri : chè fosse dressato un collegio in Tonone di P. gesuiti, ad almanco una residentia *ad tempus*, e per ciò fare vi foss' applicata l'intrata di un priorato conventuale posseduto dalla communità di esso luogho. Eacciò chè gli habitatori non ne avessero ramarico verso detti padri, il chè impiderebbe assai il progresso della loro conversione, fu avisato, chè saria pregata S. A. di voler dare in vece del priorato a detta communità un datio o taglione chè si cava di detta terra di Tonone. Questo fu il sommario delle conclusioni fatte, unanimamente da detti padri ed altri da un canto.

Si tratta poi della conferenza a chè modo la potressimo inviare : ma di questo lasciarò scrivere al P. Cherubino al quale sonno state fatte le risposte. In somma li ministri temono incredibilmente questa impresa. E perchè il P. Cherubino mi hadetto chè V. S. Illma proponeva di prieghar S. S. chè si fausse grazia di scriver al signor cardinale legato in Francia, acciò procuri, chè il recomandi a Genèvrini di venir a conferenza, non posso tralasciar di dire, che a questo modo si farebbe detta conferenza, e più fruttuosamente, e con condicioni più avantagiose.

Ora di quanto fu proposto in Annemasse si fece un scritto e memoriale da esser appresentato à S. A. Serenissima, e fu deputato R. P. Spirito per andar in corte e trattarne. Ma poi Monsignore Revendissimo nostro volse e prudentissimamente chè il padre Cherubino facesse questo viaggio.

E insieme fu trattato di far l'orazione di quarant' ore in detto luogo di Annemasse persuegliar quelli ministri

di Geneva : onde detto P. Essendo in corte ebbe del
tutto piissima e gratissima risposta : ma le cose delle
cure e del collegio furono lasciate nelle mani dei signori di Lulino e di Giacob per avvisare del modo col
quale si potessero etsequire. Ed adesso per quanto mi
vien detto, si aspetta la venuta del signor cavaliere di
Ruffia per farne fine.

Quell' orazione di quarant' ore si fece in Annemasse
la dominica prima di Settembre e il giorno della Natività
della Madona con un frutto molto più grande di quello
chè si perava, e ha un poco del miracoloso. Annemasse
è una parrochia nel contado, vicina a Geneva tre millia
dove non ci è commodita di allogiare quattro persone.
Ivi intorno alla chiesa chè è tutta qualta dagli hugue-
notti si feu un tentorio capacissimo con tele, legnami,
tapisserie ed altre cose simili, acciò potessero li popoli
star all' ordine.

Illustrissisme et Révérendissime Seigneur,

Je différois de jour en jour d'écrire à V. S. R., jusqu'à ce que je pusse concerter avec le père Cherubino
le moyen de lui écrire plus en détail, lorsqu'il est sur-
venu tant de choses dignes d'être écrites, que je ne
sais pas si je pourrai les rappeler toutes dans ma mémoire.

Les révérends pères Jean Saunier, jésuite, Esprit et
Chérubin, capucins, s'étant réunis à Annemasse avec
M. le chanoine de Sales et le baron de Viri, conseiller-
d'État de son Altesse, pour chercher les moyens con-

'venables de ramener à la foi les peuples qui sont autour de Genève, ainsi que je l'ai annoncé à V. S. R. par ma dernière, on s'est arrêté à ce projet : Qu'il falloit de toutes manières que les cures fussent restituées par les chevaliers de Saint-Lazare et autres ; que l'on établît à Thonon un collége de pères jésuites, ou au moins une résidence *ad tempus*, et pour cela qu'on y appliquât la rente d'un prieuré conventuel possédée par la commune de ce lieu. Afin que les habitans n'en eussent pas de rancune contre les pères, il fut proposé de prier Son Altesse de vouloir bien, en dédommagement du prieuré, concéder à ladite commune, un droit ou imposition que paie ladite terre de Thonon. Tel est le sommaire des conclusions arrêtées par les pères, d'une part, et par les autres, de l'autre part.

Actuellement, on pense à la manière dont on établira la conférence, et aux moyens à employer pour en donner communication. Sur cet objet, je laisserai écrire le père Chérubin, à qui on a fait toutes les réponses. Au total, les ministres redoutent incroyablement les suites de cette entreprise. Le père Chérubin m'a dit que V. S. R. se proposoit de prier S. Sainteté de nous faire la grâce d'écrire au cardinal légat en France, pour que le Roi ordonne aux Genevois de venir à conférence. Je ne peux vous laisser ignorer que de cette façon, ladite conférence pourroit avoir lieu, et se seroit plus fructueusement recevoir des conditions plus avantageuses. De tout ce qui a été convenu à Annemasse, on a fait un procès-verbal, ou mémorial qui sera présenté à S. A. S. Le père Esprit, à cet effet, est envoyé à la cour pour en traiter. Ensuite votre Monseigneur révérendissime a voulu que ce fût le père Chérubin qui fît le voyage.

En même temps on a résolu de faire la prière de quarante heures dans ledit lieu d'Annemasse, pour éveiller ces ministres de Genève. Le père s'étant présenté à la cour, reçut sur le tout une très agréable et très pieuse réponse. La stipulation relative aux cures et au collége, sera laissée entre les mains de MM. de Lullin et de Jacob, pour qu'ils avisent aux moyens d'exécution ; et maintenant, d'après ce qu'on me dit, on attend l'arrivée de M. le chevalier de Ruffie pour en finir.

La prière des quarante heures a été faite à Annemasse le premier dimanche de septembre et le jour de la naissance de la Vierge, avec un fruit plus grand que celui qu'on espéroit, et qui tient un peu du miracle. Annemasse est une paroisse dans le pays, éloignée de Genève de trois milles, où il n'y a pas moyen de loger quatre personnes. Autour de l'église, qui a été toute détruite par les huguenots, on a fait une tente très grande, en toiles, bois, tapisseries, et autres choses semblables, afin que les assistans pussent se trouver convenablement.

54ᵉ LETTRE.

L'original est conservé au monastère de la Visitation d'Annecy.

AU PRÉSIDENT FABRE.

Il lui parle de plusieurs affaires.

Antonio Fabro senatori, Franciscus Salesius præpositus, S. D.

Necii.... 1597.

Miraberis et merito, fateor, mi frater, me totis iis diebus octo Necii fuisse et nihil ad te dedisse litterarum. At ne propterea crede, quæso, nihil me dedisse cogitationum qui meæ menti unus perpetuò obversaris. Sed undique sub obrutus negotiis et dico candidè, ut Necii nunquam mihi firmus fuerim. Nunc vero in protectionis articulo quod a mora non potui ab ipso discessu otium hoc scribendi quale quale est expressi.

In Ducis nostri Gebennensium mente et ore eo es in primis loco, ut meliore vix esse possit quispiam; et si permittas eligi te (sic enim de more aulico loquor) præsidem hic non optatissimum modo, sed his temporibus necessarium sumus habituri. Plura nequeo per epistolam et atramentum.

Vidi summa mea voluptate fratrem nostrum; nihil suaviùs, candidiùs, politiùs. Ita tamen vidi, ut vix vidisse dici possim; cum enim ad extremum diei crepusculum convenissemus magis utrinque audivimus quam vidimus, et si per duas horas simul fuerimus.

14

De re nostra Tononiensi quid dicam, mi frater? Dominus de Jacob mira dedit in promissis. Undique captamus occasionem principis hac in causa gratiam seriò ineundi per Nuntium apostolicum, per jesuitas, per capucinos. Inceperam rem sperare, sed de bello audio nescio quid, quod meæ spei negotium facessit; verum iis Deus optimus maximus pro sua pictate moderabitur.

Scribam quam primum peregrinationem ad divi Claudii reliquias absolvero, quam post concionem diei dominicæ Tononii deo dante faciendam incipiam.

Bene vale, frater suavissime, et me quod facis ama. Unum id erit hoc tam acerbo tempore oblectamentum.

Vous êtes étonné, mon cher frère, et c'est avec raison, j'en conviens, que j'aie pu passer huit jours entiers à Annecy sans vous écrire. Mais ne croyez pas pour cela que je vous oubliois; sans cesse vous êtes présent à mon esprit. Les affaires m'assailloient de toutes parts à un tel point, que je n'ai pas goûté un seul instant de repos à Annecy. Je suis actuellement sur mon départ, et c'est le moment que je choisis pour vous écrire, parce que je n'en ai pas eu le moyen pendant mon séjour.

Vous êtes placé aussi haut que possible dans l'estime du duc de Genève, et personne n'a dans ses éloges une aussi belle part que vous. Si vous voulez favoriser votre élection, je parle ici en homme de cour, nous aurons un président de notre choix, et tel que la circonstance le réclame. Je ne puis en confier davantage au papier.

J'ai été charmé de la visite de notre confrère; on n'est

pas plus aimable, plus simple, ni plus gracieux que lui. Mais à peine si je puis me flatter de l'avoir vu : car notre entrevue eut lieu à la brune, de sorte que nous passâmes deux heures à nous entendre plutôt qu'à nous voir.

Que vous dirai-je, mon frère, de notre affaire de Thonon? M. de Jacob nous a fait les plus belles promesses. Nous saisissons avec empressement toutes les occasions d'intéresser le prince à notre cause, soit par l'entremise du Nonce du Saint-Siège, soit par celle des jésuites et des capucins. Je commençais à augurer favorablement du succès ; mais j'apprends sur la guerre certaines nouvelles qui font évanouir mes espérances. J'abandonne tout à la Providence divine.

Je vous écrirai quand j'aurai fait un pélerinage au tombeau de saint Claude ; je dois partir après le sermon que je prononcerai dimanche à Thonon.

Adieu, mon cher frère, continuez à m'aimer ; votre amitié est ma seule consolation dans ces temps de malheurs.

55ᵉ LETTRE.

L'original est conservé au monastère de la Visitation d'Annecy.

A MONSEIGNEUR L'ARCHEVÊQUE DE BARI, NONCE DE SA SAINTETÉ A TURIN.

Saint François lui accuse le reçu d'un bref de Sa Sainteté ; il lui parle des prébendes des curés, et de la controverse qu'il veut soutenir avec les protestans.

1597.

Illustrissimo e Reverendissimo signore mio officiossimo,

Mi furono mandate le lettere di V. S. Ill., insième col breve di S. S. dal Signor Presidente Pobello, con grandissima diligenza ; si chè capitarono nelle mie mani in Tonone alli 23 di Giugno. Ringrazio infinitamentè V. A. Ill. del zelo con il quale ella si adopra per questi poveri popoli.

Quanto all'ordine, il quale il signor Ripa fa intendere essersi dato, si per la conservazione del luogho di monsieur di Avulli nel consistorio di Chiablais, si anche per la restituzione dell'intrata al curato di S. Giuliano, non ne ho sin adesso sentito nuova veruna.

Quanto poi a quello chè è stato promesso dalli cavalieri, è vèro chè il signor cavalier Bergera mi obbliga gl'affitavoli ; ma è vero ancora ch'io protestai di non voler litigar con essi chè erano tutti abitatori di Tonone, e non fa bisogno chè quelli i quali cercano di ridurli abbiano questi intrichi con loro, massime in questi calamitosissimi tempi e paesi, dove ogn'uno è povero.

Circa l'accresser li curati, persisto io a dire chè è convenientissimo chè non solo li cavalieri, ma quanti sono chè si ritrovano aver beneficii in Chablais, li lasciano in mano di Monsignor Reverendissimo, per darli a capaci, ma non mi par, chè debbano li signori Cavalieri con questi pretesti ritardar l'opra, e dire chè quasi tutti le cure siano nelle mani dè preti, per chè non saranno cinque preti chè godano pacificamente detti beneficii, e io non ne so, se non uno dè quelli cinque, il quale non sia querelato dall'istessi cavalieri. Equello sin adesso non ne ha cavato un sol quattrino, per esser stato impedito dalli 3 Genevrini, e nel resto ha spesa dal suo e delli suoi amici nell' opra di Chablais quanto basta per non esser gli rimproverato quel beneficio.

Ho ricevuto il breve di S. S. con ogni humiltà, e vederò di eseguire quanto in quello mi è commandato con ogni diligenza.

Monsignor R. Vescovo mi ha mandato una lettera per esser mandata a V. S. Ill. nella quale gli da raggnaglio della sanita ricuperata per gratia d'Iddio.

Il P. Cherubino glie scrive circa la conferenza, in chè stato siamo : temo chè li movimenti della Maurianna non ei diano gran disturbo, massime alla venuta del padre giesuita chè V. S. Ill. vuol for venire, e già chè mi domanda quale sia più utile, o vero il pettor di Torino, o vero il theologo francese chè legge in Milano. Stimo ch' il Francese tornera più a commodo, si per il commerzio della lingua, si ancora per parer nimor affettazione dalla banda nostra, già chè questa conferenza non ha da farsi, se non sotto nome di Monsignor Reverendissimo nostro. Ma Saria bisogno di tenerlo avvertito, acciò chè venga al primo avviso senza dilazione, per chè il differire non potrà essere se non nocivo. Abbiamo in Chamberi due padri giesuiti valenti, il P. Saunero e il P. Alessandro Scossere, e in caso che fossero chiusi i passi e le strade per venire, mi pare chè bastariano; è ben vero, chè questi Genevrini fanno gran difficoltà di ricevere giesuiti in questa conferenza, con dire chè sono nomini di stato, e esploratori d'Espagna; ma noi dal canto nostro faremo ogni sorte di instanza.

Quanto alla parrochia per la quale desideravo d'aver dispensa, il fratello del defunto curato pretende di esserne provisto per resignatione da Roma. Il chè se sarà vero non vorrei esser importuno con V. S. Ill. indarno. Aspetterò adunque di supplicarla sin tanto chè di Roma venga la rezoluzione per questo pretendente. Fra tanto mi fanno intendere chè il signor cantor della Metropolitana di Lione indirizza certi avvisi a monsignor l'Ill. Cardinale Legato in Francia circa le cose di Genevra, e per chè è persona di feda, mi è parso di dover darne avviso a V. S. Ill., acciò chè se per sorte scrivesse a detto Legato, e venesse a proposito, lo favorisca.

Le président Pobello m'a envoyé en toute hâte les lettres de V. S. I. ainsi que le bref de Sa Sainteté, et elles me sont parvenues à Thonon le 23 juin.

Je remercie infiniment V. S. I. du zèle avec lequel elle s'emploie pour les pauvres peuples.

Quant à l'ordre que M. Ripa fait entendre qu'il a donné pour la conservation de la place de M. d'Avulli dans le consistoire du Chablais, et pour la restitution de la rente au curé de Saint-Julien, je n'en ai eu jusqu'ici aucune nouvelle.

A l'égard de ce qui a été promis par les chevaliers, il est vrai que M. le chevalier Bergera oblige en ma faveur les fermiers, mais il est vrai encore que j'ai protesté ne pas vouloir plaider avec eux; car ils sont tous habitans de Thonon, et il ne faut pas que ceux qui cherchent à les ramener aient avec eux ces embarras, particulièrement dans ces temps et ces pays si calamiteux où tout le monde est pauvre.

En ce qui concerne l'accroissement des curés, je persiste à dire qu'il est très convenable que non seulement les chevaliers, mais encore quiconque jouit de bénéfices dans le Chablais, les abandonne entre les mains de Monseigneur Révérendissime, pour qu'il en pourvoie des sujets *idoynes*. Il ne me paroît pas que les susdits chevaliers, avec ces prétextes, doivent retarder l'œuvre, et dire que presque toutes les cures sont dans la possession des prêtres, parce qu'il n'y a pas cinq prêtres qui jouissent en paix de ces bénéfices, et dans ces cinq il n'y en a qu'un qui n'ait pas des différens avec ces chevaliers; ce prêtre jusqu'ici n'a pas tiré d'eux un seul quattrin. Il en a été empêché par les trois Genèvois, et, du reste, il a dépensé du sien et de celui de ses amis dans l'œuvre du Chablais, assez pour qu'on ne lui reproche pas ce bénéfice.

J'ai reçu le bref de S. S. avec toute humilité, et je verrai à exécuter avec toute diligence ce qui m'y est prescrit.

Monseigneur l'Évêque m'a adressé une lettre pour V. S. I. dans laquelle il lui annonce que par la grâce de Dieu, il a recouvré la santé.

Le père Chérubin vous écrit où nous en sommes pour

la conférence. Je crains que les mouvemens de La Maurienne ne nous donnent beaucoup de troubles, particulièrement à l'arrivée du père jésuite que V. S. I. veut faire venir. Déjà il me demande lequel est le plus utile, du professeur de Turin ou du théologien françois qui professe à Milan; j'estime que le François conviendra mieux, à cause de la langue; ainsi nous n'affecterons pas de mettre trop en avant notre compagnie. Cette conférence, d'ailleurs, ne doit se faire que sous le nom de notre Monseigneur Révérendissime. Il serait utile de l'avertir, ce François, afin qu'il arrive sans retard au premier avis; tout délai ne seroit que nuisible.

Nous avons à Chambéry deux pères jésuites excellens, le père Saulnier et le père Alexandre, Écossois. Dans le cas où les passages seraient fermés, il me paroît que ces religieux suffiroient.

Il est bien vrai que ces Genèvois feront grande difficulté de recevoir des jésuites dans cette conférence, en disant qu'ils sont hommes d'état et explorateurs de l'Espagne; mais nous, de notre côté, nous ferons toute sorte d'instances.

A l'égard de la paroisse pour laquelle je désirois avoir une dispense, le frère du curé défunt prétend en être pourvu par résignation de Rome. Si cela est vrai, je ne voudrois pas être inutilement importun à V. S. R. J'attendrai donc, avant de vous supplier, que Rome ait envoyé sa résolution sur ce prétendant. On me fait entendre que le chantre de la métropolitaine de Lyon adresse certains avis à Monseigneur le cardinal légat en France, relativement aux affaires de Genève; et comme ce chantre est une personne de foi, il m'a paru devoir en donner avis à V. S. I., afin que si par hasard elle écrit à ce dit légat, et si cela venoit à propos, il pût vous servir.

56ᵉ LETTRE.

L'original existe dans le monastère de la Visitation de Turin.

A UN GENTILHOMME.

Saint François l'informe de l'intention où il est de célébrer les 40 heures à Thonon, et de son projet de traiter des questions théologiques dans des conférences où les hérétiques seroient admis.

1597.

Illᵐᵒ e Revᵐᵒ Signor mio Ossᵐᵒ,

Ho ricevuto lettere dal P. Cherubino et di Monsieur di Avulli sopra un concetto chè han fatto insième di far le 40 hore di oratione in Tonone con la maggior decentia chè far si possa. Et passate le 40 hore di proporre delle dispute theologique authenticamente et invitarvi gl' heretici dogni intorno. Acciò chè non si lascii cosa veruna da tentar per scuotere quest' anime apestate dall' heresia. Mando adunque queste lettere con a V. S. Illma, et insieme per dire quanto me ne pare. Priegho V. S. Illma di credere chè quanto alle quarant' hore egli non puo esser se non cosa fruttuosissima. Il chè gia per i sperienza habbiam veduto nelle 40. Fatte lanno passato in Annemasse dove si fece un gran movimento nelle conscientie de gli heretici chè le viddero di quali se ne ridussero alquanti, et fu una grande consolatione alli catholici et spero chè in Tonone la cosa sara molto piu a proposito et utile. Quanto poi alle dispute spero certo,

chè saranno di grandissima edificatione, non ostante
tutte le ragioni, qualè puo trebbono parer in contrario.
Perche o no verranno et la vittoria ci resta, o vero verranno et in questo caso, oltra la ragione et verita, ha-
veremo queste grandi prerogative, chè staremo sopra
la defensiva, et si potranno fare nelle risposte delle pic-
cole essortationi. Ne la cosa e nuova d' invitare gl' heretici alle dispute poiche dal collegio di Turnone spes-
sissime volte sono stati invitati li ministri di Vivares et
Linguadocha. Et per haver trattato in particolar col
Beza, Faïa, Perrotto, Bel Castello et altri principalissimi
ministri, non vedo chè vi sia gran pericolo. Pero se cosi
parera a V. S. Illma saria molto a proposito, chè il R. B.
Giovanni Laurinio, quale intendo esser adesso in Milano si ritrovasse in questo concerto hora commandi
V. S. Illma quel tanto chè glie parero.

Mentre scrivevo, ecco chè e giunto qui il signor procurator fiscale di Chiablais persona catholicissima il
quale mi da nuova chè sabbato 14 del presente vennero
4 persone di Geneva in Tonone, fra i quali era un certo
Hermannus Lignarius, Tedescho, celeberrimo profes-
sore di theologia in Geneva. Il quale et Sabbato et Domenica in presentia di moltissime persone venne argu-
mentare et disputare col P. Cherubino et si scrisse di
banda et d' altra le risposte et argumenti et mi ha com-
municato detto signor procuratore fiscale il principio di
detta disputa nella quale il P. Cherubino ha fatto valen-
tissimamente, et con grande desterita. Havendo come
spero ben presto relatione et scritto più particolare di
quanto si e fatto. Ne daro subito raguaglio a V. S. Illma.
Detto Hermanno e in grandissimo concetto appresso gl'
heretici et e stato chiamato di Allemagna per esser sti-
mato soltilissimo, et tuttavia e stato impeditissimo col

P. Cherubino come dice detto procurator fiscale. Vado
pian piano disponendomi al viaggio. Con gran desiderio
di basciarli le ste-mani.

Illustrissime Seigneur,

J'ai reçu des lettres du père Chérubin et de M. de
Avulli sur le dessein qu'ils ont de faire les prières des
quarante heures à Thonon avec la plus grande dignité
possible. Ils proposeront après les 40 heures, des disputes théologiques, et ils inviteront tous les hérétiques
des environs, afin de n'omettre aucun effort pour se-
couer ces âmes infectées de l'hérésie. Je vous adresse
donc des lettres pour vous dire ce que j'en pense. Je prie
V. S. I. de croire que, quant aux quarante heures, ce ne
peut être qu'un exercice très fructueux. Nous l'avons
déjà éprouvé dans les 40 heures établies l'année dernière à
Annemasse où elles occasionèrent un grand mouvement
dans les consciences des hérétiques qui y assistèrent.
Parmi eux un grand nombre fut ramené, et ce fut une
grande joie pour les catholiques. J'espère qu'à Thonon
la chose sera encore plus à propos et plus utile. Quant
aux disputes, j'espère aussi qu'elles seront d'une grande
édification, nonobstant toutes les raisons qu'on pourroit
opposer. Car, ou les hérétiques ne viendront pas, alors
la victoire nous reste, ou ils vlendront, et outre la
raison et la vérité, nous aurons ces grandes préroga-
tives que nous nous tiendrons sur la défensive, et à l'occasion des réponses, nous pourrons faire de petites
exhortations. Ce n'est pas une chose nouvelle d'inviter
les hérétiques à des disputes, puisque le collège de

Tournon a très souvent invité à de semblables débats les ministres du Vivarais et du Languedoc, et après avoir traité en particulier avec Bèze, Lafaye, Perrot, Beau-Château (1) et autres principaux ministres, je ne vois pas qu'il y ait un grand danger.

Si V. S. I. jugeoit à propos que le R. B. Jean Laurin que je sais être actuellement à Milan se trouvât à cette conférence, que V. S. en ordonne ce qu'elle voudra.

Pendant que j'écrivois, est arrivé M. le procureur fiscal du Chablais, sujet très catholique; il m'apprend que samedi 14 du présent, il vint à Thonon quatre personnes parmi lesquelles se trouvoit un certain Hermannus Lignarius, Allemand, très célèbre professeur de théologie à Genève. Le samedi et le dimanche il argumenta en présence de beaucoup de monde, et il disputa avec le P. Chérubin, et l'on écrivit de part et d'autre les réponses et les argumens. Ce procureur fiscal m'a communiqué le commencement de cette dispute dans laquelle le père Chérubin s'est comporté très bravement et avec une grande dextérité. J'aurai, je l'epère, dans peu une relation écrite plus détaillée de ce qui s'est dit. J'en donnerai sur-le-champ connaissance à V. S. I. Ledit Hermannus est en grande action auprès des hérétiques. Il a été appelé d'Allemagne parce qu'il est très subtil. Cependant au dire du procureur fiscal, cet Allemand a été très embarrassé avec le père Chérubin. Je vais tout doucement me disposant à mon voyage avec un grand désir de vous baiser les mains.

---

(1) Il ne faut pas confondre ce nom avec celui d'Hyppolite Beauchâteau, né vers 1646, qui abjura la religion catholique et se fit ministre protestant en 1675. Du reste, il s'agit peut-être ici d'un ministre nommé Belcastel.

57ᵉ LETTRE.

L'original est conservé dans le monastère de la Visitation de Turin.

A S. E. LE COMMANDANT DES TROUPES DE S. A.

Saint François l'entretient de l'heureux effet qu'il attend de la célébration des 40 heures, et prie S. E. de ne pas passer par Thonon
dans la crainte que sa présence n'en divertisse les habitans.

1597.

Eccᵐᵒ Sigʳ Ossᵐᵒ

Siamo in prociuto di celebrar la oratione delle qua-
ranta hore in questa terra domenica 23 di questo mese
secondo il beneplacito di S. Santità e di S. A. Havendo
procurata la preparatione necessaria a cotesta impresa
non senza grandissima spesa parte fatta dalla limosina
concessa dalla Santa Sede, parte di quella di S. A. et si
inviranno questa sèttimana moltissimi popoli si dalla
banda de Valesani, chè da quella di Friburgo, et da ogni
intorno ancora, per venir a questa solennità ; la quale si
è preparata per la conversione di questa gente heretica
et se ne spero un frutto grandissimo a gloria d'id Dio et
salute dell'anima. Hora ci vien detto, chè V. Ecc. con le
sue forze esse per pigliar la strada del suo ritorno costi;
il chè se facesserè cosa certissima chè detta celebratione
delle 40 hore non potrà farsi per nessun conto. Poichè
gli habitatori carghi de soldati non poran assistere, anzi

per quanto si risolvono, lasciaran le case vode et passarano il lagho ; et li forestieri non verrano si chè questa divotione preparata con tante spese et fatighe tanta speranza di buon frutto, con particolar licentia di Sua Sta et di S. A. et con tanta fama appresso l'inemici della santa fede, si risolvera in fumo, non senza cattivissimo esempio, et grandissimo scandalo alli catholici et agli heretici et perdita di una occasione quale quale forse non ci ritornarà mai nelle mani de fruttificar fra questa gente con un disgusto grandissimo di S. Beatitudine et Monsignor Nuntio. Per il chè supplichiamo con ogni humiltá possibile V. E. et la scongiunàmo per le viscere di Cristo et per quanto sangue ha sparso per le anime, la cui salute procuriamo col mezzo di queste divozioni di degnarsi di pigliar altra strada per il suo viaggio et lasciar questa libera al Salvatore. Il chè se si degnarà di fare, sia poi certa ch' Iddio benedetto l' havera per gran servitio di S. D. Majestà, e ne tenà buòn conto nel giorno del giudirio. Faccia adunque V. Ecc. di quel valoroso et zelante animo ch'ella tiene, questo servitio all' honore d'Iddio. Diranno bene ancora, chè non sappiamo chi l'habbia avvisata di questa strada, ma chè vè un passo appresso il lagho fra Evian et S. Mauritio il più horribile et pericoloso in questo tempo, nel quale le acque di detto laglio crescono chè si possa immaginare. Confidatici dunque nella pietà bontà, et zelo di S. Ecc. chè mandiamo questo nostro compagno, et fratello sacerdote, il qual anco esso con parole potra darghe avviso di quanta importantia saria il scandalo, chè verrebe dalla cessatione della solemnità preparata et fra tanto staremo certi, chè per honor d'Iddio et della Corte celeste V. Ecc. concederà quanto addimandiamo con tanto ardore et humiltà, chè maggior non si può trovare,

Restando in eterno si per li suoi meriti si per questo beneficio et atto di zelo tanto segnalato

Di V. Eccellentia

Humiliss° et divotissimo servidore in Christo.

Excellentissime Seigneur,

Nous sommes en mesure de célébrer les prières des 40 heures dans cette terre, dimanche 23 de ce mois, avec l'agrément de Sa Sainteté et de Son Altesse ; les préparatifs nécessaires à cette entreprise n'ont pas été faits sans de grandes dépenses de sommes provenues en partie d'une aumône de Sa Sainteté, et en partie des bienfaits de Son Altesse. Cette semaine, beaucoup de populations viendront du côté du Valais et du côté de Fribourg, et encore de tous les environs, assister à cette solennité. Ainsi disposée pour la conversion des hérétiques, on en espère un grand fruit pour la gloire de Dieu et le salut des âmes.

Maintenant on nous dit que V. E., avec ses troupes, doit, à son retour, passer par ici. Si vous agissez ainsi, il est certain que cette célébration des 40 heures ne pourra se faire d'aucune manière ; les habitans, surchargés de soldats, ne pourront y assister ; au contraire, comme ils l'ont résolu, ils laisseront les maisons vides, et passeront le lac, les étrangers ne viendront pas ; alors, cette dévotion préparée avec tant de sacrifices et de fatigues, tant d'espérance d'un bon succès, avec la permission de Sa Sainteté et de Son Altesse, et enfin, avec tant de renommée auprès des ennemis du Saint-Siége, se résoudra en fumée. Ce ne sera pas sans un mauvais exemple et un très grand scandale pour les catholiques et les hérétiques, et la perte d'une occasion qui ne se retrouvera jamais de porter des fruits parmi ces habitans : enfin, sa Béatitude et Monseigneur le Nonce en éprouveront un très 'grand déplaisir. En conséquence, nous supplions V. E., avec toute l'humilité possible, et nous la conjurons, par les entrailles de Jésus-Christ et par ce sang qu'il a répandu pour les âmes, dont nous opérons le salut par le moyen de cette dévotion, de daigner prendre une autre route pour son voyage, et de laisser celle-là libre au Sauveur. Si vous daignez le faire, soyez assuré que le Tout-Puissant l'aura pour agréable à sa Divine Majesté, et en tiendra compte dans le jour du jugement.

Que V. E. fasse donc de cet esprit zélé et généreux qu'elle a reçu, ce service à l'honneur de Dieu ! Nous dirons de plus, que nous ne savons pas qui a pu lui conseiller cette route. Mais il y a un pas, près du lac, entre Evian et Saint-Maurice, le plus horrible et le plus dangereux dans ce temps-ci, et où les eaux du lac croissent au-delà de ce qu'on peut imaginer.

Pleins de confiance dans la bonté, le zèle et la piété de V. E., nous lui envoyons ce prêtre, notre compagnon et frère, qui pourra aussi verbalement lui dire, de quel danger seroit le scandale de la suppression de la solennité préparée. En attendant, nous vous assurons que pour l'honneur de Dieu et de la Cour céleste, V. E. nous accordera ce que nous lui demandons avec une ardeur et une humilité qui n'ont pas d'égales. Nous serons éternellement, tant pour vos qualités que pour ce bienfait et cet acte de zèle si signalé,

De Votre Excellence,

Le très humble et très dévoué serviteur en J.-C.

58e LETTRE.

L'original est conservé dans les Archives de la Visitation d'Annecy.

A UN GENTILHOMME ÉLEVÉ EN DIGNITÉ.

Saint François lui recommande instamment les affaires
du Chablais.

1598.

Monsieur,

L'espérance qu'on me donnoit d'avoir bientôt l'honneur de vous voir de deçà, me faisoit attendre de vous supplier humblement pour beaucoup de grandes nécessités ecclésiastiques qui sont en ce diocèse. Mais puisque nous sommes encore incertains de la jouissance du bien de votre présence, j'ai prié le sieur Goltri, présent porteur, d'aller à Chambéri pour apprendre de vous, Monsieur, quelle issue ces bonnes affaires pourront avoir. C'est que les paroisses d'Armoy, Reyvre, Draillant, Thonex sont entièrement dépourvues de pasteurs, n'ayant autre assistance que d'une visitation toutes les semaines que les plus voisins curés y font. Or, Monsieur, il n'est possible que, de cette privation de gens d'église, il n'arrive beaucoup d'inconvéniens, et il seroit bien plus raisonnable que messieurs les chevaliers de Saint-Maurice fussent sans biens ecclésiastiques, que non pas que les peuples fussent destitués de l'office requis à leur salut. Il y a encore plusieurs autres paroisses qui ne sont pas assorties de leurs besoins, comme Tho-

non qui n'a point de curé, ains seulement des vicaires ;
Ivoire en est de même et quelques autres, à quoi messieurs les chevaliers sont tenus de fournir et pourvoir
quant aux portions congrues, comme moi quant aux
personnes. Ils n'ont plus aucun sujet de se plaindre de
l'excessivité des portions, puisque, Monsieur, elles ont
été réduites en votre présence à la plus modérée qualité qu'elles pouvoient avoir. Il ne reste donc que d'accomplir ce qui fut arrêté. Les mêmes seigneurs chevaliers commencent à prendre possession de certaines
autres commendes nouvellement érigées, sur des
prieurés et bénéfices ecclésiastiques. Il sera requis que
tout de même, sur chacun d'iceux on prenne des portions congrues pour les curés, afin qu e le service pour
lequel le s biens furent mis en l'Église ne soit pas du
tout délaissé : et si en ce commencement cela ne se fait,
il sera par après mal aisé de le faire, d'autant que la
douceur de la possession rendra les commandeurs difficiles à lâch er.

Il y a quelques honnêtes personnes qui veulent revenir à l'Église, et quitter l'hérésie, et qui désireroient,
à cet effet, quelques petites faveurs de V. E., laquelle
pour ce regard on entendra les particularités du porteur, et lui en dira ses volontés.

Je ne sais, Monsieur, si je dois plus rien espérer pour
le collége de cette ville, qui a tant besoin des pères jésuites, mais je sais bien que je n'en puis rien espérer
que par l'assistance de votre charité : la grandeur de
laquelle me promet qu'elle me pardonnera si je vous
donne tant et si souvent de l'importu nité.

Je prie N. S. pour votre conservation et prospérité,
demeurant très obligé d'être, etc.

59ᵉ LETTRE

Tirée du 5ᵉ volume du 2ᵉ procès de la canonisation de saint François, pag. 131, conservé au monastère de la Visitation d'Annecy.

——

Lettres patentes par lesquelles le duc de Savoie, Charles Emmanuel 1ᵉʳ, nomme saint François coadjuteur de l'Evêque de Genève, Claude de Granier.

29 août 1598.

A tous ceux qui ces présentes verront, savoir faisons : Qu'étant dûment informé du saint zèle que très révérend père en Dieu, notre très-cher bien amé, féal conseiller et dévot orateur, messire Claude de Granier, évêque de Genève, a de faire colloquer en son évêché, par coadjutorerie, ou autrement, homme capable de telle charge, conforme à notre intention, qui a toujours été qués bénéfices dépendant de notre nomination les personnes méritantes soient préférées aux autres. A cette cause, ayant remarqué la doctrine très exemplaire et autres rares qualités qui reluisent en notre très-cher et bien aimé docteur Messire François de Sales, prevôt de Saint-Pierre de Genève, eu d'ailleurs égard aux travaux que ci-devant il a supportés, et à présent supporte, à la conversion des dévoyés de notre religion, riere notre duché du Chablais, de quoi nous savons aussi Sa Sainteté être informée ; avons par ces présentes, en vertu des concessions et indults que nous avons du Saint-Siège apostolique, icelui nommé et présenté, nommons et présentons audit évêché de Genève suppliant notre très-saint père le Pape et le sacré collége des cardinaux, qu'ils veuillent, à notre nomination, pourvoir ledit Messire François de Sales dudit évêché, soit par coadjutorerie ou autrement, lui octroyant les dépêches sur ce nécessaires, et pour meilleure assurance de notre volonté avons signé les présentes de notre main, et y fait apposer notre sceau accoutumé.

Donné au camp de Barreaux, ce 29e jour d'août 1598.

S. C. EMMANUEL, et plus bas Vᵃ pour M. le grand chancelier, ROCHETTE, et plus bas RONCAS.

60e LETTRE

Tirée des volumes de la seconde canonisation de saint Faançois de Sales, 5e vol., pag. 125, conservé dans le monastère de la Visitation d'Annecy.

S. A. CHARLES EMMANUEL Iᵉʳ, DUC DE SAVOIE, A SAINT FRANÇOIS DE SALES.

S. A. témoigne à saint François ses bonnes dispositions pour le rétablissement de la religion catholique en Chablais.

Villeneuve, 15 septembre 1598.

Révérend, cher, bien-aimé et féal orateur,

Peu après la lettre que vous avons écrite du jourd'hui est arrivée la vôtre du 18, qui nous a apporté un très grand contentement et ensemble rempli de toute consolation, voyant tant d'âmes bien disposées pour se remettre au vrai chemin. A quoi nous sommes tout disposés pour les y assister de notre puissance et y apporter tout ce que nous pourrons, soit en luminaires que pour fournir à la dépense, ainsi qu'écrivons au père Lambert de faire; si autre ne retarde le légat, il s'y trouvera de mardi prochain en six jours non compris le mardi, et nous un peu auparavant; ne le désirons pas moins que vous; atant prions Dieu qu'il vous soit en sa garde.

61e LETTRE.

L'original est conservé aux Archives de la cour de Turin.

A MONSEIGNEUR L'ARCHEVÊQUE DE BOURGES.

Saint François le supplie d'expédier les mandats pour le paiement de cent écus de pension au curé de Gex.

1598.

Monseigneur l'archevesque de Bourges avoit ordonné à ses fermiers du doyenné de Gex qu'ilz eussent à payer cent escus de pension annuel au curé de Gex, pendant que ledit doyenné seroit entre leurs mains.

Lesdits fermiers n'ont payé qu'une partie de ladite pension et le reste leur est demeuré entre les mains.

On ne le peut retirer qu'en vertu des accensemens et mandats de mon dit seiguenr de Bourges. Qui fait recourir à luy et le supplier très humblement qu'il luy playse faire deslivrer les ditz accensemens et mandats au curé, afin qu'il puisse exiger les dits restes argent

pour les employer à la réparation des bastimens ecclésiastiques, à quoy les revenus présens dudit doyenné
entièrement remis au dit curé, par la charité de mon
dit Seigneur, avec quelques autres aumosnes données à
cett' intention, ne peuvent nullement suffire.

62e LETTRE.

L'original est conservé au monastère de la Visitation d'Annecy.

**L'ARCHEVÊQUE DE BARI, NONCE DE SA SAINTETÉ, A
SAINT FRANÇOIS DE SALES.**

Il lui demande des informations sur des bénéfices du Chablais.

Mondovi, 1 settembre 1599.

Molto Reverendissimo Signore,

Sono restato maravigliato, chè dopo la partita di
V. S. da Piemonte, io non abbia avute più lettere sue
le quali desiderava principalmente per intendere la sua
salute, e di Monsignor Reverendissimo di Geneva, e
per sapero qualche progresso delle cose di Tonone, e
chè risoluzione ella abbia riportata dal parlamento di
Chamberi circa l'entrate chè si dovevano applicare alli
curati della religione di S. Lazaro. — N. Sig^{re}, per dar
principio ad ajutar l'opera di Tonone, si è risoluto di
mantenersi sei gesuiti a spèse sue, e me l'ha ordinato, chè
giunti chè saranno, io li rimetta trenta sei scudi d'oro
il mese, a ragione di sei scudi d'oro il mese per ciascuno

delli spogli del Piemonte. Il P. Generale, conforme alla volontà di N. Sign^re, ha dato ordine al P. Provinciale di Lione di mandare detti Padri quanto prima a Tonone, e V. S. ne potrà anco far instanza al medesimo Provinciale per affrettar la loro venuta li quali arrivati chè saranno, V. S. me ne potrá dar avviso col modo chè averò da tenere a far la rimessa delli suddetti denari.

Circa il memoriale, chè V. S. mi lassà sopra diversi capi che concernevano il servizio della chiesa di Geneva, io ne ho fatto più volte instanza a S. Sta, la quale, pochi giorni sono, mi fece scrivere dal Sig^r Cardinale Aldobrandino, chè avrebbe spedito un Breve in persona mia dandomi facoltà di provvedere a tutto, e bisognerebbe, chè qualcheduno le sollecitasse a Roma a nome di Mr Vescovo.

Fra li suddetti cappi, cen' è un del quale mando à V. S. copia, chè patisse difficoltà per essere assai oscuro, e sopra il quale io non ho potuto dare altra informazione. Per intelligenza di esso, si desidera di sapere da V. S. , se le prebende monacali chè si hanno da applicare per la sustentazione dei canonici teologali siano vacanti, oppuro si ha da fare l'applicatione per quand quando vacherano; di più quanti priorati o monasterii si trovino nella diocesi di Geneva, per poter fare la soppressione di una prebenda monacale per priorato o monasterio, e di più se ei sia stato mai esempiò chè delle prebende monacali siano state applicate à canonici secolari, e in chè maniera li monaci accetterebbero questa soppressione. Di più perche V. S. dice chè questi canonici teologali solo necessariissimi in molti luoghi, si desidera sapere in quanti luoghi sone erette queste chiese collegiali........ Perchè altro volto si dice, chè la diocesi di Geneva è copiosa di cure, ma non di chiese collegiale, dove ci siano canonici teologali, non potendene essere più di uno per chiesa con l'assegnamento della prebenda teologale, pero V. S. sarà contenta di darmi quanto prima distinta informazione sopra tutti questi particolari, chè sono necessarii di sapero prima chè si faccia la soppressione delle prebende monacali ; e me le offero e raccomando di cuore,

Di V. S. mol° rev°

Come frat. affect°

G. CESARE, Arcivescovo di Bari.

Très révérend Seigneur,

J'ai été étonné de ce que depuis votre départ du Piémont, je n'ai plus eu de lettres que je désirois principalement pour avoir des nouvelles de la santé de V. S. et de celle de Monseigneur révérendissime de Genève, et pour savoir quelque progrès des choses de Thonon, et enfin pour apprendre quelle résolution vous aviez rapportée du parlement de Chambéry, relativement aux rentes applicables aux curés de l'ordre de Saint-Lazare.

N. S. le Pape, pour commencer à venir en aide à l'œuvre de Tonon, a résolu d'y entretenir six jésuites à ses frais, et m'a ordonné de leur remettre, aussitôt après leur arrivée, trente-six écus d'or par mois, à raison de six écus d'or pour chacun, à prendre sur les revenus en Piémont.

Le Père général, en conformité de la volonté de N. S., a donné ordre au Père Provincial de Lyon d'envoyer ces religieux le plus tôt possible à Thonon. V. S. pourra en écrire aussi audit Père Provincial, pour faire hâter leur arrivée. Aussitôt qu'ils serout venus, V. S. pourra m'en donner avis. Elle m'indiquera ce que j'aurai à faire pour la remise des susdits écus d'or.

A l'égard du mémoire que V. S. m'a laissé sur diverses questions concernant le secours de l'église de Genève, j'en ai plusieurs fois entretenu S. S.; il y a peu de jours, elle m'a fait écrire par M. le cardinal Aldobrandini, qu'elle m'expédieroit un bref qui m'attribueroit faculté de pourvoir à tout. Il faudroit que quelqu'un à Rome sollicitât l'expédition de ce bref, au nom de monseigneur l'Evêque.

Parmi les susdites questions, il y en a une dont j'envoie copie à V. S. Il s'élève des difficultés à cause de l'obscurité de la demande sur laquelle je n'ai pu donner d'autre information.

Pour mon intelligence complète, on désire savoir de V. S., si les prébendes monacales qu'il faut appliquer à l'entretien des chanoines théologaux sont vacantes, ou si on doit en faire l'application, quand elles vaqueront. De plus on désire savoir combien il se trouve de prieurés et de monastères dans le diocèse de Genève, afin de pouvoir faire la suppression d'une prébende monacale par prieuré, ou par monastère, et encore s'il y a eu des exemples que des prébendes monacales aient été attribuées à des chanoines séculiers, et de quelle manière les religieux recevroient la suppression.

Comme V. S. annonce que les chanoines théologaux sont très nécessaires, dans beaucoup d'endroits, on désire savoir en combien de lieux sont érigées ces églises collégiales; car, d'un autre côté, on prétend que le diocèse de Genève est très abondant en cures et non en églises collégiales, où il y ait des chanoines théolo-

gaux : en effet il ne peut pas y en avoir plus d'un par
église avec l'attribution de la prébende théologale.
V. S. voudra donc bien, le plus tôt qu'il lui sera possible, m'envoyer des informations claires sur cela, qu'il
faut bien connaître avant de consommer la suppression
des prébendes monacales.

Je suis de V. S. le très affectionné, comme frère,

JULES CÉSAR, archevêque de Bari.

63ᵉ LETTRE.

L'original est conservé aux Archives de la cour de Turin.

A S. A. CHARLES EMMANUEL 1ᵉʳ, DUC DE SAVOIE.

Saint François entretient Son A. de l'amitié qui existe entre l'évêque
de Genève et l'archevêque Gribaldo, envoyé par le Saint-Père ;
il parle ensuite de l'établissement des jésuites à Annecy.

A Thonon, 26 sept. 1599.

Monseigneur,

Suyvant le commandement que Monsieur d'Avulli
m'a porté de la part de V. A. de maintenir Monseigneur
le Reverendissime Evesque de Genève en bonne intelligence avec Monsieur l'Archevesque Gribaldo envoyé
par nostre Saint-Père, il m'a semblé que je devois l'asseurer, qu'il ne s'est jamais rien passé entre eux, qu'avec
toute sorte de discrétion, amitié et fraternité. Et crois
que Sa Sainteté n'aura que très bonne satisfaction du

rapport qu'il aura de l'estat de ces affaires ; mesmement, après ce bon commencement donné pour le collége des Pères Jésuites, l'une des pièces fondamentales de tout ce saint édifice. Seulement seroit-il expedient de faire paroistre quelque peu d'acheminement pour l'heberge, puysque comme j'ay apperceu, Sa Sainteté l'affectionne bien outre. Je prieray à jamais pour la prosperité de V. A. de la quelle je suis et dois estre,

Monseigneur,

Très humble et très obéissant serviteur et sujet,

FRANÇOIS DE SALES,
Prevost de Genève.

64ᵉ LETTRE

Tirée du 5ᵉ vol. du 2ᵉ procès de la canonisation de saint François, pag. 123, conservé au monastère de la Visitation d'Annecy.

L'ARCHEVÊQUE DE BARI, NONCE APOSTOLIQUE, A TURIN, A SAINT FRANÇOIS DE SALES.

Il lui parle des bénéfices du Chablais, de l'union des prébendes, et l'entretient de la situation de la foi catholique à Thonon.

Mondovi, li 2 di novembre 1599.

Molto Reverendo Signore,

N. Sⁿᵉ mi ha conceduto faculta di poter assolvere, e dispensare quelli poveri uomini chè avendo contratto e consumato il matrimonio si trovarono parenti in terzo e quarto ; et qui alligata mando l'assolutione e dispensa commessa al Sig^r vicario di Geneva.

Sto aspettando riposta da V. S. delle prebende monacali da erigersi in prebende theologali canonicali, acciò di tutte le cose attinenti alla diocesi di Geneva si possa far insième una spedizione.

A S. Sta stata gratissima la relazione di Monsr Arcivescovo di Vienna intorno alle cose di Tonone, e ora spero chè infaillibilmente si spediranno le bolle dell' unione delli tre priorati chè ha fatta a quelle casa e insième di cinque cènto scudi di pensione per venti cinque anni sopra la chiesa di Bizanzone, con gl' altri privilegii che già avrà veduti con la lettera del patre fra Cherubino chè le mandai. Onde spero in Dio chè il frutto cressera sempre più collo mezzo della diligenza di V. S. chè è stata principal instrumento di questa opera. Con chè fo fine, e me le offerisco e raccommando di cuore.

Di V. S. molto Reverenda,

Come fratello affettuosissimo

G. Cesare, Arcivescovo di Bari.

—————

Très révérend Seigneur,

Notre-Saint Père m'a accordé le pouvoir d'absoudre ces pauvres gens qui, nonobstant leur alliance au troisième et au quatrième degré, se sont unis en mariage et l'ont consommé, et de leur délivrer des dispenses. J'envoie ci-joint et l'absolution et les dispenses que je commets aux soins de M. le vicaire de Genève.

J'attends la réponse de V. S. sur les prébendes conventuelles qui doivent être converties en théologales et canoniales, afin que toutes les affaires qui concernent le diocèse de Genève puissent être terminées en même temps.

Sa Sainteté a été agréablement satisfaite de la relation de Monseigneur l'Archevêque de Vienne sur les affaires de Thonon. A présent j'ai l'espoir qu'on expédiera les bulles pour la réunion des trois prieurés, en même temps pour le paiement des cinq cents écus provenant des vingt-cinq années de pension sur l'église de Besançon; et encore pour les autres privilèges dont vous devez avoir eu connoissance par la lettre du père Chérubin que je vous ai envoyée. Par la confiance que j'ai en Dieu, je suis sûr que le bien ne pourra que s'accroître toujours plus, surtout avec le zèle de V. S. qui a été le principal instrument de ces œuvres.

Je finis en offrant à V. S., à laquelle je me recommande de tout mon cœur, l'hommage de mes sentimens d'affection envers elle.

De V. S. très révérende,

Le très affectueux comme frère,

J. César, archevêque de Bari..

65e LETTRE.

L'original est conservé au monastère de la Visitation d'Annecy.

A S. A. CHARLES EMMANUEL 1er, DUC DE SAVOIE.

Saint François mande à S. A. que son voyage de Rome a été retardé par une maladie, et il le prie d'ordonner aux chevaliers de Saint-Maurice et de Saint-Lazare d'exécuter la promesse qu'ils ont faite de fournir à l'entretien de six curés dans le Chablais.

1599.

Monseigneur,

Il a plu à N. S. de retarder par une longue et grosse maladie le voyage de Rome, pour lequel j'avois reçu les commandemens de Votre Altesse lorsqu'elle étoit à Barreaux, et par lequel j'espérois d'obtenir pleine provision pour les gens d'église qui se fussent employés à l'instruction du peuple de Chablais qui auroit affection de se réduire à la sainte foi, selon le saint zèle avec lequel V. A. avoit fait une très ample déclaration à Sa Sainteté, qu'elle consentoit que toutes les cures fussent employées à cet effet. Cependant le temps qui va fuyant, nous a portés en une nouvelle année, et je crois que V. A. se ressouviendra que l'année passée, après plusieurs déclarations de sa bonne intention qu'elle avoit de pourvoir à l'entretenement des gens d'église qui seroient employés pour le service de Dieu au duché de Chablais, messieurs les chevaliers de St-Lazare promirent en fin finale à monsieur le Nonce de donner

chaque année six pensions pour autant de gens d'église;
mais pour ne les forcer pas de premier coup, ils ne firent cette première année-là que la moitié de ce qu'ils
avoient promis, qui fut cause de réduire les six à trois.
Or pensois-je que cette année ils enverroient les commandemens nécessaires à leurs fermiers pour faire délivrer tout entièrement les six pensions promises, afin
non seulement de conserver l'exercice commencé en
trois lieux par les trois ecclésiastiques déjà établis; mais
voyant qu'ils n'en tiennent aucun compte, je suis contraint de recourir à la bonté de V. A. pour la supplier
très humblement que comme par son autorité et zèle
elle tira la promesse desdits seigneurs chevaliers, il lui
plaise aussi d'en faire sortir l'effet, commandant à ses
officiers et ministres de Chablais de faire saisir sur le revenu des cures ces six pensions au profit des trois curés
déjà constitués et de trois autres qu'on y établira tout
aussitôt que l'on aura le moyen de les entretenir; autrement, Monseigneur, le service cessera tout à coup là
où il est commencé, qui sera un grand scandale et perte
d'âmes, et ne se trouvera personne qui veuille plus y
aller, pour y être à la merci de la provision de messieurs
les chevaliers. Cependant, voici une preuve certaine de
la nécessité que l'on a en ce pays-là de beaucoup d'ouvriers spirituels; ces bons paysans députés de plusieurs
paroisses vont supplier Votre Altesse de leur ordonner
moyen de refaire leurs églises, et d'avoir des pasteurs
catholiques. Je puis dire avec vérité que la plupart des
villages du bailliage de Thonon sont de même volonté,
pour tous lesquels je prie Dieu de tout mon cœur qu'il
les fasse jouir des désirs qu'il a mis en eux; et supplie
Votre Altesse en toute humilité qu'elle leur fasse voir la
grandeur de l'affection qu'elle a à l'honneur de Dieu,

puisque l'accueil et faveur que leur simplicité recevra de Votre Altesse servira de mesure et de règle à tout le reste de Chablais, et enfin même à ceux de la ville de Thonon, quoiqu'ils semblent maintenant revêches et rebelles à la lumière; aussi est-ce l'ordinaire que les pauvres et simples embrassent plus volontiers le crucifix que les riches et sages mondains. Ce furent des bergers qui les premiers adorèrent N. S. né. Je pensois bien obtenir de Sa Sainteté la restitution universelle des cures des bailliages, suivant l'exprès consentement que V. A. en avoit donné par écrit, si Dieu n'eût retardé par une longue maladie le voyage de Rome, pour lequel j'avois pris à Barreaux les commandemens et le congé de V. A. Ce sera incontinent que je me verrai assez fort pour l'entreprendre.

Je prie très instamment N. S. qu'il vous donne.

66ᵉ LETTRE.

L'original est conservé au monastère de la Visitation d'Annecy.

A L'ARCHEVÊQUE DE BARI, NONCE DE SA SAINTETÉ, A TURIN.

Saint François lui parle des obstacles pécuniaires qui s'opposent au service de Dieu dans le Chablais.

Dicembre 1599,

Mi vennero insième due lettere di V. S. Illma e Rma l'ultimi giorni de l'anno passato, una del 7 di decembre, e l'altra per duplicata di una precedente del 20 di ottobre, con copia della lettera scrittagli dal P. Cherubino da Roma alli 2 dell' istesso mese di ottobre, delle quali duplicato e copia li originali non mi sono mai giunti nelle mani, e mentre all' ora mi ritrovai ammalato di un poco di febre della quale pure io sono stato libero in poco tempo.

Nella lettera del padre Cherubino vedo due cose; una è la risposta chè egli fa alli punti ricercati da N. S., circa la quale già chè la relazione mandata da Monsr Arcivescovo di Vienna è assai più distinta e copiosa, non mi pare di poter dire altro, se non chè intorno all' articolo delli soggetti ecclesiastici, ve ne sonò moltissimi altri valenti delli quali, parte si è scordato il padre Cherubino, e parte non li conosce per esser venuti dòpo la sua partenza; come sono li canonici Deagio, Grandis, Gottrio, Bochuto, tutti dottori e letteratissimi, oltre alli quali ne abbiamo altri chè, se bèn non sono dottori, sono però molto letterati, e altri in numero chè quest' anno si addotoreranno in Avignone, a tal chè circa questo non mi par chè vi fosse difficoltà veruna; ma in questo restiamo inchiodati chè non siè modo nessuno di dar a questi valenti uomini ricapito conveniente alle loro qualità, e essercizii; si come per esperienza si vedo nel signor Nouvellato (del quale scrive il P. Cherubino); il quale avendo fatto venir per mille scudi de libri, con intenzione di usar il restante de gl' anni suoi a benficio della patria sua, non ha potuto ancor aprire detti libri, ne adoperar il suo volere per mancamento di comodità ; per chè con tutto ciò chè sia canonico della chiesa di Genova, essendo valetudinario e gia di cinquanta cinque anni, dimeno mente, eccepto la fame, patisce gran povertà ; si come farebbero tutti gl' altri, se non avesse ricorso dalle loro case paterne.
16

E vero chè S. A. avendolo sentito nominare, lo volso e vedere e sentire, e cavatone gran gusto, disse chè gli voleva dar ducentó scudi di pensione sopra la badia di Pignerolo, e fra tanto chè scriverebbe all' abbate di Abondanza, acciò chè delle cinque o sei prebende vacanti della sua badia, le quali sono dalli negotiatori messe in *corbonam* ne fossero date due al detto dottor per questo anno : ma tutti questi favori non sono altro chè segni della bontà del Prencipe, e del restante cibi di Cameleone. E questo ho voluto dire a V. S. Ill. per sommaria ragione de l'impedimento del progresso del servitio dI'ddio in queste bande. Onde si può dire col P. Cherubino chè essendovi il modo, potrà farsi una buona e utile opra in questa diocesi, e far come un seminario di sacerdoti, da prevalersene in ogni occorenza, massime in questi contorni.

Ma circa questi buoni scriver abbiamo già celebrato solennemente la festa delle Concettioni, con tutte le Ottave, voglia Iddio chè possiamo celebrar la festa del parto, e Nascimento almeno in questo anno giubileo.

Cœtera desunt.

J'ai reçu à la fois deux lettres de V. S. Ill. et R. les derniers jours de l'année dernière, une du 7 décembre et l'autre en duplicata d'une précédente du 20 octobre, avec une copie de la lettre que vous a écrite de Rome le père Chérubin le 2 dudit mois d'octobre. Les originaux et la copie, jointe à ce duplicata, ne m'étoient jamais parvenus. Alors j'étois malade d'un peu de fièvre dont je ne suis délivré que depuis peu de temps.

Je vois deux choses dans la lettre du père Chérubin :
la première, la réponse qu'il adresse aux deux questions
faites par Sa Sainteté; à cet égard, la relation envoyée par monseigneur l'Archevêque de Vienne
est plus distincte et plus étendue; il n'y a pas, selon
moi, autre chose à dire, sinon que relativement à l'article des sujets ecclésiastiques, il y en a beaucoup
d'autres très recommandables. Le père Chérubin ne
s'est pas souvenu des uns, et il ne connoît pas les
autres, parce qu'ils sont venus après son départ, tels
que les chanoines Deage, Grandis, Goltri, Bochuto,
tous docteurs et très lettrés. Nous en avons encore
d'autres qui, s'ils ne sont point docteurs, sont cependant
très lettrés, et d'autres en grand nombre qui se feront
recevoir docteurs à Avignon. Ainsi il me paroît que sur
cela il n'y aura aucune difficulté. Le point qui nous ar-
rête est qu'il n'y a pas moyen de donner à ces hommes
recommandables un sort convenable à leurs qualités, et
à leurs exercices, ce que je vois par expérience pour
le père Nouvellato dont parle le père Chérubin. Il a
fait venir pour mille écus de livres, avec l'intention de
consacrer le reste de sa vie au service de sa patrie. Il
n'a pas pu encore ouvrir ces livres, ni remplir son projet, faute de secours, quoiqu'il soit chanoine de l'église
de Genève; il est valétudinaire, âgé de cinquante-cinq
ans, il souffre beaucoup excepté de la faim, et il est
très pauvre; c'est ce qui arriveroit aux autres, s'ils n'a-
voient pas recours à leurs maisons paternelles. — Il est
vrai que S. A. l'ayant entendu nommer, l'a voulu voir et
entendre. Y ayant trouvé grand plaisir, elle a dit qu'elle
vouloit lui attribuer deux cents écus de pension sur
l'abbaye de Pignerol, et qu'elle écriroit à l'abbé de l'A-
bondance afin que, sur les cinq ou six prébendes va-

cantes dans son abbaye, lesquelles sont par les négociateurs mises *dans le panier*, il en fût donné deux audit docteur pour cette année.

Mais toutes ces faveurs ne sont que des signes de la bonté du Prince, et, du reste, nourriture de Caméléon.

J'ai désiré dire cela à V. S. Ill. pour lui expliquer le grave empêchement du progrès du service de Dieu dans ces contrées. On peut dire, avec le père Chérubin, que s'il y a le moyen, on pourra faire une bonne et utile œuvre dans ce diocèse et créer comme un séminaire de prêtres dont on se servira en toute occurrence, particulièrement pour les alentours.

Mais, à l'égard de tout le bien dont il est question, je vous écris que nous avons déjà célébré solennellement la fête de la Conception avec l'Octave. Veuille Dieu que nous puissions célébrer celle de la Naissance au moins dans cette année de jubilé.

Le reste manque.

67ᵉ LETTRE.

Cette lettre se trouve dans le second procès de la canonisation de saint François, conservé au monastère de la Visitation d'Annecy, vol. 5, pag. 126.

S. A. LE DUC CHARLES EMMANUEL 1ᵉʳ, A SAINT FRANÇOIS DE SALES.

Il lui parle de diverses affaires concernant la conversion du Chablais.

Chambéry, 28 avril 1600.

Très cher, bien amé et féal,

Nous avons vu par votre lettre du sept du présent la dévotion que ce peuple a montré en ce qui est de sa nouvelle conversion, ce qui nous apporte un singulier contentement, comme aussi l'espérance que vous avez que le reste en fera de même; en quoi nous nous assurons que vous vous emploierez avec la même affection et piété qu'avez fait par ci-devant avec tant de louange et satisfaction nôtre; et pour ne faillir en rien d'y apporter de notre côté tout ce qui sera en notre pouvoir, nous avons ordonné au président Rochette, que tout aussitôt que nous serons partis, il s'achemine en ces quartiers-là pour établir ce qui est nécessaire pour l'entretenement des curés, à celle fin que chacun d'eux y puisse faire sa résidence pour y exercer religieusement ce qui est de leur charge, à quoi vous tiendrez main, et l'y assisterez de tout votre pouvoir, ainsi que de même écrivons à l'Évêque de Genève.

Quant à l'établissement de la maison de vertu ou refuge de Thonon, mise en avant par le P. Chérubin à Rome, vous en traiterez avec le dit président et par ensemble avec le dit Evêque ; vous aviserez de ce qui est nécessaire que faisions pour icelle, et nous envoyerez les mémoires, pour sur icelle y faire les dues considérations et y prendre la résolution que verrons être convenable.

Et touchant le sieur d'Avully, de Vallon et dame Dufoug, nous trouvons très raisonnable ce que nous en écrivez, et ne leur sera rien innové qu'au préalable ils n'aient leur récompense ; à tant prions Dieu qu'il vous ait en sa garde.

68ᵉ LETTRE.

Tirée des volumes de la canonisation de saint-François de Sales, volume 5, pag. 204, conservé au monastère de la Visitation d'Annecy.

A S. A. CHARLES EMMANUEL 1ᵉʳ, DUC DE SAVOIE.

Saint François demande à S. A. un édit pour le bannissement des huguenots qui n'auroient pas renoncé à leur hérésie dans l'espace de deux mois.

1601.

Monseigneur,

Après que Monseigneur l'Evêque de Genève a eu établi les églises en tout ce bailliage, hormis en deux ou trois lieux et entr'autres en cette ville, faute de moyens convenables, il m'a laissé ici pour quelques jours pour

essayer d'attirer ce peu qui reste huguenot hors du fort
de leur obstination. J'y ai employé tout mon cœur, et
espère que Dieu en aura touché quelques-uns par les
motifs qu'il lui a plu m'inspirer; néanmoins je n'ai encore
pu en tirer d'eux pleine résolution, et en ai trouvé d'autres qui sont si avant dans leur opiniâtreté, que même
ils refusent leurs oreilles à la sainte parole, et ne veulent se prêter à aucune raison, gens ignorans, et qui
d'ailleurs sont de nulle condition; si qu'après avoir
fait ce qui a été de ma capacité, et ayant vu que tant
de doctes jésuites, et autres prédicateurs y ont employé
toute leur industrie, je me suis venu rendre aux officiers que V. A. a ordinairement en ce lieu, à tous ceux
que j'y ai vus, et pu rencontrer, entr'autres à M. le
marquis de Lullin pour apprendre d'eux, si du nôtre il
demeuroit quelque diligence à faire, et tous concourent
à cette opinion qu'il n'y a plus aucun moyen de reste
pour l'achever, sinon que V. A. par un édit paisible
commande que tous ses sujets aient à faire profession
de foi catholique et en prêter serment dans deux mois
ès mains de ceux qui seront députés, ou à vider ses
états, avec permission de vendre leurs biens; plusieurs
par ce moyen éviteront le bannissement du Paradis
pour ne point encourir celui de leur patrie; les autres
qui seront fort peu en nombre sont de telle qualité que
V. A. gagnera beaucoup en les perdant, gens desquels
l'affection est déjà pervertie, et qui suivent leur hugue-
notisme plutôt comme un parti que comme une religion.

Le saint effet de l'édit que je propose rendra toujours
plus admirables à tous les vrais catholiques la religion
et grandeur de courage de V. A., et la douceur d'icelui forcera tous les adversaires d'en reconnoître la clé-

mence même, après tant de soin qu'elle à eus de faire proposer les instructions à ce peuple duquel maintenant elle est maîtresse sans dépendance d'aucun traité ni condition.

Tenant que V. A. me permettra de lui dire ce mot avec le zèle de Dieu, que je dois au service de sa gloire; chacun sait qu'elle désire extrêmement de voir ces pays nets du mal de l'hérésie, personne n'ignore l'ardeur de son zèle en cet endroit; si elle ne le fait pas, le pouvant si aisément faire, plusieurs croiront que le désir de ne mécontenter pas les huguenots qui sont en son voisinage en seroit l'occasion; et toutefois on estime qu'il n'y aura aucun mécontentement, et quand il y seroit qu'il ne devroit entrer en aucune considération auprès de V. A. pour ce regard, qui n'a que faire d'incommoder ses saintes intentions pour gratifier des gens qui en cas pareil ne voudroient en rien s'accommoder au gré de V. A.

Monseigneur, je ne puis pas sonder plus avant que cela, et ne sais s'il y a chose au par delà de cette mienne considération qui puisse ou empêcher ou retarder l'édit que je souhaite; en quoi je me soumets purement à son meilleur jugement; mais puisque ces grands princes ont soin de toutes les pièces de leurs états, il est raisonnable que chacun leur contribue les avis qui semblent être pour leur service; ce que je fais avec toute franchise à l'endroit de V. A. pour la singulière débonnaireté que Dieu lui a donnée, de laquelle je me promets le bonheur d'être toujours avoué, monseigneur, son très humble et très obéissant serviteur et sujet,

FRANÇOIS DE SALES.

69ᵉ LETTRE.

L'autographe est conservé dans le monastère de la Visitation de
Rome,

AU NONCE DU PAPE, A TURIN.

Sur les progrès de la foi catholique dans les bailliages de Gex et
Gaillard ; sur la nécessité de rétablir la sainte maison de Thonon ;
renseignemens sur un certain Paschali.

Annessi, 21 dicembre 1601.

Illustrissimo e Reverendissimo signore mio officiossimo,

Quantumque dalle honorate relazioni fatte da me a
V. S. Ill. e Rev. nasce nell' animo mio non poca con-
fusione sentendomi privo del bene chè presuppon-
gono, mi porgono nientedimeno dall' altro canto molta
consolazione aprendomi l'occasione di proferirmi à V.
S. Ill. per umilissimo e devotissimo servitore, siccome
io fo adesso, supplicandola chè si degni accettare l'in-
tensissimo affetto col quale si poca cosa gli vien dedicata.
Ora do ragguaglio a V. S. Ill. delli progressi chè si
fano in questa diocesi, dicendole chè sono felicissimi
non solo in Tonone e Ternier chè è ora mai cosa vec-
chia, ma è riandio nuovamente nei balliagi di Gex et
Gagliart chè si ezendano sino alle porte di Geneva. nel
secundo de quali Monsignor Vescovo di Geneva ricon-
ciliò otto chiese la settimana passata ad uso di molte
migliaia d'anime ridotte alla fede da Pentecoste in qua,
siccome io diedi avviso all' Ill. suo predecessore. Nel
primo chè è sottopolto al Re di Francia si sono erette

tre parrochie, et ivi stabiliti tre de nostri canonici per la santa predicazione i quali fanno molto buon frutto, ritrovandosi in quelle parti alquanti vecchi cattolici la fede dei quali stava come fuoco nascosta e coperta sotto la cenere dell' esercizio ugonotto chè solo in quelle bande si usava da sessanta anni in quà e adesso dal vento del Verbo Divino..... Viene scoperta e danno testimonio alla verità : altri si convertano, e altri alla conversione si dispongono.

Resta chè non solo in tre parrochie ma in tutte chè sono 26 si restituisca il santo esercizio, e chè l' entrate ecclesiastiche siano tolte alli ministri eretici e Ginevrini : perchè quando toccava al popolo di mantenère li ministri a spese proprie presto se ne stiaccava tanto maggiormente chè vedevamo buoni sacerdoti offerirgli li pascoli salutari *gratis* e di questo ha supplicato Monsignor di Geneva alla Santa Sede, chè si degnasse trattar caldamente col Re Cristianissimo : e perchè Monsignor Ill. Nunzio di Francia scrive chè di ciò l' ordine gli è inviato da N. S. e chè non gli manca se non uno dè nostri per dargli particolare ragguaglio delle nostre raggioni spero di partire la terza festa di Natale per andare in Parigi per questo servizio con proposito tuttavia di ritornare quanto prima al S. Giubileo di Tonone, e massime se sarà vero quello chè ci vien detto, cioè chè avremo in quel tempò il beneficio della presenza di V. S. Ill , la quale sarà in ogni modo utilissima e fructuosissima.

Circa la casa di Tonone rispondendo alli capi toccati da V. S. Ill. chè per mezzo di quella casa la benedetta Vergine alla quale è dedicata conculcherà è spezzerà il velenoso capo del serpente sidotto in Geneva e Lauzanna, è stabilirà la religione nel paèse dè Valezani corrottissimo e ruinoso nelle cose della chiesa. Darà lume alle tenebre de Bernesi et altri svirzeri et in somma è incredibile il bene chè tal disegno può recare a tutte quelle provincie. *Erit mons excelsus cervis petra refugium harinaceis : erit in locum munitum et in domum refugii ut innumeri salvi fiant.* Oggi si trova in termine e forma di casa poco fa uscita dalle mani dè soldàti, et eretici, cioè desolata et *in pomorum custodiam.* Ponno attraversare un cosi bel disegno le scorrerie dè Ginevrini e dè Bernesi se lo volessero fare, e la povertà di questi paesi. Li rimedii potranno essere chè la Santa Sede pigli quel luogo di Tonone in singolarissima protezione, et a tal fine faccia concorrere i principi cattolici : che il signor Duca faccia cingar quella terra di muraglie, il chè in poco tempo si può fare come da sperimentati si dice chè si usi larga carità e liberalità e si applichino copiosamente le entrate di molte inutili badie e beneficii *servàtis servandis.* E sopra tutto chè si dia presto di mano all' opera realmente e da dovero : chè le buone intenzioni giovano poco, e se non si può fare in un tratto si faccia poco a poco cominciando dalle parti più necessàrie : collegio, seminarìo, et cosi di mano in mano.

Di Giulio Cesare Paschali ho da dire chè è stato moltissimi anni in Geneva intorno alla quale non ebbe mai fondo ni cosa stabile anzi era povero e si ajutava col faticare alla stampa dove era correttore dè libri e colli denari della càssa e borsa della nazione italica come si suol fare dalli poveri turchi in quella Babilonia dove in questo particolare *prudentiores sunt filiis lucis in generatione suâ.* Ebbe tre figlinoli delli, quali due si stimano morti uno in Piemonte, l'altro in luogo incognito. Il terzo è in casa, e vien chiamato Prosper.

Ebbe alquante figliuole delle quali una fu maritata ad un gentiluomo genevrino chiamato Farnex signore di Basinge, ondè può esser nato l'errore dalla relazione fatta chè detto Paschali sia signore di Basinge. Ha composto libri ma poco stimati e non stampati. Si stima morto perchè essendo scampato da una grande malattia usci di Geneva e non è più comparso. Questo è quantò ho potuto sapere di questo uomo.

, Onde non occorrendomi altro per rispondere alla lettera di V. S. Ill. del 17 di novembre gli bacio per fine umilissimamente le mani riverentemente supplicandola di darmi la sua grazia e pregando Iddio chè a beneficio delle anime la conservi sana e salva a molti anni.

Di V. S. Ill. et Rev.,

Divotissimo servitore,

Francesco di Sales, prevosto di Geneva.

Illustrissime et révérendissime Seigneur,

Quoique des honorables relations faites par moi à V. S. Ill. et R., il naisse dans mon esprit quelque confusion, me voyant privé du bien qu'elles supposent; cependant, d'un autre côté, elles m'apportent beaucoup de joie en me donnant l'occasion de me présenter à V. S. I. et R. comme son dévoué serviteur, tel que je suis aujourd'hui, en la suppliant de daigner agréer l'inaltérable affection avec laquelle si peu de chose lui est offerte.

Actuellement je rends compte à V. S. I. des progrès obtenus dans ce diocèse; en vous disant qu'ils sont très heureux, non seulement à Thonon et à Ternier, ce qui est actuellement chose ancienne; mais encore récemment dans les bailliages de Gex et de Gaillard, ils s'étendent jusqu'aux portes de Genève. Dans le second de ces bailliages, Monseigneur l'Évêque a réconcilié la semaine passée, huit églises à l'usage de beaucoup d'âmes ramenées à la foi, depuis la Pentecôte, comme j'en ai donné avis, à V. Ill. prédécesseur. Dans le premier bailliage qui est sujet du Roi de France, on a créé trois paroisses. On y a établi trois de nos chanoines, pour la sainte prédication. Ils y recueillent beaucoup de fruits parce qu'il s'est retrouvé dans ces parties quelques vrais catholiques dont la foi étoit comme un feu recouvert et caché sous la cendre de l'exercice huguenot qui seul étoit connu dans ces parties depuis soixante ans. Actuellement ce feu cel.... est ravivé par le souffle du verbe divin, et les habitans donnent témoignage à la vérité. Les uns se convertissent, les autres se disposent à la conversion.

Il faut aussi que non seulement dans les trois paroisses susdites, mais encore dans toutes qui sont au nombre de vingt-six, on rétablisse le saint exercice, et que les revenus ecclésiastiques soient ôtés aux ministres hérétiques et genevois. Quand le peuple devoit entretenir ces ministres à ses propres frais, il s'en lassoit d'autant plus qu'il voyoit de bons prêtres leur offrir gratis les pâturages salutaires. A ce sujet, Monseigneur de Genève a supplié le Saint-Siége de traiter chaudement cette affaire avec le Roi Très-Chrétien. Monseigneur le Nonce de France écrit qu'à cet égard il a reçu les ordres de S. S. et qu'il ne lui manque plus qu'un des nôtres pour lui communiquer particulièrement nos raisons. J'espère que je partirai le jour de la troisième fête de Noël pour Paris à l'effet de ce service, me proposant toutefois de revenir bientôt pour le saint jubilé de Thonon, et surtout s'il est vrai, comme on nous le dit, que nous jouirons alors du bienfait de la présence de V. S. I., qui sera si utile et si avantageuse.

A l'égard de la maison de Thonon, pour répondre aux questions touchées par V. S. I. j'espère que, par le moyen de cette maison, la sainte Vierge à laquelle elle est dédiée foulera et anéantira la tête empoisonnée du serpent qui s'est relevé à Genève et à Lausanne, et qu'elle rétablira la religion dans le pays des Valaisans si corrompus et si nuisibles aux affaires de l'Église, elle couvrira de sa lumière les ténèbres des Bernois et des autres Suisses, enfin il est incroyable le bien qu'un tel dessein peut faire à toutes ces provinces « *Erit mons excel-* » *sus cervis petra refugium Harinaceis : erit in locum* » *munitum et in domum refugii ut innumeri salvi fiant.* »

Aujourd'hui elle a l'air et la forme d'une maison sortant des mains des soldats et des hérétiques, c'est-à-dire désolée *et in pomorum custodiam* (pour la garde des fruits) la pauvreté de ces pays ainsi que les courses des Genevois et des Bernois, s'ils le voulaient, peuvent traverser un si beau dessein. Le remède pourrait être que le Saint-Siège prît en singulière protection cet établissement de Thonon, et qu'il engageât les princes catholiques à concourir dans cette vue, ensuite que le Seigneur Duc fît ceindre cette terre de murailles, ce qui peut se faire en peu de temps, comme le disent des hommes d'expérience ; puis que l'on répandît de larges charités et d'abondantes libéralités, qu'on lui appliquât avec générosité les revenus de beaucoup d'abbayes et de bénéfices inutiles, *servatis servandis* (en conservant ce qui est à conserver) et surtout qu'on y mît la main sur-le-champ, et franchement. Les bonnes intentions seules aident peu. Si on ne peut faire tout à la fois, qu'on fasse peu à peu, en commençant par les parties les plus nécessaires, collège, séminaires, et ainsi de suite.

De Jules César Paschali, j'ai à dire qu'il a été beaucoup d'années à Genève, où il n'a jamais eu de fonds, ni une existence stable, il était pauvre, attaché à une imprimerie, où il corrigeait des épreuves. Il vivait des deniers de la caisse et de la bourse de la nation italique comme on fait dans les pauvres imprimeries de cette Babylone, où en cela ils sont plus prudens que les fils de la lumière dans leur génération. Il eut trois fils. On pense que deux sont morts, l'un en Piémont, l'autre en lieu inconnu. Le troisième est à la maison, et s'appelle Prosper. Il eut plusieurs filles dont une fut mariée à un gentilhomme de Genève, appelé Farnex, seigneur de Basinge, ce qui a pu faire croire par erreur, que ce Paschali était seigneur de Basinge. Il a écrit des livres, mais peu estimés et non imprimés. On le croit mort presqu'après avoir échappé à une grande maladie, il sortit de Genève, et n'y a plus reparu. Voilà ce que j'ai pu savoir sur cet homme.

N'ayant rien autre à dire pour répondre à la lettre de V. S. Ill. du 17 novembre, je lui baise humblement les mains en la suppliant de m'accorder sa grâce, et priant Dieu que, pour le bien des âmes, elle le conserve sain et sauf beaucoup d'années.

De Votre Seigneurie Illustrissime,

le très dévoué serviteur,

FRANÇOIS DE SALES, Prévôt de Genève.

70ᵉ LETTRE.

L'original est conservé au monastère de la Visitation d'Annecy.

A S. A. CHARLES EMMANUEL 1ᵉʳ, DUC DE SAVOIE.

Saint François remercie S. A. du jugement favorable qu'elle avoit porté sur lui lorsqu'on donna la nouvelle que monseigneur de Granier étoit en danger de mort.

Avant 1602.

Monseigneur,

Je remercie très humblement V. A. du favorable jugement qu'elle a fait de moi dernièrement quand la nouvelle se donna que monseigneur le Revᵐᵉ Evêque de Genève étoit en danger de mort, et sachant que cet heur de comparoître en votre mémoire en une si honorable occasion ne peut partir que de la bonté de V. A. qui aura peut-être été persuadée qu'il y ait quelque suffisance en moi proportionnée à cette sienne faveur; et je loue Dieu néanmoins qui a donné à V. A. cette résolution de vouloir procurer des bons pasteurs à votre peuple. Car encore que je sois le plus indigne de tous ceux qu'elle pouvoit se réduire en souvenance, si est-ce que l'intention droite de V. A. ne laisse pas d'en être très recommandable. J'ai écrit déjà à V. A. des nécessités du Chablais; et quoique je ne doute point que le zèle dont N. S. a échauffé son cœur, ne lui en tienne toujours la mémoire fraîche, si ai-je prié M. le baron de Chevron de la lui représenter.

Je prie la Divine Majesté qu'elle confère et conserve toute bénédiction a V. A. de laquelle je suis,

Monseigneur,

Très humble et très obéissant serviteur et sujet.

71ᵉ LETTRE.

L'original est conservé chez la marquise de Camerana, née de Tornon, à Turin.

—

Mandement de saint François sur la restitution d'un militaire à l'église de Faverges pour y jouir de l'immunité.

Annessi, die 21 dic. 1602.

Nos Franciscus de Sales Dei et apostolicæ sedis gratia Episcopus et Princeps Gebennensis omnibus ad quos spectaverit:

Intelleximus non sine gravi molestia, militem quemdam qui ad Ecclesiam fabricarum se contulerat, ut immunitate ecclesiis dudùm et jure irrevocabili concessa frueretur, a quibusdam vi, et in contemptum mandati nostri, abstractum et avulsum fuisse a sacro loco.

Quare, per presentes nostras litteras, omnibus qui hujusmodi actui adjutorium, favoremve dederint, ac præcipuè iis, qui ita se contra ecclesiæ immunitatem,

17

et mandatum gesserunt, districtè præcipimus in dominum, ut eumdem militem prædictæ Ecclesiæ restituant, et illius immunitatem uti, frui, et gaudere sinant, idque præstent intra viginti quatuor horas, quibus elapsis, si huic mandato nostro (quod absit) non obtemperaverint, vel apud nos causam, cur non teneantur obtemperare, non dixerint, sententia excommunicationis, ipso facto, incurrendæ noverint se perculsos. Sic enim eos per præsentes excommunicatos, eo casu, declaramus, et censemus.

In quorum fidem, manu propria subscripsimus et sigillo Episcopatus nostri, præsentes obsignari mandavimus (1).

—————

Nous, François de Sales, par la grâce de Dieu et du siége apostolique, à tous ceux qu'il appartiendra :

Nous avons appris avec une extrême douleur, qu'au mépris de notre mandement, un militaire qui s'étoit réfugié dans l'église de Faverge pour y jouir de l'immunité accordée depuis long-temps aux églises et à elles acquise par un droit irrévocable, a été arraché et enlevé de force de ce saint lieu.

A ces causes, par les présentes, au nom du Seigneur, nous ordonnons très expressément à tous ceux qui ont aidé ou favorisé un acte de cette nature, et particulièrement à ceux qui l'ont ordonné en violation des immunités de l'Eglise, de restituer ce militaire à ladite église de Faverges et de lui laisser la liberté de se servir, de jouir et de profiter de cette immunité, et ce

—————

(1) La suscription du Saint a été effacée.

dans les vingt-quatre heures; passé lequel délai, faute
par eux d'obtempérer à nos ordres (ce qu'à Dieu ne
plaise) ou de nous faire connoître le motif de leur refus, ils seront frappés de la sentence d'excommunication encourue (*ipso facto*). Et de fait, par celles-ci sans
qu'il en soit besoin d'autres, nous les déclarons excom-
muniés et les excommunions.

En foi de quoi nous avons signé les présentes et nous
avons ordonné qu'il y soit apposé le sceau de notre
évêché.

72e LETTRE.

L'original est conservé dans le couvent de la Société de Jésus,
à Rome.

A MONSEIGNEUR LE CARDINAL ALDOBRANDINO, TRÉSORIER
DU SAINT-SIÉGE, PROTECTEUR DE SAVOIE A ROME.

Saint François lui recommande un gentilhomme qui a abjuré
l'hérésie.

Da Annessi alli, 30 di janv. 1603.

Illmo e Rev^{mo} Signore,

Devo supplicare si come lo faccio con ogni humilità
a V. S. Illustr. et Rev. chè si degni aprir le braccia
della sua bontà et charità a questo gentilhuomo, latore
della presente come a quello chè essendo stato allevato
nella heresia et nel primo grado di honore della sua

setta di Lauzanna, ha niente di meno renunciato a tutti li beni et honori terreni per servir a Christo Nostro Signore et no solamente alli beni ma si puol dire alla moglie et alli figliuoli se bene di loro ha havuto sempre quella cura et sollecitudine chè si conveniva, quanto all' anima havendoli tirati di tal maniera per lettere alla cognitione della verità chè ogni volta chè egli havesse modo di darli raguaglio fra catholici volontieri abbraccierebbono la medesima fede della quale sette anni fa no solo con molta constantia ma con molta pieta, et zelo lui stesso ha fatto vera et sincera professione. Il chè havendo io veduto et saputo, non ho potuto ne dovuto Lasciarlo partire, senza darli queste poche righe in testimonio della verita et per fine bascio umilmente le mani a V. S. Illma et Revma pregandoli dal signore ogni vero contento.

Di V. S. Illma et Revma,

Divotissimo servitore,

FRANCESCO, Vescovo di Geneva.

Illustrissime et Révérendissime Seigneur,

Je dois supplier, comme je le fais avec toute humilité, V. S. Illustr. et Rév. d'ouvrir les bras de sa bonté et de sa charité à ce gentilhomme porteur de la présente, comme à celui qui ayant été élevé dans l'hérésie et au premier degré d'honneur de sa secte, à Lausanne, a néanmoins renoncé à tous les biens et tous les honneurs terrestres pour servir J.-C. notre Seigneur; il a renoncé à ces biens non seulement, mais on peut dire aussi à sa femme et à ses enfans, quoiqu'il ait eu toujours d'eux les soins qui convenoient; quant à l'âme, il a cherché à les attirer par lettres à ces connoissances de la vérité, de telle manière que s'il avoit le moyen de les appeler parmi les catholiques, ils embrasseroient la même foi dont il fait sincère profession depuis sept ans, avec piété et constance. Ayant vu et su tout cela, je n'ai ni pu ni dû le laisser partir sans lui donner ce peu de lignes en témoignage de la vérité. Je finis en baisant humblement les mains à V. S. Illustr. et Rév., demandant pour elle au Seigneur toute vraie joie.

Très dévoué serviteur,

FRANÇOIS,

Évêque de Genève.

73ᵉ LETTRE

Tirée de la copie authentique conservée aux Archives de la cour de Turin.

Acte de fidélité que saint François, comme évêque de Genève, prête à S. A. Charles Emmanuel 1ᵉʳ et à son fils Philippe Emmanuel, prince de Piémont, pour les fiefs de l'église de Genève.

1ᵉʳ mai 1603.

Je, François de Sales, par la grâce de Dieu et du Saint-Siége apostolique, Evesque de Genève establi en

personne et en la présence de Monseign^r le Sérénissime
S. Charles Emanuel duc de Savoie, et vicaire du Saint-
Empire Romain, et de Monseigneur le Sérénissime S.
Philippe Emanuel, prince de Piémont son fils aisné, de
ma propre volonté certaine science et meure délibéra-
tion ayant les Évangiles devant mes yeux, promet et
jure mettant la main sur ma poitrine, à la façon des pré-
latz, la fidélité liege et hommage que je doibs audit Sérénissime duc, et au Sérénissime prince susnommé avec
le consentement de S. A. et ce à l'occasion et pour raison des fiefs de l'Église mesme de Geneve et de tous
autres fiefs se mouvants et dépendants d'icelle, les
droicts néantmoins, jurisdictions et prééminences de ma
dite Église demeurant Sauves et entiers, et de plus que
je seray toujours fidelle audit Sérénissime Seigneur Duc
et Sérénissime prince, et à leurs successeurs et descen-
dants et que je conserveray et deffendray de tout mon
pouvoir saufs la qualité de mon rang, l'estat honneur
et commodité de leurs altesses et de leurs successeurs et
n'attenteray ny feray chose quelconque contre leurs
personnes, vies estat, et honneur, ny consentiray à
ceulx qui le voudroient faire ainsy resisteray et m'opposeray à tous ceulx qui le voudroient entreprendre aul-
tant qu'il me sera possible et reveleray à leurs altesses,
ou à leurs ministres principaulx tous les traicts machinations qui me viendront à notice se faire contre leurs
personnes, vies, honneur et estat et généralement observer et accomplir tout ce qui est contenu en l'ancienne
et novelle forme de fidelité comprises ès coutumes
feudales, civiles et canoniques, et spécialement au chapitre de forma XXII C. S. et au chapitre *Ego de jure
iurando*, finalment je reconetray comme je reconnois
ledit Sérénissime Seigneur Duc et le Sérénissime Prince

son fils susnommé et leurs successeurs pour mes souverains seigneurs *in temporalibus.*

Et outre ce que dessus promets jure et asseure leurs dites AA. que pour raison de tous les autres biens et droicts de ladite éveschée que je possède et pourrois posséder rière les estats de S. A. et pour touttes autres raisons à lui dues que je seray tousjours ma vie durant fidelle à S. A. et après luy à Monseigneur le Prince Philippe Emanuel son fils aisné présent, et à ses légitimes successeurs Ducs de Savoye et que je n'attenteray ny maquineray pour moi ny pour autre, choses aucune contre leurs personnes, vies estats et honneurs ny consentiray à chose semblable mais plustost l'empêcheray et my opposeray contre ceux qui y vouldroyent conspirer. Promettant aussy et jurant que tous les traictes conspirations, et machinations qui me pourroient venir à notice estre faicts contre les personnes de leurs Altesses ou de leurs légitimes successeurs, leurs vies, estats et honneurs, je les leur révêleray et manifesteray ou à leurs ministres et officiers, et ne pouvant le feray fère par autruy pour n'encorir l'irregularité, et en ce que dessus presteray toutte l'assistance qu'il me sera possible. Protestant néantmoins que pour les choses susdites je n'entends de décliner, ny préjudicier en rien à l'obéissance que je doibs à la Sainte Église Catholique et Apostolique Romaine, et de ne derroger au droict et aucthorité d'icelle, lesquelles choses susdites je promets et jure comme dessus de les vouloir tousjours garder et maintenir fermes et stables et de ne jamais y contrevenir ny consentir à aucune personne qui le voulu faire secrètement ou publiquement soubs quelque prétexte que ce soit et généralement pour l'une et pour l'autre fidelité y dessus faictes, je jure et promets d'observer tout ce qui est contenu aux serments de mes prédécesseurs comme s'ils estoient icy inserés. De quoy S. A. m'a commande et ledit Seigneur Evesque prie d'en reçoivre le présent acte.

Faict en la citté du Mondevis, le premier de may mil six cents et trois, au palais de ladite citté, où loge le gouverneur d'icelle, et en la chambre où dort S. A. et princes que dessus; et de messire Charles, comte de Lucerne, grand maistres d'hostel de la maison de messeigneurs les princes; du comte Ville, marquis de Saint-Michel tous deux conservateurs d'estat et chevaliers de l'ordre de l'Annonciation-Notre-Dame; du marquis de Bagnano, gouverneur pour S. A. en la dite citté; de messire Loïs Mourouz, conseiller d'estat et premier président au sénat deçà les monts; et du comte de Crémieu, premier escuyer de S. A., gentilhomme de sa chambre et capitaine de chevaulx de ses ordonnances, témoins; par moy Pierre Loïs Bourcier de Chambéry, secretaire de l'ordre, susdit conseiller secrétaire d'estat des finances et commandements de S. A. qui me suis soubsigné BOURCIER.

74ᵉ LETTRE.

L'autographe appartient à Sa Grandeur l'Evêque de Sienne , en
Toscane.

A UN GENTILHOMME EMPLOYÉ.

Sur un projet pour décharger les Ecclésiastiques du logement
militaire.

Aneci , le 1 juin 1603.

Monsieur,

J'ay considéré l'expédient que le sieur caspitaine de
Mogron propose pour descharger les ecclésiastiques du
logement de guerre, et y ay veu plusieurs inconvéniens
et entre les autres celuy que je crains le plus qui est que
la liberté et immunité ecclésiastique en seroit ce me
semble directement violée. C'est pourquoi j'envoye le
porteur auprès de vous, Monsieur, pour vous les représenter, estimant de n'y treuver pas moins de faveur
que notre droit que nous y en avons tousjours treuvée
et que je me promets d'en treuver en après. Cependant
et moy et tous les ecclésiastiques qui sont icy, nous
prierons Dieu pour vostre santé, et je demeureray,

Monsieur,

Votre serviteur très humble,

François de Sales, Évêque de Genève (1).

---

(1) Personne n'ignore que nos seigneurs les Evêques ne se servent
que de leurs prénoms et jamais de leurs noms de famille, pour

75ᵉ LETTRE.

L'autographe appartient à M. le marquis Ange Chigi.

A M. D'ALBIGNY, CHEVALIER DE L'ORDRE DE S. A., ET SON LIEUTENANT-GÉNÉRAL EN DEÇA LES MONTS.

Saint François lui recommande la sainte maison de Thonon.

Le 3 août 1605.

Monsieur,

Je me suis fort peu meslé des affaires de la mayson de Thonon jusques à présent, néamoins ayant icy un créancier d'icelle homme de mérite, et qui est en extrême nécessité, je me suis desja essayé de le faire payer par autre voye selon les moyens que le père Cherubin m'avoit proposés. Mais n'estant réussis, et voyant la nécessité de ce créancier croistre tous les jours, je me suis enquis s'il y auroit aucun autre moyen pour fere ce payement. Et on m'a dit que S. A. avoit ordonné certaine pension annuelle à la dite mayson, de laquelle on

---

signer les mandemens, lettres ou différens écrits qui émanent de leur juridiction ; saint François de Sales, dans cette conjoncture comme dans plusieurs autres circonstances, a dérogé à l'usage établi, sans pouvoir nous expliquer le motif de cette anomalie ; quoi qu'il en soit, et sans attacher à cette observation plus d'importance qu'elle doit en avoir, il nous suffira d'annoncer que cette lettre a été copiée et authentiquée par l'évêque même de Sienne, qui la déclare parfaitement conforme à l'original.

pourroit bien prendre la somme requise qui n'est que
de 80 fr., et particulièrement s'il vous plaisoit d'en dire
un mot de faveur. C'est pourquoi, Monsieur, je vous
en supplie humblement et de me pardonner si je suis si
prompt à vous importuner, puisque c'est pour une
œuvre charitable et le soulagement des affligés, comm'
est ce créancier.

Je prie Dieu cependant pour votre santé que je souhaite longue et heureuse comme doit,

Monsieur,

Votre serviteur plus humble,

FRANÇOIS, Ev. de Genève.

76e LETTRE.

L'original est conservé chez la marquise de Camerana, née de
Tornon, à Turin.

A M. BONIER, CONSEILLER DE S. A. ET SON AVOCAT PATRI-
MONIAL A CHAMBÉRY, EN SAVOIE.

Saint François le prie de lui envoyer les comptes de la sainte maison
de Thonon.

Annecy, 23 octobre 1603.

Monsieur,

Voici une lettre qui m'arrive de monseigneur le
Nonce de Turin qui me conjure de lui envoyer *un pic-*

colo bilancio delli conti chè sonno itati vidati in Tonone circa le cose della Sta Casa perchè gioverà molto appresso S. S. per ottenere molte gratie. S'il ne tient qu'à cela il me semble, Monsieur, que je les doy envoyer mais je ne puis si je ne l'ay ni puis l'avoir que par votre moyen que j'implore à cet effet et vous supplie de m'aymer toujours et croire que priant Dieu pour votre santé je demeure toute ma vie,

Monsieur,

> Votre serviteur plus humble,
>
> FRANÇOIS, Evêque de Genève.

77e LETTRE

Tirée du 5e volume du second procès de la canonisation de saint François, pag. 128, conservé aux archives du monastère de la Visitation d'Annecy.

S. A. CHARLES EMMANUEL Ier, DUC DE SAVOIE, A SAINT FRANÇOIS DE SALES.

S. A. lui demande une attestation de l'état de la religion dans son diocèse contre les fausses relations envoyées à Rome.

Turin, 25 octobre 1603.

Très révérend, très cher, bien amé et féal conseiller et dévot orateur,

Parce que les bonnes œuvres sont toujours contrepesées par sinistre relation, et que bien souvent les publiques mêmes ont besoin d'appui particulier pour les soutenir et défendre; aussi est-il nécessaire que pour

les balancer au poids de la raison, l'on y prenne les expédiens plus nécessaires ; ceci je dis à l'occasion de quelques mauvaises relations qui ont été faites à Sa Sainteté,
qu'ont besoin de votre soutien pour le moyen d'une
bien ample attestation qu'il faut que vous nous envoyez
de l'état auquel vous avez vu votre diocèse auparavant
les guerres en ce qui concerne le spirituel, mais particulièrement en combien d'endroits l'on y fréquentoit l'exercice de la religion prétendue réformée, et par combien
de ministres elle y étoit divulguée et maintenue, et si
dès le commencement des guerres l'on y a remis les
cures et planté heureusement la religion catholique et
apostholique romaine, et aboli ledit exercice de prétendue religion jusques sur les portes de Genève, où
par tous les lieux l'on célèbre le sainte Messe, et d'autant qu'il faut faire le bouclier de ladite attestation, contre ce que l'on a donné à entendre à Sa Sainteté ; il est
nécessaire que non-seulement elle soit signée de vous,
mais de vos chanoines qui en peuvent avoir eu notice,
et de quelques autres notables ecclésiastiques qui pourront servir à la foi indubitable de ladite attestation,
comme aussi pour son amplication à laquelle nous nous
assurons que n'oublierez rien, non plus que du bon
ordre que l'on tînt, moi présent, pour appeller ceux
qui étoient écartés à la vraie foi, et combien d'âmes
l'on y gagna pour lors, et jusqu'à présent, et si l'on y
continue l'œuvre, et quel fruit s'en ensuit, et plus amplement comme trop mieux vous savez convenir pour
me l'envoyer au plutôt à l'effet que dessus. Ce qui attendant, prions Dieu qu'il vous ait en sa sainte et digne
garde.

78ᵉ LETTRE.

L'original appartient à la maison Clerici de Milan, et jadis au
monastère de la Visitation de Turin.

AU NONCE DU PAPE, A TURIN.

Sur l'immunité personnelle ecclésiastique.

1603.

Illustrissimo e Reverendissimo Monsignòre,

Cominciavano gli officiali dell' Illustrissimo Duca di
Nemours et de Genevois a far recherca dè peccati dell'
usura commessi dalle persone ecclesiastiche nella diocesi de Genevra, et anco della contraventione fatta di
un editto annuale di S. A. serenissima qual prohibiva
la vendita di frumenti et altri grani fuor del mercato,
credendo, elli officiali laici potere castigare indifferen-
temente per cotesti peccati et laici et ecclesiastici et
questo per privilegio speciale di Sua Santitá concesso a
serenissimi predecessori di S. A. Monsignòre reverendissimo Vescovo di Geneva videndo esser l'una e l'altra
ragione et contra la libertà ecclesiastica, non vedendo
punto de questo privilegio m'a mandato qui in Chiam-
bery dal supremo senato di S. A. acciò chè se ce ne fosse
o potesse veder per poi darne avviso a V. S. Ill. et Rev.
Il senato adunque no retrovando nell' Archivi ducali
alcun simile privilegio et sapendo chè in simile caso fa

poco S. A. haveva proibito a suoi ministri di por mano sopra l'Archa di Dio anzi haveva commandato chè lasciassero questo negotio a prelati, ha scritto anchora sopra di cio a S. A. per saperne generalmente sua voluntà.

Dil chè ho giudicato dover dar avviso prontamente a V. S. Ill. et Rev. acciò si degni pigliar il fatto in mano appresso di S. A. comm' essendo il refugio nostro et protectrice della libertà ecclesiastica. Ne sarà cosa difficile chè S. A. prohibisca di nuovo tali atti a ministri suoi et inferiori poichè già una ne ha fatta la prohibitione et chè a havuto sempre in gran reverenza la santa chiesa. L'illustrissimo poi duca di Nemours non solo non dara imperimento nessuno chè piutòsto ci giovara in ogni modo essendo di coscienza. . . . . et persona molto timorata, conciosiache egli mi ha detto, chè se non si trovara il privelegio della santissima sede apostolica chiarissimo et apertissimo non ne vuol godere ne prevalère. Ho dubbio chè monsignor Vescovo di Geneva havendo avviso di questo habbiam fatto qui al senato scrivera sopra di cio amplissimamente a V. S. Ill. e Rev., ne per questo ho volsuto lasciar di scriverne io accio ne dia risposta S. A. al suo senato, innanzi chè lo sappia V. S. Ill. a cui pregando dal nostro signor Iddio ogni vero contento basciogli humilissimamente le reverende mani et resto di sua Signoria illustrissima et reverendissima.

Divotissimo et intimo servitore,

FRANCESCO DI SALES,

Prevosto indegno della cattedrale di Geneva.

Illustrissime et révérendissime Monseigneur,

Les officiers de l'illustrissime duc de Nemours et de
Genevois commençoient à faire la recherche des péchés
d'usure commis par les personnes ecclésiastiques dans
le diocèse de Genève et même de toute contravention
à un édit annuel de S. A. S. défendant la vente des blés
et autres grains, hors du marché. Ces officiers laïques
croyoient pouvoir châtier indifféremment pour ces péchés et les laïques et les ecclésiastiques, et cela en vertu
d'un privilége spécial accordé par Sa Sainteté aux séré-
nissimes prédécesseurs de S. A. Monseigneur le révérendissime Evêque de Genève ; alors Monseigneur
voyant que l'une et l'autre action offensoient la liberté
ecclésiastique et ne sachant rien de ce privilége, m'a envoyé ici à Chambéri auprès du suprême sénat de S. A.
afin que l'on pût s'informer du fait et en donner avis
à V. S. Ill. et Rév. Le sénat ne trouvant aucun semblable privilége dans les archives ducales, et sachant
que depuis peu, en pareil cas, Son Altesse avoit dé-
fendu à ses ministres de porter la main sur l'arche du
Seigneur, et même avoit ordonné que l'on laissât un
semblable soin aux prélats, le sénat a écrit encore sur
cela à S. A. pour connoître en général sa volonté.

J'ai cru à propos de donner promptement connoissance de cela à V. S. Ill. et Rév. afin qu'elle puisse prendre le fait en main, auprès de S. A. parce que vous
êtes notre refuge et le protecteur de la liberté ecclésiastique.

Il ne sera pas difficile que S. A. défende de nouveau
de tels actes à ses ministres et subordonnés, parce qu'elle

en a déjà fait la prohibition une fois et qu'elle a la
Sainte Eglise en révérence.

L'illustrissime duc de Nemours n'y mettra aucun empêchement ; au contraire, il nous aidera de toute manière, étant de conscience........ et personne fort ti-
morée. Il m'a dit que si on ne trouvoit pas le privilége
du Saint-Siége apostolique, très clair et très positif, il
ne veut ni s'en servir, ni s'en prévaloir. Je pense que
monseigneur l'Evêque de Genève ayant connoissance
de ce que nous avons fait ici avec le sénat, écrira très
amplement sur cela à V. S. Ill. et Rév. Néanmoins j'ai
voulu vous écrire afin que S. A. ne donnât pas une réponse à son sénat avant que V. S. Ill. fût informée.
Nous prions notre Seigneur Dieu de vous envoyer le
contentement ; je vous baise humblement les mains sa-
crées, et je suis de V. S. Ill. et Rév.,

Le dévoué et intime serviteur,

FRANÇOIS DE SALES, prévôt indigne de
la cathédrale de Genève.

79ᵉ LETTRE.

L'autographe est conservé chez M. le comte Massei de Boglio, à
à Pignerol.

A MONSEIGNEUR BOGLIO, ARCHEVÊQUE DE TURIN.

In Annoeci, alli 7 di nov, 1603.

Ilustrissimo e Reverendissimo Signor mio offi^{mo}.

Non dubito punto, chè dal P. Cherubino havera in-
teso V. S. Ill. e Rev. con quanta diligenza si sonno

fatti i cunti della santa casa di Tonone, per quello chè di qua dei monti si è trovato. Resterebbe di far anco quelli desse cose de là delli monti. Per il chè mi ha preghato il conseglio di detta casa di supplicar a nome suo V. S. Ill. e Rev. chè come capo principalissimo delle cose di essa et primicerio, si degni far render li conti al signor Gabaleone, e commandarghe di dar prima dodeci ducatoni al signor de Prissy chè glie sonno da detta casa legitimamente dovuti sicome ne testificara detto P. Cherubino. Et sopratutto mi diede carico detto conseglio di ringratiare humilmente V. S. Ill. et Rev. della molta carità et sollicitudine paterna chè delle cose della casa ella fin adesso ha havuta et pregarla chè si degni continuare. Chè è quanto ho da scriverglie. In questa occasione et per fine glie priegho dal signor Iddio ogni vero contento

   Di V. S. Ill. et Rev.,

       Humilissimo servitore,

      Francesco, Vescovo di Geneva.

   Illustrissime et Révérendissime Seigneur,

Je ne doute pas que V. S. Ill. et Rév. n'ait appris par le père Chérubin avec quel soin on a fait les comptes de la sainte maison de Thonon, pour ce qui s'est trouvé de ce côté-ci de ces monts. Il resteroit encore à faire les comptes pour ce qui appartient à l'autre côté. Pour cela, le conseil de ladite maison m'a prié de supplier V. S. Ill. et Rév., afin qu'en sa qualité de chef principal et de primicier de cet établissement, elle veuille

bien faire rendre les comptes à M. Gabaleone, et lui
ordonner d'abord de payer à M. de Prissy douze ducatons, qui lui sont dus légitimement par cette maison,
suivant le témoignage du père Chérubin. Surtout le
conseil m'a chargé de remercier humblement V. S.
Ill. et Rév. de la charité et de la sollicitude paternelle
qu'elle a mise jusqu'ici à soigner les intérêts de la maison, et de la prier de daigner les continuer. Voilà ce
que j'avois à lui écrire. Je finis en souhaitant que Dieu
lui envoie toute prospérité.

De V. S. Ill. et Rév.,

Le bien humble serviteur,

FRANÇOIS, Évêque de Genève.

80e LETTRE.

L'original est conservé aux archives de la cour de Turin.

A S. A. CHARLES EMMANUEL 1er, DUC DE SAVOIE.

Saint François envoie à S. A. l'attestation sur la conversion des
peuples du Chablais, Gaillard et Ternier.

A Annessi, 15 novembre 1603.

Monseigneur,

J'envoye à V. A. l'attestation qu'elle désiroit de moi
sur la conversion des peuples de Chablais, Gaillard et
Ternier. Je ne sçai si je l'auroy dressée au gré de V. A.,
mais je sçai bien que je n'ai pas peu esgaler le mérite du
sujet par aucune sorte de narration, ni le désir que j'au-

rois de rendre très humble obéissance aux commandemens et intentions de V. A. Elle me fera cette faveur,
je l'en supplie très humblement, de me donner le bonheur de sa grace, et je prie nostre Seigneur pour la
santé et prospérité de V. A., de laquelle je suis,

Monseigneur,

Très humble et très obéissant orateur et serviteur,

FRANÇOIS, Évesque de Genève.

81ᵉ LETTRE

Tirée des volumes de la canonisation de saint François, second
procès, vol. 5, page 129, et de l'original conservé aux archives
du monastère de la Visitation d'Annecy.

S. A. CHARLES EMMANUEL 1ᵉʳ, DUC DE SAVOIE, A SAINT
FRANÇOIS DE SALES.

S. A. demande à saint François un rapport sur la foi catholique en
Savoie.

Turin, 22 novembre 1603.

Très révérend, très cher, bien amé et féal conseiller
et dévot orateur,

Il y a quelques semaines que nous nous écrivîmes
sur quelque mauvais rapport qu'a été fait à S. Sainteté
de la conversion des hérétiques des bailliages, lui ayant
été donné à entendre que tout étoit en son premier état,
et que les curés n'ont point été rétablis en leurs églises;
ce que désirant de réprouver, il est nécessaire que vous
nous envoyez une bien authentique attestation comme
il n'y a eu point de lieu que la Sainte-Messe n'ait été ré-

tablie, et qu'elle se célèbre jusque sur les portes de Genève, et les cures pourvues de bons curés, la plupart desquels y annoncent la parole de Dieu, et que ceux qui se sont remis à la sainte foi y continuent avec grand zèle, ce qui est nécessaire que vous attestiez bien amplement, comme celui qui en est mieux informé que les autres, et nous l'envoyerez au plutôt sans toutefois en icelle faire aucune mention que nous vous en ayons écrit, mais requis du peuple pour désabuser Sa Sainteté de ce que l'on a dit d'eux, et faut qu'elle soit en bonne forme.

Atant prions Dieu qu'il vous ait en sa sainte garde.

82ᵉ LETTRE.

L'original est conservé dans les archives de la Visitation d'Annecy.

A MADAME LA DUCHESSE DE NEMOURS.

Saint François s'excuse de ne lui avoir pas écrit plus tôt relativement à son voyage de Piémont, et parle des calamités de la Savoie.

1603 (1).

Ce m'est un extrême honneur d'être si avant en votre souvenance que, non seulement vous ayez daigné m'écrire le 16 avril, mais aussi il vous ait plu me témoigner que vous auriez agréable de recevoir de mes let-

---

(1) Nous n'hésitons pas à mettre cette lettre sous la date de 1603 ; c'est précisément en cette année que saint François se rendit à Turin, et que le Duc accompagna ses fils à Nice, d'où ils devoient partir pour aller en Espagne.

tres. Mais la favorable plainte que vous me faites à moi-même de n'en point recevoir, me couvriroit de honte si j'eusse autant eu de commodités de vous en envoyer, comme j'en ai eu de désir; car, en l'assurance de votre bonté, madame, je n'eusse pas failli de vous faire plus souvent la révérence par lettre, si je n'eusse été empêché par le voyage et séjour que j'ai été contraint de faire en Piémont pour obtenir la main-levée des revenus de mon évêché que S. A. m'avoit fait saisir un peu après que je fus fait évêque, d'où je ne suis de retour que de trois jours, en çà, ayant été dépêché seulement au dernier jour que S. A. fut en Piémont, après lequel il partit pour aller à Nice conduire Messeigneurs les princes sur la mer, pour le voyage d'Espagne, lequel, autre chose ne survenant, je tiens désormais pour fait : ce sont toutes les nouvelles du Piémont.

Et quant à celles de ce pays, elles sont si désagréables, que je ne pense pas vous en devoir entretenir, puisqu'elles ne consistent qu'en volleries et pilleries que font ceux de Genève sur nous et particulièrement sur les gens d'églises qui, seuls, ne sont reçus à aucune contribution, ni composition, d'où s'en est suivi l'abandonnement d'une grande quantité d'églises. Notre-Seigneur y veuille mettre sa bonne main pour nous donner sa sainte paix! Cependant je remercie très humblement V. E. du soin qu'elle a eu de mon frère. C'est l'un des effets de votre grande charité et bonté de cœur, et je la supplie en toute humilité de me continuer l'honneur de cette bienveillance qu'il lui plait me porter, bien que j'en sois indigne. Et je prierai tousjours Dieu qu'il lui plaise de vous donner cet.

Me croyant tousjours fidèle et affectionné au service de V. E. et de Monseigneur son fils.

83e LETTRE.

L'original est conservé dans les archives de la Visitation d'Annecy.

A UN GENTILHOMME EN DIGNITÉ.

Il lui recommande les affaires du Chablais et celles de la saisie du
temporel de l'évêché.

1603.

Monsieur,

Je ne suis nullement en doute de la fermeté de votre
zèle et de votre mémoire et choses qui regardent le service de Dieu, mais je dois, nonobstant cette assurance,
me ressouvenir moi-même de vous supplier humblement, comme je fais, pour les nécesssités de nos cures
de Chablais et de Gaillard, destituées de pasteurs faute
de moyens, suivant ce que vous prîtes la peine d'en apprendre étant à Thonon.

Et permettez-moi, monsieur, je vous en supplie, que
je vous ressouvienne de ce qu'il vous plût m'accorder
pour mon particulier, qui est, qu'étant à Chambéri,
vous me feriez l'honneur de considérer si, pour n'avoir
pas voulu accorder des excommunications en matière
criminelle et contre les canons, il est raisonnable que le
temporel de l'évêché ou celui du vicaire soit saisi.

84e LETTRE.

L'original est conservé dans le noble collége Tolomei, de Sienne, en Toscane.

A M. D'ALBIGNI, CHEVALIER DE L'ORDRE DE S. A., ET SON LIEUTENANT-GÉNÉRAL.

Saint François lui recommande M. de Gremer d'Hienne, pour une place dans la cavalerie.

1603.

Monsieur,

Je vous supplioy, à mon despart de Chambéri, de vouloir donner une place en la cavalerie au sieur de Gremer d'Hienne, que je doys affectionner pour estre neuveu de feu monsieur l'Évesque, mon prédécesseur. Vous me fistes la grace, monsieur, de me l'accorder. Il me reste à vous en mentionner, aux occasions qui m'a fait maintenant vous en rafraschir, la première supplication que je vous en ay faite, laquelle vous gratifierez je m'en asseure, non seulement pour l'humble et entière affection, de laquelle je vous honore, mais aussi en contemplation de ce bon prélat décédé, duquel les mérites vivent devant Dieu, et en vostre souvenance. Je supplie sa Divine Majesté qu'elle vous bénisse de ses plus chères faveurs, et suis,

Monsieur,

Votre serviteur plus humble,

FRANÇOIS, Évesque de Genève.

85ᵉ LETTRE.

L'autographe appartient au comte Prosper Oliviers di Vernier ,
à Turin.

A S. A. CHARLES EMMANUEL 1ᵉʳ, DUC DE SAVOIE.

Sur la triste situation du prieuré de Bellevaux, et pour engager
S. A. à décharger le prieur des dîmes.

A Neci , le 29 mai 1604.

Monseigneur,

J'ai reçu commandement de V. A. de luy donner advis certain de l'estat du prieuré et monastère de Bellevaux par ce que s'il est si misérable que l'on luy a fait
entendre, elle veut relascher les décimes au prieur ;
j'obéis donques à la volonté de V. A., et sur une particulière connoissance que j'ay de la vérité je la puis asseurer que ce monastère qui fut jadis assez célèbre, est
quelque peu ruiné quant aux bastimens et tellement
appauvri quant au revenu qu'il ne sçauroit de long-
temps rendre cent ducatons annuels à son prieur, et
pour la présente année ayant reçeu un grand dégast par
la tempeste, il n'y a pas à beaucoup près de quoy supporter les charges, à quoy adioustant l'indigence du
nouveau prieur et le désir qu'il a de résider et bien faire
son devoir la conclusion ne peut estre si non que V. A.
fera une sainte aulmone d'exercer sa libéralité en ce
sujet.

Je fais très humblement la révérence à V. A. priant

Nostre-Seigneur qu'il multiplie ses faveurs sur elle et sur ses désirs, et demeurant, comme je dois,

Monseigneur,

Très humble et très obéissant serviteur et orateur de V. A.,

FRANÇOIS, Evesque de Genève.

86e LETTRE.

L'original appartient à M. le marquis Ange Chigi, à Rome.

A M. D'ALBIGNI, CHEVALIER DE L'ORDRE DE S. A., ET SON LIEUTENANT-GÉNÉRAL EN DE ÇA DES MONTS.

Sur l'immunité locale : saint François désire qu'elle soit modérée.

20 juin 1604.

Monsieur,

Le désir que vous avez que les soldats puissent estre tirés des lieux sacrés pour estre chastiés selon leur demérites, est fort juste et propre à la conservation du bien public. J'ai eu tant de distractions pour ne l'avoir pas voulu permettre que j'ay bien occasion aussi de mon costé de souhaitter que les lois de l'immunité des églises soyent modérées à cet efect. Ce n'est néanmoins pas à moy de le faire que suis sujet. C'est pourquoy j'ay supplié monsieur le Nonce de m'en faire venir un petit mot de déclaration qui me descharge de leur rigueur laquelle ce me semble n'est pas sortable en ce temps, en ce lieu, en ces occasions.

Je vous supplie, Monsieur, d'avoir agréable que j'attende puisque ma condition le requiert, en laquelle je prie Dieu tous les jours pour vous et suis,

Monsieur,

Votre serviteur plus humble,

FRANÇOIS, Evesque de Genève.

87ᵉ LETTRE.

L'original est conservé dans le monastère de la Visitation de Rome.

A SA SAINTETÉ CLÉMENT VIII.

Saint François recommande à Sa Sainteté le théologien Andréus Desauzea pour l'évêché de Belley.

In Annessi, alli 15 di luglio 1604.

È vacante un pezzo fa la diocesi Bellicense contigua a questa di Geneva, e al Re Cristianissimo molte persone sono state proposte, acciò si degnasse favorirli, apprèsso la Santa Sede in questa occasione, fra le quali ci è un sacerdote francese Andrea Desauzea uomo di molte qualità buon teologo, e predicatore zelante e di costumi lodevoli. E perchè quella chiesa vacante se bene è molto povera è nientedimeno d'importanza per essere vicina all' eresia, e su le frontiere, e chè al bene di questa di Geneva conduce molto la salute di quella, per questo, padre beatissimo, sapendo io chè vostra beatitudine la quale ha una sollicitudine elastissima in provvedere la chiese cattedrali vuole usare di speciale Provvidenza apostolica alla provvisione di detta chiesa Bellicense, ardis?? vile et indegna creatura chè io sono, di supplicarla chè sia servita di voler assai gratificare quel teologo sopranominato ad onore del Signor Iddio e beneficio delle anime. Nè questo desidero per interesse mio particolare, poichè non ho conosciuto quel personnaggio se non dapòi chè da un anno in quà egli ha fatto alquante prediche in questa diocesi di Geneva con molto gusto e frutto degli uditori. Riceva Vostra Beatitudine questa mia supplica con quella sua soavissima clemenza chè a me diede confidenza di scriverle sopra questo negozio. E baciando i sacri piedi apostolici chiedo la sua santissima benedizione.

Umilissimo ed indegno servo,

FRANCESCO, Vescovo di Geneva.

Très Saint Père,

L'évêché de Belley contigu à celui de Genève est vacant depuis quelque temps. On a proposé au Roi T.-C. beaucoup de sujets, afin qu'il daignât leur accorder ses bontés auprès du Saint-Siège en cette occasion. Parmi ces sujets il y a un prêtre français, André de Sauzea, homme qui possède beaucoup de qualités, bon théologien, prédicateur zélé et de mœurs excellentes. Cette église vacante, bien que pauvre, est néanmoins d'importance, parcequ'elle se trouve voisine de l'hérésie et sur les frontières. D'ailleurs le salut de ce siège conduit au bien de celui de Genève. En conséquence, Père très pieux, comme je sais que V. B., qui a une sollicitude très élevée pour pourvoir les églises cathédrales, veut apporter une particulière prévoyance apostolique à l'institution du siége de Belley, j'ose, moi, vile et indigne créature que je suis, la supplier de daigner préférer le théologien susnommé, pour l'honneur de Dieu et le bénéfice des âmes.

Je ne désire pas cela pour mon intérêt particulier, car jé ne connois ce personnage que depuis un an, l'ayant entendu prêcher dans ce diocèse de Genève avec beaucoup de talent et d'avantage pour les auditeurs. Que V. B. reçoive ma supplication avec cette suavissime indulgence qui m'a donné la confiance de lui écrire sur cette affaire.

En baisant les pieds apostoliques, je demande sa sainte bénédiction.

Je suis son très humble et très indigne serviteur,

FRANÇOIS, Evêque de Genève.

88e LETTRE.

L'original est conservé aux archives de la cour de Turin.

A MONSIEUR JACOB.

Sur la sainte maison de Thonon.

A Sales, le 11 août 1604.

Monsieur,

Le seigneur chevalier Lobet m'a treuvé chez ma mère, où je n'ay sçu luy donner autre satisfaction, que de vous supplier bien humblemeut comme je fay, qu'il vous playse, Monsieur, de faire examiner ses prétentions, autant comme il se peut sommairement, en la présence des seigneurs officiers de S. A. qui ont charge de la conservation des biens de la Sainte-Mayson, et je donne dès à présent mon consentement, à tout ce qui sera advisé et treuvé raysonnable pour terminer cette affaire. Je diray bien néanmoins, que je pense plus à propos que la Mayson retienne le titre en donnant une pension sortable à la valeur du prieuré comme seroit de la moytié ou autrement ainsy qu'il sera jugé. Et cela fait à cette prochaine feste de Nostre-Dame de septembre, tout le conseil de la Mayson se treuvant à Thonon, il pourra ratifier le traitté. Je ne voy point d'autre moyen de servir en cette affaire le seigneur Lobet, eu égard à la haste qu'il a de s'en retourner en Piémont, et puisque les affaires de cette Sainte-Mayson ne sont pas au pouvoir de moy seul, qui en cette occasion et en toutt'autre, feray tousjours joindre ma volonté à vos désirs, comme doit celuy qui priat Dieu pour vostre prospérité, sera toute sa vie.

89ᵉ LETTRE.

L'original est conservé aux archives de la cour de Turin.

A S. A. CHARLES EMMANUEL 1ᵉʳ, DUC DE SAVOIE.

Sur la réformation des monastères de Savoie.

Anneci, 27 octobre 1604.

Monseigneur,

Je sçai dès long-temps combien V. A. désire la réformation des monastères de de çà les monts, et qu'ell' a tousjours jugé que le meilleur moyen d'y parvenir, c'estoit d'oster par voye raysonnable les moynes et religieux qui jusques à présent s'y sont mal comportés, et y mettre en leur place des autres religieux des congrégations réformées. C'est pourquoy je ne doute nullement que V. A. n'ayt fort agréable le dessein que le sieur abbé d'Abondance a fait d'introduire en son monastère les bons Pères de Saint-Bernard, lesquelz par leur bonne vie et doctrine répareront les ruines que les autres ont faittes par leur mauvais exemple. Je dois néanmoins en faire ma très humble supplication à V. A., comme celuy qui en recevra autant de consolation que les peuples de ce diocèse en receurent d'édification.

Permettés moy, Monseigneur, que je supplie encore V. A. que le bon docteur monsieur Normelet puisse avoir la prébende théologale d'Evians comme les autres théologaux précédens l'ont eue, puisqu'il ne la méritera pas moins qu'eux, et que cette pauvre ville n'en a pas moins nécessité maintenant qu'ell' a eu ci-devant. Je confesse que le sieur abbé est si extrêmement chargé de despences, qu'il luy sera mal aysé de la payer. Mais, Monseigneur, s'il plaisoit à V. A. d'ordonner que ses pensionnaires y contribuassent chascun quelque partie, il n'y auroit plus nulle difficulté; je l'en supplie avec tout' humilité, et confiance, en son saint zèle au bien des âmes de ses sujetz. Je prie Dieu qu'il multiplie ses faveurs en V. A. à laquelle faysant très humblement la révérence, je demeure,

Monseigneur,

Son très humble et très obéissant orateur
et serviteur,

FRANÇOIS, Evêque de Genève.

90ᵉ LETTRE.

L'original est conservé aux archives de la cour de Turin.

A S. A. CHARLES EMMANUEL 1ᵉʳ, DUC DE SAVOIE.

Sur la collation de la cure d'Alinges, contestée à l'Evêque de
Genève par le prévôt de Montjou.

Anneci, le 31 octobre 1604.

Monseigneur,

La cure des Alinges, qui ne fut onques à la disposition du prévost de Montjou, a esté légitimement con-
férée à un fort honneste presbitre lequel dès le commencement du restablissement de la sainte religion en
ces quartiers-là y a très utilement travaillé.

Je ne fus pas plustost en ceste charge que le sieur
prévost de Montjou m'a fait appeller pardevant monsieur l'archevesque de Tharantaise, et avec moy le dit
curé, pour voir rompre toutes les provisions faites de
la ditte cure par feu monsieur l'Evesque mon prédécesseur de dévote mémoire. J'ay respondu, Monseigneur,
et suis tousjours prest à respondre. Et néanmoins le
sieur prévost de Montjou m'envoye une lettre de V. A.
qui me deffend de l'attaquer en procès; Monseigneur,
il a tort, et c'est à moy de supplier très humblement
V. A. de lui commander de ne point troubler l'establissement des cures de Chablaix qui a tant cousté et
de peynes, et de soin au zèle de V. A. Il a des-jà esté
condamné devant les officiers de V. A. Il a néanmoins
recouru à Sa Sainteté, laquelle a député monsieur de

Tharentaise, devant lequel il me fait appeller. Et où, j'espère, son tort sera reconnu s'il ne cesse de nous travailler.

V. A. a la mayson de Saint-Bernard en sa protection, mais elle n'a pas moins sous sa grâce et singulière faveur cette misérable esvêché de Genève, pour conserver avec ses commandemens les droits de l'un et de l'autre; qui est tout ce que je puis souhaitter en cett' occasion particulière en laquelle j'ay trois grans advantages, c'est qu'il s'agist non de mes actions, mais de celles de feu monsieur mon prédécesseur que V. A. a tousjours jugé fort homme de bien. Je suis défendeur et en possession, et mon adversaire en cette cause a esté tousjours condamné jusques à présent.

Avec ces raysons je me prometz que V. A. aura aggréables mes procédures, et qu'en sachant les fondamens elle commandera au sieur Prevost de cesser et faire cesser les siennes.

Je prie Nostre Seigneur qu'il comble V. A. et sa couronne de toute félicité et prospérité et luy faysant très humble révérence, je demeure comme je doy, et veux toute ma vie,

Monseigneur,

Très humble et très obéissant serviteur et orateur de V. A.,

FRANÇOIS, Evesque de Genève.

91ᵉ LETTRE.

L'original est conservé aux archives de la cour de Turin.

A S. A. CHARLES EMMANUEL 1ᵉʳ, DUC DE SAVOIE.

Sur le paiement de la prébende théologale d'Evian à M. Nouvelet.

Anneci, 12 nov. 1604.

Monseigneur,

Le bon homme, monsieur Nouvelet, avoit esté promeu de la charghe théologale d'Evian et par conséquent de la prébende d'icelle. Mais monsieur l'abbé d'Abondance se treuve fort empesché à la vouloir payer, d'autant qu'il entre en une bonne despense pour introduire les pères Feuillans en son abbaye, et que d'ailleurs il est fort chargé de pensions. Il dit néanmoins que si ceux qui ont les pensions vouloyent supporter charitablement la moytié de la ditte prébende, il contribueroit volontiers l'autre moytié.

Mais cela ne se peut ni attendre ni espérer ; sinon de la bonté et providence de V. A. qui le commandast et à l'abbé et aux pensionnaires, en faveur des âmes qui en seroyoient assistées, et du bon monsieur Nouvelet, du quel la pauvreté seroit soulagée et la vieillesse consolée, et qui ne respire ni devant Dieu ni devant les hommes que la grandeur et sainte prospérité de V. A., de Messeigneurs ses enfans, et de la postérité pour laquelle je prie aussi tous les jours Sa Divine Majesté, comme estant,

, Monseigneur,

Très humble et très obéissant serviteur et orateur de V. A.,

FRANÇOIS, Evesque de Genève.

92ᵉ LETTRE

Tirée d'une copie conservée aux archives de la cour de Turin et communiquée par M. le Conseiller de La Mare.

A M. DE CHANTAL, CAPITAINE DE 50 HOMMES D'ARMES, CHEVALIER DE L'ORDRE DE SA MAJESTÉ.

Sur le mariage de son frère avec mademoiselle de Chantal, fille du Capitaine.

4604.

Monsieur,

J'ai bien assez de cognoissance de la grandeur de la courtoisie avec laquelle vous avez agréable le dessein du mariage de madamoiselle vostre fille aynée avec mon frère; mais il ne m'est pas advis que jamais j'en puisse faire aucune sorte de digne reconnoissance et remerciment. Seulement vous supplié-je bien humblement de croire que vous ne pouviez pas obliger de cet honneur des gens qui le receussent avec plus de ressentiment que nous faisons, mes proches et moy, qui touts en sommes remplis de consolation; et bien, Monsieur, que nous soyons fort esloignés des mérites que vous pouviez jus-

tement requérir pour nous faire cette faveur et nous
recevoir à une sy estroitte alliance avec vous, sy espé-
rerons-nous de tellement y correspondre par une entière, sincère et humble affection à vostre service, que
vous en aurez contentement. En mon particulier, Monsieur, permettez-moi que je dise que l'amitié non seulement fraternelle, mais encore paternelle que je portois
à ma petite sœur, m'est demeurée en l'esprit pour la
donner à cette autre encor plus petite sœur que, ce me
semble, me prépare; et, sy cela, lui donneray avec un
surcroît de respect et d'estime tout singulier, et considération de l'honneur extrême que je vous porte, Monsieur, et à M. de Bourges et à M. le Président, sans y
comprendre ce que je pense de la dilection que je dois
à madame sa mère, vostre chère fille. Or, j'espère que
Dieu bénira le tout, et se rendra le protecteur de ce
projet que je lui recommande de tout mon cœur, et
qu'il vous conserve et comble de ses grandes grâces et
faveurs, c'est le souhait perpétuel,

> Monsieur,

> De vostre plus humble et très affectionné
> serviteur,

> FRANÇOIS, Evêque de Genéve.

93ᵉ LETTRE.

L'original est conservé dans le monastère de la Visitation de Turin.

A MADAME DE CHANTAL.

Saint François lui donne des conseils sur une affaire légale : avis
sur les tentations ; moyen de les repousser et de nous en ga-
rantir.

21 novembre 1604 (1).

Madame ma très chère sœur,

Nostre glorieuse et très sainte maistresse et reyne la
Vierge Marie, de laquelle nous célébrons aujourd'hui
la présentation, veuille présenter nos cœurs à son filz,
et nous donner le sien. Vostre messager m'est arrivé au
plus fort et malaysé endroit que je puisse presque rencontrer en la navigation que je fay sur la mer tempes-
tueuse de ce diocèse, et n'est pas croyable combien vos
lettres m'ont apporté de consolation. Je suis seulement
en peyne si je pourrois tirer de la presse de mes affaires le loysir qu'il faut pour vous respondre si tost comme
je désire et si bien comme vous attendés. Je diray ce
que je pourray tumultuayrement et s'il me reste quelque chose après cela je vous l'escriray dans bien peu
de temps par homme de connoissance qui va à Dyon
et revient.

---

(1) Cette lettre a déjà été publiée dans le tome 8 de l'édition,
premier volume des lettres, pag. 266 ; mais les lacunes que l'on y
remarque nous font un devoir de la reproduire ici en son entier.

Je vous remercie de la peyne que vous avez prise à me desduire l'histoire de vostre porte de Saint-Claude et prie ce béni saint, tesmoin de la sincérité et intégrité de cœur avec laquelle je vous chéris en Nostre-Seigneur et commun maistre, qu'il impètre de sa sainte bonté l'assistance du Saint-Esprit qui nous est nécessaire pour bien entrer au repos du tabernacle de l'Eglise. C'est assez dit une fois pour toutes, ouy, Dieu m'a donné à vous, je dis uniquement, entièrement, irrévocablement.

Pour vostre procès je vous diray, qu'en ayant conféré avec un des excellens hommes qui vivent affin qu'il m'aydast à m'en bien esclaircir. J'ay rencontré ce me semble le nœud de l'affaire, pour vous bien et solidement conseiller pour nostre âme, qui est à Dieu et de laquelle pour l'amour d'icelluy il nous faut estre fort jaloux. C'est que j'ay veu que le contract des moulins et la transaction de la succession ont esté faitz à mesme jour, mesme heure, par le mesme notaire; en la mesme mayson, par le mesme notaire, devant les mesmes tesmoins. Cela les rend correspectifz l'un à l'autre. Et de là s'ensuit que voulant faire casser et rompre celuy des moulins à cause de l'énorme lésion; il faut aussi rompre et casser celuy de la transaction qui luy est correspectif, et laysser les affaires au mesme estat auquel elles estoyent avant la transaction et l'achapt des moulins. Car puisque vons voulés oster les quatorze mille francz à celuy à qui ilz avoyent esté donnés pour le faire transiger, il est bien raysonnable que la transaction qu'il a faitte pour les avoir soit aussi gastée, vous voulés reprendre ce que vous luy avés donné qui est la somme de quatorze mille francz, rendés-luy aussi ce que vous avés de luy à cette considération, qui est la cession de cette succession , que si il n'y avoit nul droit en ce temps-là, il n'en aura non plus maintenant. Et en cette façon je ne voy pas qu'il y ait rien à craindre pour nostre chère âme ; car vous ne luy faites nul tort de reprendre ce que vous luy avez donné, luy rendant ce qu'il vous a donné.

Je ne suis pas bien asseuré si je dis bien en ceci, parce qu'à l'adventure n'ay-je pas bien conçeu le fait avec toutes ses circonstances , car je suis extrêmement dur à l'intelligence de ces choses-là. C'est pourquoy en ayant conféré avec des personnes entendantes au mestier et consciencieuses des quelles vous ne manqués pas à Dijon, si mon opinion n'est pas jugée bonne, ne la suivés pas, mais la leur : car je le désire ainsy , bien que j'espère que j'auray bien deviné selon la proposition que vous m'en avez faitte.

Prenez garde en la poursuite du procès de ne point relascher de la pure et entière charité du prochain et faittes les sollicitations religieusement, et moyennant cela, ne vous layssez nullement inquiéter d'aucun scrupule, car il n'y a nul danger.

Je ne vous diray plus rien du doute que vous aviés si Dieu vouloit ou ne vouloit pas ce qui se passa à Saint-Claude, car, puisque sa bonté s'est inclinée jusques aux oreilles de vostre cœur pour s'en déclairer à vous, il n'est plus question que vous en doutiés. Pour moy, il ne me seroit pas possible, quand je le voudrois, d'en entrer en aucune difficulté.

Je viens à vostre croix, et ne sçais si Dieu m'aura bien ouvert les yeux pour la voir en ces quatre boutz, je le souhaitte infiniment et l'en supplie, affin que je vous puisse dire quelque chose bien à propos. C'est une certaine impuissance, ce me dites-vous, des facultés ou

parties de vostre entendement qui l'empêche de prendre le contentement de la considération du bien, et ce
qui vous fasche le plus, c'est que voulant l'hors prendre
résolution, vous ne sentez point la solidité accoustumée,
ainsi vous rencontrez une certaine barrière que vous
arrestez tout court, et de là vient le torment des tentations de la foy. C'est bien dit, ma chère fille, vous vous
exprimez bien, je ne sçais si je vous entends bien. Vous
adjoustez que néanmoins la volonté par la grâce de Dieu
ne veut que la simplicité et fermeté en l'Eglise et que
vous mourriez volontiers pour la foy d'icelle. O Dieu
soit béni! ma chère fille.

L'infirmité n'est pas à la mort, mais affin que Dieu soit
gloriffié en icelle. Vous avez deux peuples au ventre de
vostre esprit, comm' il fut dit à Rebecca, l'un combat
contre l'autre, mais enfin le plus jeune surmontera
l'aisné. L'amour-propre ne meurt jamais que quand nous
mourons, il a mille moyens de se retrancher dans nostre
âme, on ne l'en sçauroit desloger, c'est l'aisné de nostr'
âme, car il est naturel ou au moins connaturel. Il a une
légion de carabins avec luy, de mouvemens, d'actions,
de passions, il est adroit et sçait mille tours de souplesse.
De l'autre costé, vous avez l'amour de Dieu qui est
conçeu après, et est puisné, il a aussi ses mouvemens,
inclinations, passions, actions. Ces deux enfans en un
mesme ventre s'entrebattent comm' Esaü et Jacob.
C'est pourquoy Rebecca s'escrie, m'estoit-il pas mieux
de mourir que de concevoir aussi tant de douleurs.
De ces convulsions s'ensuit un certain dégoustement
qui fait que vous ne savourez pas les meilleures viandes.
Mays que vous importe-t-il de savourer ou ne savourer
pas, puisques vous ne laissez pas de bien manger. S'il
me failloit perdre l'un des sentimens, je choysirois que

ce fust le goust, comme moins nécessaire, voire mesme que l'odorat, ce me semble. Croyez-moy, ce n'est que le goust qui vous manque, ce n'est pas la veüe; vous voyez, mays sans contentement, vous maschez le pain comme si c'estoyent des estouppes sans goust ni saveur. Il vous semble que vos résolutions sont sans force par ce qu'elles ne sont pas gayes ni joyeuses, mais vous vous trompez, car l'apostre saint Paul bien souvent n'en avoit que de cette sorte-là.

La pauvre Lia est une petite chassieuse et laide, mais il faut que vostre esprit couche avec elle, avant que d'avoir la belle Rachel. Et courage, car elle ne laissera pas de faire de beaux enfans et des œuvres agréables à Dieu. Mais je m'arreste trop. Vous ne vous sentez pas ferme, constante ni bien résolue; il y a quelque chose en moi, ce dites-vous, qui n'a jamais esté satisfait, mais je ne sçaurois dire que c'est. Je le voudrois bien sçavoir, ma chère fille, pour vous le dire, mais j'espère qu'un jour vous ayant à loysir je l'apprendray, cependant, seroit-ce point peut-estre une multitude de désirs qui fait des obstructions en vostre esprit. J'ai esté malade de cette maladie. L'oyseau attaché sur la perche se connoît attaché et sent les secousses de sa détention et de son engagement, seulement quand il veut voler, et tout de mesme avant qu'il aye ses aisles, il ne connoît son impuissance que par l'essay du vol.

Pour un remède donques, ma chère fille, puisque vous n'avez pas encor vos aysles pour voler, et que vostre propre impuissance met une barrière à vos efforts, ne vous débattez point, ne vous empressez point pour voler; ayez patience que vous ayez des aysles pour voler comme les colombes; je crains infiniment que vous n'ayez un petit trop d'ardeur à la proye que vous ne vous empressiez, et multipliiez les désirs un petit trop dru, vous voyez la beauté des clartés, la douceur des résolutions, il vous semble que presque vous les tenez, et le voysinage du bien vous en suscite un appétit de même, et cet appétit vous empresse et vous fait eslancer, mais pour le néant, car le maistre vous tient attachée sur la perche, ou bien vous n'avez pas encor vos aisles, et cependant vous amaigrissez par ce continuel mouvement du cœur, et alanguissez continuellement vos forces. Il faut faire des essays mais modérés, mais sans se débattre, mais sans s'eschauffer. Examinez bien vostre procédeure en cet endroit; peut-être verrez-vous que vous bandez trop vostre esprit au désir de ce souverain goust qu'apporte à l'âme le ressentiment de la fermeté, constance et résolution; vous avez la fermeté; car qu'est-c' autre chose, fermeté, que vouloir plutôt mourir qu'offenser ou quitter la foi? Mais vous n'en avez pas le sentiment; car si vous l'aviez vous auriez mille joyes. Or sus, arrestez-vous, ne vous empressez point. Vous verrez que vous vous en treuverez mieux. Et vos aysles s'en fortifieront plus aisément. Cet empressement donques est un défaut en vous, et c'est ce je ne sçais quoy qui n'est pas satisfait, car c'est un défaut de résignation; vous vous résignez bien, mais c'est avec un mais, car vous voudriez bien avoir ceci et cela, et vous débattez pour l'avoir.

Un simple désir n'est pas contraire à la résignation, mais un pantelement de cœur, un débattement d'aisles, une agitation de volonté et multiplication des lancemens, cela, indubitablement, est faute de résignation. Courage, ma chère sœur, puisque nostre volonté est à Dieu, sans doute nous sommes à luy. Vous avez tout ce qu'il faut, mais vous n'en avez nul sentiment; il n'y a pas grande perte en cela. Sçavez-vous ce qu'il faut faire, il faut prendre en gré de ne point voler, puisque nous n'avons pas encor nos aisles. Vous me faites ressouvenir de Moyse : le saint homme arrive sur le mont de Phasga, il vit toute la terre de promission devant ses yeux, terre à laquelle il avoit aspiré et espéré quarante ans continuels parmi les murmurations et séditions de son armée et parmi les rigueurs des déserts. Il la vit et n'y entra point, mais il mourut en la voyant. Il avoit vostre verre d'eau aux lèvres et ne pouvoit boire. O Dieu ! quels soupirs devoit jeter cett' âme ! Il mourut là plus heureux que plusieurs qui moururent en la terre de promission, puisque Dieu lui fit l'honneur de l'ensépulturer luimesme.

Or sus, s'il vous failloit mourir sans boire de l'eau de la Samaritaine ; et qu'en seroit-ce pour cela, pourveu que nostr' âme fût receue à boire éternellement en la source et fontaine de vie. Ne vous empressez point à des vains désirs, et même ne vons empressez pas à ne vous empresser point. Allez doucement vostre chemin, car il est bon.

Sachez, ma très chère sœur, que je vous écris ces choses avec beaucoup de distractions, et que, si vous les trouvez embrouillées, ce ne sera pas merveille : car je le suis moy-mesme, mais, Dieu merci, sans inquiétude. Voulez-vous connoistre si je dis vray, que le défaut qui est en vous c'est de cett' entière résignation. Vous voulez bien avoir une croix, mais vous voulez avoir le choix, vous la voudriez commune, corporelle et de telle ou telle sorte. Et qu'est cela, ma fille très aymée ? Ah ! non, je désire que vostre croix et la mienne soient entièrement croix de Jésus-Christ, et quant à l'imposation d'icelle et quant au choix, le bon Dieu sçait bien ce qu'il fait et pourquoi; c'est pour nostre bien, sans doute. Nostre Seigneur donna le choix à David de la verge de laquelle il seroit affligé, et, Dieu soit béni, mais il me semble que je n'eusse pas choisi : j'eusse laissé faire tout à Sa Divine Majesté. Plus une croix est de Dieu, plus nous la devons aymer. Or sus, ma sœur, ma fille, mon âme, et ceci n'est pas trop, vous le sçavez bien; dites-moy, Dieu n'est-il pas meilleur que l'homme, mais l'homme n'est-il pas un vray néant en comparaison de Dieu? Et néanmoins, voyez un homme, ou plustôt le plus vray néant de tous les néans, la fleur de toute la misère, qui n'ayme rien moins la confiance que vous avez en lui, encore que vous en ayez perdu le goust et le sentiment que si vous en aviez tous les sentimens du monde, et Dieu n'aura-t-il pas agréable votre volonté bonne, encor qu'elle soit sans nul sentiment. Je suis, disoit David, comme une vessie séchée à la fumée du feu, qu'on ne sçauroit dire à quoi elle peut servir. Tant de sécheresses qu'on voudra, tant de stérilités, pourveu que nous aymions Dieu.

Mais avec tout cela, vous n'estes pas encore au païs où il n'y a point de jour, car vous avez le jour par fois et Dieu vous visite. Est-il pas bon, à vostre advis? Il me semble que cette vicissitude vous le rend bien savoureux.

94ᵉ LETTRE.

L'original est conservé chez la marquise de Camerano , née de
Tornon , à Turin.

**A MESSIEURS DU CONSEIL DE LA SAINTE MAISON DE
THONON.**

Saint François leur envoie des papiers concernant ladite maison.

7 décembre 1604.

Messieurs,

Je vous envoye l'original que vous avez désiré de moy
avec quelques autres papiers qui regardent le même sujet. Et ne sçais pourquoi les sindicques de Thonon pren-
nent ce...... de nier une chose si claire et qu'ils ne peuvent ignorer. Je prie Notre-Seigneur qu'il vous donne
abondamment l'assistance du S. Saint-Esprit et suis,

Messieurs,

Votre serviteur plus humble en Notre-Seigneur,

FRANÇOIS, Evêque de Genève.

95ᵉ LETTRE.

L'original est conservé dans le monastère de la Visitation de
Turin.

A MADAME LA BARONNE DE CHANTAL.

Sur les peines d'esprit.

7 mars 1606.

C'est enfin par monsieur Fabre, que je vous escris,
ma chère fille, et toujours néanmoins sans loysir car il
m'a faillu escrire beaucoup de lettres, et tousjours vous
estes la dernière à qui j'escris, ne craignant point pour
cela de m'en oublier. Je me repentis l'autre jour de
vous avoir tant escrit de choses sur cette petite brouil-
lerie d'esprit qui vous estoit arrivée. Car puisque ce
n'estoit rien en vray vérité, et que l'ayant communiqué
au Père Gentil, tout cela s'estoit esvanoüy, je n'avois
que faire si non de dire *Deo gratias.* Mais voyés vous,
mon esprit est sujet aux espanchemens avec vous et avec
tous ceux que j'affectionne. Mon Dieu, ma fille, que
vos maux me font de bien car j'en prie avec plus d'attention, je me metz devant Nostre-Seigneur avec plus
de pureté d'intention, je me metz plus entièrement à
l'indifférence. Mais croyez-moi, ou je suis le plus trompé
homme du monde, ou nos résolutionss sont de Dieu et
à sa plus grande gloire. Non, ma fille, ne regardés plus
ni à droite ni à gauche; hé je ne veux pas dire, que
vous ne regardiés pas, non, mais je veux dire ne

regardez pas, pour vous y amuser, pour examiner soigneusement, pour vous embarrasser et entortiller vostre esprit de considérations des quelles vous ne sçauriés vous desmesler. Car si après tant de temps, après tant de demandes à Dieu, on ne se resoult pas sans difficulté, comme penserons sur des considérations faites sans appareil pour celles qui viennent à gauche, et faites par des simples odeurs et goustz, quand à celles qui viennent à dextre, comme penserons nous dis-je bien rencontrer. Or, sus, laissons cela. N'en parlons plus, parlons d'une règle générale que je vous veux donner, c'est que tout ce que je vous dis, ne pensez pas ceci cela, ne regardés pas, et semblables, tout cela s'entend *grosso modo*. Car je ne veux point que vous contraigniés vostre esprit à rien, si non à bien servir Dieu, à le bien aymer, à ne point abandonner nos résolutions ainsi à les aymer. Pour moy j'ayme tant les miennes, que que quoy que je voye, ne me semble point suffisant pour m'oster un' once de la bonn' estime que j'en ay, encore que j'en voye et considère des autres plus excellentes et relevées. Hélas! ma chère fille, c'est aussi un entortillement que celuy du quel vous m'escrivez par monsieur de Sauzea. Ce tintamarre..... qui vous fait peur de.......... mon Dieu, ma fille ne sçauriez-vous vous prosterner devant Dieu, quand cela vous arrive, et luy dire tout simplement : ouy, Seigneur, si vous le voulez, je le veux, et si vous ne le voulez pas, je ne le veux pas. Et puis passer à faire un peu d'exercice, et d'action qui vous serve de divertissement, mais ma fille voyci ce que vous faites : Quand cette bagatelle se présente à vostre esprit, vostre esprit s'en fasche, et ne voudrait point voir cela. Il craint que cela ne s'arreste, cette crainte retire la force de vostre esprit et laisse ce pauvr' esprit tout pasle, triste et tremblant, cette crainte luy desplait, et engendre un' autre crainte que cette première crainte, et l'effroy qu'elle donne ne soit cause du mal, et ainsy vous vous embarrassés. Vous craignés la crainte, puis vous craignés la crainte; vous vous faschés de la fascherie, et puis vous vous faschés d'estre faschée de la fascherie, c'est comme j'en ay veu plusieurs qui s'estant mis en colère sont par après en colère, de s'estre mis en colère, et semble tout cela aux cercles qui se font en l'eau quand on y a jetté une pierre, car il se fait un cercle petit et cestuy là en fait un plus grand et cet autre un autre. Quel remède, ma chère fille, après la grâce de Dieu, c'est de n'estre pas si délicate, voyés vous, voyés un' autr' espanchement d'esprit, mais il en a remède; ceux qui ne peuvent pas souffrir la démangeayson d'un ciron, en la pensant faire passer à force de se gratter, ils s'escorchent les mains. Mocquez-vous de la plus part de ces brouilleries, ne débrassés point pour les penser rejetter. Moqués-vous-en, divertissés-vous à des actions, taschés de bien dormir, imaginez-vous, je veux dire, pensés que vous estes un petit saint Jean qui doit dormir et se reposer sur la poitrine de Nostre-Seigneur, entre les bras de sa providence, et courage ma fille. Nous n'avons point d'intention que par la gloire de Dieu, non pas; non certes au moins d'intentions descouvertes. Car si nous en descouvrions, nous les arracherions tout aussitôt de nostre cœur, et doncques, de quoy nous tourmentons-nous. Vive Jésus! ma fille. Il m'est advis quelques fois que nous sommes tous pleins de Jésus. Car au moins nous n'avons point de volonté délibérée contraire. Ce n'est pas en esprit d'arrogance que je dis cela, ma fille. C'est en esprit de confiance et pour nous encourager. Il est neuf

heures du soir, il faut que je face collation et que je die
l'office pour prescher demain à huit heures, mais je
pense puis arracher de dessus ce papier. Et si il f aut que
je vous die encore cette petite folie, c'est que je presche
si joliment à mon gré en ce lieu, je dis je ne sçai quoy
que ces bonnes gens entendent si bien, que quasi ilz me
respondroyent volontier. Adieu, ma fille, ma très chère
fille. Je suis, mais.......blement, vostre F.

96ᵉ LETTRE.

L'original est conservé au monassère de la Visitation de la ville
d'Arona , diœcèse de Novare.

A UN GENTILHOMME DE COUR (1).

Saint François lui demande un rendez-vous avec le chevalier Bergera pour s'accorder sur l'entretien des églises des bailliages.

juillet 1605.

Monsieur,

Voylà le bon père Sébastien qui brusle de zèle à la
réduction de ces âmes de Gaillard, et comme vous ver-

---

(1) L'an 1605 , il y a eu guerre entre le duc de Savoie et le duc
de Nemours. La ville d'Annecy, où le saint Prélat s'étoit retiré,
fut assiégée par les troupes du duc de Nemours. Le prince de
Piémont, Victor-Amédée, marcha à grandes journées au secours
d'Annecy et força le duc à lever le siége. Il paroit que cette
lettre a été écrite par Saint François à quelque gentilhomme de la
cour du prince.

20 *

rez il s'essaya de me communiquer de sa chaleur, et me
charge de vous envoyer sa lettre. Je le fais pour m'accorder à son désir, bien que je sois certain qu'il n'est
point besoin d'animer ni ressouvenir vostre zèle qui de
soy-mesme . . . . à toutes ces saintes ardeurs.
Mais je ne laisserai pas de vous supplier, monsieur, de
faire appeler par devant vous le sieur Chevalier Bergera, et de me marquer le jour et le lieu auquel je rends
ensemblement près de vous, pour, par vostre autorité,
terminer une bonne fois les portions nécessaires à l'en-
tretiennement du service de Dieu, des églises des baillages. Je confesse la vérité, nul soin que j'aye en cette
charge ne mord si souvent mon esprit comme celuy-là,
et surtout pour le regard de ces cinq ou six paroisses
qui n'ont nul curé, entre lesquelles Tonnay, qui est sur
les portes de Genève, est digne d'un bon et prompt secours. Monsieur, ou qu'il vous plaise de me voir près de
vous, pour cet effet je m'y rendray tout aussi tost, et
vous supplie très humblement de me favoriser en cet
endroit de l'accoloration.

Je crain . . . . . . de me rendre importun, mais
non pas en cette occasion en laquelle vous voyez bien,
monsieur, que mon désir est raisonnable pour fort et
pressant qu'il puisse être.

Je prie N. S. qu'il vous conserve et comble de ses
grâces, et je suis,

Monsieur,

Votre serviteur plus humble,

FRANÇOIS, Évesque de Genève.

97ᵉ LETTRE.

Tirée de la copie authentique conservée au monastère de la
Visitation d Annecy.

A MADAME DE CHANTAL.

Il lui donne des avis sur sa conduite à l'égard des malades contagieux, et envers les meurtriers de son mari; il lui prescrit
diverses règles sur les exercices de piété.

Le jour de Saint-André, 30 nov. 1605.

Ne voyez-vous pas un étrange fait, ma chère fille? Il
y a un mois que je n'ai su vous écrire, ni peu, ni prou,
parce que j'étais engagé dans nos montagnes, du tout
hors de chemin; et je tiens en ma main sept de vos lettres dont la dernière est du 9 de ce mois, auxquelles il
me semble que je n'ai pas encore répondu qu'à trois, et
néanmoins je ne puis maintenant vous écrire qu'en courant. C'est tout un; encore vaut-il mieux vous écrire
peu que rien.

Pour le papier des cinq mille francs, je ne puis vous
en donner résolution que vous ne me marquiez à qui
l'intérêt en pourroit revenir, c'est-à-dire qui en pourroit souffrir perte si vous le gardiez; car de là dépend
le jugement que j'en dois faire. Mais ne vous inquiétez
point pour cela, car ayant le propos de vous conduire
par mon avis en cela, votre âme n'en peut être coupable.

Il ne faut pas laisser de servir les malades ès maux
contagieux; mais il les faut servir prudemment sans ha-

zarder sa santé, que le moins qu'il se peut, et surtout quand avec notre danger celui de notre famille se trouve conjoint; et partant, vous pourrez prudemment cesser de faire les visites personnelles, ès quelles il y auroit une juste apparence de danger de contagion.

J'ai été consolé au récit que vous me faites des traits de vertu qui parurent en l'âme de feu monsieur votre mari, sur le point de son départ de ce monde, signes évidens de son bon fonds, et de la présence de la grâce de Dieu. Et vous voyez donc que s'il vous pouvoit parler, il vous diroit ce que je vous ai dit pour l'entrevue de celui qui lui fit le coup de son trépas.

Or sus, ma chère fille, haut le cœur; ce vous est (et à moi par conséquent) un extrême contentement de savoir que ce chevalier était bon, doux et gracieux à ceux qui l'avoient blessé ou offensé. Maintenant il en aura bien à voir que nous en voulons faire de même.

Mais que dirai-je de notre époux moderne? Quelle douceur exerça-t-il à l'endroit de ceux qui le tuèrent et non pas par disgrace et mégarde, mais par une pleine malice. Ah! qu'il aura bien agréable que nous en fassions de même! C'est notre époux moderne, ma chère fille, car non seulement la mort ne dissout point notre mariage avec lui, ains elle l'a parfait, elle le consomme.

J'ai écrit ceci parmi un grand tracas, et ne sais pas pourquoi, mais il n'importe. Il ne passe jour que je ne prie pour le bien de l'âme de monsieur votre premier époux, et je pense que vous m'en avez voulu souvenir par ces deux récits que vous m'en avez faits qui m'ont été fort agréables.

Je loue Dieu de tout mon cœur de la santé de messieurs nos père, oncle et frère.

La partie inférieure est pesante, toujours quelques

mauvaises inclinations, quelques répugnances au bien. Mais il n'y a remède, il faut user des frictions et bains chauds pour, petit à petit, dissiper l'humeur qui nous allentit et engage nos jambes.

La méditation de la Passion, nos petits exercices de mortification et de charité feront merveilles, Dieu aidant. Voyez-vous bien cette chère sœur que j'aime infiniment ; elle est guérie, Dieu merci, mais encor un peu de fluxion dessus ses jambes la font aller lentement à la clôture de sa maison ; encore un peu de respect aux volontés des frères, des pères, des mères, que sais-je, moi ? O mon Dieu ! que bienheureux sont ceux qui, en semblables occasions, disent à leurs pères et frères : *je ne sais qui vous êtes, je ne vous connois point.*

Mais bien petit à petit tout se fera.

Non, je vous prie, ma fille, ne violentez point votre tête pour la faire franchir les barrières. Demeurez tranquille en votre oraison ; et quand les distractions vous attaqueront, détournez-les tout bellement si vous pouvez, sinon tenez la meilleure contenance que vous pourrez, et laissez que les mouches vous importunent tant qu'elles voudront ; pendant que vous parlez à votre Roi, il ne prend pas garde à cela. Vous pourrez les émoucher avec un mouvement civil et tranquille, mais non pas avec un effroi ni impatience qui vous fasse perdre contenance.

Que je suis aise que notre Dijon ait reçu les bonnes Carmélites de la M. Thérèse ! Notre bon Dieu les fasse fructifier à sa gloire. Je suis bien content que madame Brulard, notre bonne sœur, les gouverne, pourvu que cet objet ne tire point son cœur à des vains désirs de cette vie là, pendant qu'elle en doit cultiver une autre. C'est merveille, ma fille, comme mon esprit est ferme

en cet avis, de ne point semer au champ de notre voisin
pour beau qu'il soit, pendant que le nôtre en a besoin.
La distraction du cœur est toujours dangereuse. Avoir
son cœur en un lieu et son devoir à l'autre, n'est pas à
propos. Mais je sais bien qu'elle ne gouverne pas tant
les filles, qu'elle ne se laisse gouverner à la mère, laquelle, en un lieu de ses œuvres, dit presque comme
moi.

Je dis que pour notre petite, il sera mieux, en la faisant instruire le plus chrétiennement qu'il sera possible,
d'attendre encore un peu à la mettre au Puy-d'Orbe.
Et voilà donc M. de Saint-Ange qui vous arrivera fort
à propos.

Pour ma sœur, je suis de votre avis, non que je ne
voulusse bien qu'elle fût auprès de vous, puisqu'elle n'a
pas son cœur contourné à la religion, mais pour con-
descendre à l'amitié de madame l'abbesse qui mérite bien
qu'on ne la contre-change pas de déplaisir en ses faveurs; je lui veux écrire touchant le confesseur que le
bon père recteur juge propre pour sa maison, afin
qu'elle le recherche et pour cela et pour son assistance.
Mon Dieu, que de détours prend-on avant que d'arriver
au logis, quand on n'est pas guidé.

J'attendrai que cette autre sœur m'écrive sur le sujet
pour lequel vous lui laissâtes l'article que j'avois écris
dans votre livre. Que Satan est mauvais! Jusqu'où va-t-il
se fourrer? mais ne vous étonnez pas, les choses spirituelles lui sont fort accessibles, parce qu'il est esprit; il
ne lui faut pas beaucoup d'ouverture pour se glisser ès-
amitiés des mortels, mais je vois notre bon Dieu qui
permet tout pour le mieux, et je l'en bénis de tout mon
cœur.

O Dieu! quel grand bien à une âme, de toucher au

doigt son imbécillité ! cela la fortifie et établit pour tout le reste de sa vie : *Celui qui n'a pas essàyé, que peut-il savoir*, dit la Sainte-Écriture? Mon Dieu! que je désirerois pouvoir me confondre moi-même.

Vous pourrez refaire encore pour un an vos petits vœux, sinon que la charge d'iceux vous pressât trop. Pour le carême, il y a du loisir à vous parler, pour l'Avent il n'est plus temps. N'ajoutez guères de peines corporelles à celles du jeûne de l'Église, mais puisqu'en carême on jeûne, et que l'on n'emploie pas le temps du souper à manger, sinon pour la petite collation, vous pourrez bien prendre une demi-heure, environ ce temps-là, à méditer sur la Passion ou sur ce qui vous aura touché au sermon. Je dis une demi-heure, au lieu de la petite récollection que je vous avois marquée.

Je ne sais rien qui me puisse tirer hors d'ici, sinon la volonté du Saint-Père, ou l'extrême, mais je dis extrême nécessité du prochain, surtout de mes enfans spirituels. Je suis lié sur ce banc, il faut que j'y vogue; que vous dirai-je de plus? J'arrivai ici samedi au soir après avoir battu les champs six semaines durant, sans arrêter en un lieu, sinon au plus demi-jour. J'ai prêché ordinairement tous les jours, et souvent deux fois le jour : Eh, que Dieu m'est bon! je ne fus jamais plus fort. Toutes les croix que j'avois prévues à l'abord n'ont été que des oliviers et palmiers; tout ce qui me sembloit fiel s'est trouvé miel, ou peu s'en faut. Seulement puis-je dire, avec vérité, que si ce n'a été à cheval, ou en quelques réveils de la nuit, je n'ai point eu de loisir de repenser à moi, et considérer le train de mon cœur, tant les occupations importantes s'entersuivoient de près.

J'ai confirmé un nombre innombrable de peuple, et à tous les biens qui se seront faits parmi ces simples âmes, vous avez toujours participé comme à tout le reste de ce qui se fait et se fera en ce diocèse pendant que j'en aurai l'administration. Mais pourquoi vous dis-je ceci? parce que je parle avec vous comme avec mon propre cœur.

Adieu, ma chère fille, Dieu soit notre cœur, notre amour, notre tout. Demandez pour moi une bénédiction de votre sainte Abbesse, aux pieds de laquelle son fils nous fasse vivre et mourir.

Ma bonne mère ne sait pas que je vous écris, mais je sais bien qu'elle et toute sa famille sont acquis irrévocablement à votre service.

P. S. M. Cassart m'écrit comme n'ayant pas reçu de nos lettres, et néanmoins je lui ai écrit, et pense que ma lettre lui sera arrivée aussi bien que celle que je vous ai écrite, puisqu'elles étaient ensemble.

98ᵉ LETTRE.

L'original se conserve dans les archives de la Visitation d'Annecy.

S. A. CHARLES EMMANUEL Iᵉʳ, DUC DE SAVOIE, A SAINT FRANÇOIS DE SALES.

S. A. prie saint François de négocier un accommodement entre la comtesse de la Forêt, et la baronne de Ternier.

20 mars 1606.

Très révérend, très cher, bien amé et féal conseiller, et dévot orateur,

Il y a un procès fort affectionné entre la comtesse de la Forest et la baronne de Ternier, lequel nous désirerions d'assoupir et mettre ces deux sœurs de bon accord ensemble. Et nous ayant semblé votre présence à Chambéri occasion fort propre pour les y disposer, nous écrivons à M. d'Albigny de reprendre le traité qu'il en a déjà ci-devant commencé, lequel, aidé de vos bonnes exhortations, nous voulons croire qu'il produira le fruit que nous désirons. Vous nous ferez très grand plaisir de vous y employer avec la charité que requiert une si grande passion pour la convertir en un amour, tel qu'il doit être entre deux sœurs. Et n'étant cette pour autre, prions Dieu vous avoir en sa sainte garde.

99ᵉ LETTRE.

L'original est conservé chez madame la comtesse de Pampara, née
Demarin , à Turin.

A UNE RELIGIEUSE.

Sur l'entrée dans un monastère où il n'y a encore clôture , et sur
des inquiétudes spirituelles.

3 avril 1606.

Madame ma très chère sœur,

Je vous ay déjà escrit mon avis sur le sujet de votre derniere lettre, mais voyant que vous le desirez fort et craignant que si mes paquets s'estoyent égarés vous en demeurassiez en peine. Je vous rediray qu'il n'y a nul danger que vous entriez au monastère de notre sœur jusques à ce que la clauture y soit exactement establie.

Les âmes qui vous en font scrupule sont bonnes et dévotes comme elles témoignent par leur scrupule, lequel néanmoins n'a nul fondement. C'est pourquoi il ne s'y faut pas arrester. Pleut à Dieu que les hommes qui n'entrent en cette maison-là que par curiosité et indiscrétion en fissent bien scrupule car ils auroyent bon fondement pour cela. Mais non pas vous, jusques à ce que comme je dis la clauture y soit establie, que ne sera jamais si tost que je le desire.

J'ay sceu ce que vous me dites, des inquiétudes de toutes les religieuses et en suis marri. Elles arrivent faute d'une bonne conduite et mesnage de leurs esprit : c'est le mal de maux entre ceux qui ont des bonnes volontés : qu'ils veulent tousjours estre ce qu'ils ne peuvent pas estre et ne veulent pas estre ce qu'ils peuvent n'estre pas. On me dit que ces bonnes filles sont toutes esprises de l'odeur sainte que respandent les saintes Carmélites, et qu'elles desireroyent toutes d'en estre. Mais je ne pense pas que cela se puisse aysément, qui me fait dire qu'elles n'employent pas bien ce bon exemple qui leur devroit servir pour les animer à bien embrasser la perfection de leur estat, et non pas à les troubler, et faire desirer celui auquel elles ne peuvent arriver. La nature a mis une loy entre les abeilles que chacune d'icelles face le miel dedans sa ruche et des fleurs qui luy soit autour. Adieu, madame, ma très chère fille, tenez bien serré le sacré crucifix sur votre cœur. Je suis votre serviteur très asseuré.

†

100ᵉ LETTRE.

L'autographe existe aux archives de la cour de Turin.

A S. A. CHARLES EMMANUEL 1ᵉʳ, DUC DE SAVOIE.

Saint François se plaint avec S. A. du retard du conseil de la religion des Saints-Maurice-et-Lazare, à pourvoir à la dotation des églises du Chablais, Gaillard et Ternier.

Annecy, 4 mai 1606.

Monseigneur,

Sachant combien V. A. est propice et favorable à tout ce qui regarde l'establissement de la foy catholique spécialement dans ses estats, je me plains à elle du peu de conte que messieurs de Saints-Maurice-et-Lazare tiennent de contribuer ce qu'ilz doivent à cet effet pour le Chablaix, Gaillart et Ternier : j'ay fait toucher au doigt au seigneur chevalier Bergera, que mous avions besoin de la dotation de plusieurs églises qui ne se peut prendre que dessus le revenu de l'ordre. Et nous demeurasmes d'arrest après plusieurs contestes, qu'il procureroit une briefve résolution du conseil du dit ordre sur ce sujet. Et me voicy, Monseigneur, que je suis encore à l'attendre, s'estant escoulée une grande quantité de mois depuis la promesse qu'il m'en fit, quo si V. A. n'use de sa providence et piété ordinaire à commander audit conseil et sieur Bergera, que sans délai ils satisfacent à leur devoir, je n'espère d'en voir jamais aucune bonn'issue, laquelle j'affectionne extrê-

mement non seulement pour mon devoir et le salut de
plusieurs âmes, qui manquent d'assistance, faute de
pasteurs, mais encor, parce que ce sera le comble de
l'honneur qui est deu à la bonté et piété de V. A. de
la réduction de ces peuples ; qui me fait la supplier
très humblement et par l'amour de Nostre-Seigneur,
qu'il luy playse employer sa bonne et puissante main
à l'exécution d'une si sainte œuvre, de la quelle la récompense sera immortelle au ciel, que je désire à V. A.
de tout mon cœur, après que, par une longue suite
d'années, elle aura heureusement régné en terre, pour
le bien de son peuple et la gloire de son Dieu : et cependant je serai tant que je vive,

> Monseigneur,
>
> Très humble et très obéissant serviteur
> et orateur de V. A.,
>
> FRANÇOIS, Évesque de Genève.

101ᵉ LETTRE.

L'original est conservé aux archives de la cour de Turin.

A MESSIEURS DU CONSEIL DE LA SAINTE MILICE DES SAINTS-MAURICE-ET-LAZARE, A TURIN.

Saint François se plaint au conseil de la milice de Saints-Maurice-
et-Lazare sur le retard de la dotation des églises du Chablais,
Gaillard et Ternier.

Annecy, 5 mai 1606.

> Messieurs,

J'attends il y a long-temps, l'ordre que vous devez
donner de vostre costé, à la juste dotation des églises

de Chablaix, Gaillart et Ternier, qui sont encor des-
pourveues de pasteurs, faute de moyens convenables
pour les y loger. Et voyant qu'il n'arrive point, je me
plains à vous, Messieurs, mais de vous mêmes, qui ce
me semble avez trop peu de soin d'une chose si importante à la gloire de Dieu et salut des âmes ; que si monsieur le chevalier Bergera a des-jà l'ordre en main, et
que ce retardement vienne de sa part, je me plaindray
beaucoup plus de lui, qui sçait par combien d'assem-
blées et de disputes je lui ay clairement fait voir la nécessité de cette provision. Ayez agréable, Messieurs, je
vous supplie, cette plainte, que je vous fay avec autant
de respect que ma juste affection me permet, desirant
vivre, Messieurs, en vos bonnes grâces, priant Dieu
qu'il vous comble de ses bénédictions, et demeurant

Vostre serviteur bien humble en N. S^r.

FRANÇOIS, Evesque de Genève.

102e LETTRE.

L'original est conservé chez Sa Grandeur l'Evêque d'Annecy.

A MADAME DE CHARMOYSI-MARCLAZ.

Sur la providence de Dieu.

20 mai 1606.

Madame ma cousine,

Il faut que je commence ma lettre en vous demandant pardon d'une faute que j'ai faite ; mais je vous assure sans aucune malice, par une pure inadvertence.
On m'a apporté la lettre ci-jointe comme venante de

votre part, et moi qui, à la vérité, suis chaud à savoir de vos nouvelles je l'ai tout soudainement ouverte, sans considérer l'inscription, et voyant au dedans la main de M. de Charmoysi mon cousin, je n'eusse pas pour cela laissé de la lire, si je n'y eusse reconnu le mot de vos amitiés particulières : recevez-la donc, s'il vous plaît, après qu'elle a été ouverte, mais tout de même comme si elle ne l'avoit pas été, et pardonnez à ma précipitation qui à déçu le respect que je porte et à l'écrivant et à vous. J'eusse bien pu r'habiller la faute et la vous rendre imperceptible, mais j'aime mieux me confier en votre bienveillance, qu'en mon artifice, et ne laissez pas je vous supplie, madame ma chère cousine, de me croire fort fidèle en tout ce qui regardera votre service, car je le serai toute ma vie autant que nul homme du monde.

Je garderai doncque, comme vous l'ordonnez, les cent écus et y ferai joindre le reste que ma bonne mère vous doit, laquelle avec tous ses enfans, non seulement se sentent obligés de vous rendre votre bien à votre besoin, mais de fondre tout le leur pour votre service.

Vous ne sauriez, sans doute, madame ma chère cousine, communiquer vos déplaisirs, petits ou grands, non plus que vos contentemens, à une âme plus sincère en votre endroit ni plus entièrement votre que la mienne, et ne doutez nullement que je n'observe avec toute fidélité le secret auquel, outre la loi commune, la confiance que vous prenez en moi, me lie indissolublement. Je recommanderai l'affaire à Notre-Seigneur et tout maintenant que je vais à l'autel. J'ai été consolé de voir que vous vous remettiez en la providence de Dieu. C'est bien dit, ma chère cousine, il le faut toujours faire et en toutes occurrences, et quand vous

vous accoutumerez de faire souventes fois cette remise, non de bouche seulement, mais de cœur et profondément, et sincèrement, croyez que vous en ressentirez des effets admirables. C'est grand cas que je ne puis m'empêcher de vous parler des exercices du cœur et de l'âme. C'est parce que je n'aime pas seulement la vôtre, mais je la chéris tendrement devant Dieu qui, à mon avis, désire beaucoup de dévotion d'elle. Allez cependant tout bellement aux exercices de l'extérieur, et ne vous chargez pas d'aller à Saint-Claude à pied, non plus que ma bonne tante du Fong, la quelle n'est plus de l'âge au quel elle y alla quand je l'accompagnai. Portez-y votre cœur bien fervent, et soit à pied ou à cheval, ne doutez point que Dieu ne le regarde et que Saint-Claude ne le favorise.

Notre Sauveur soit à jamais votre protection, et je suis,

Madame ma cousine,

Votre cousin et serviteur plus humble,

Signé François, Evêque de Genève.

P. S. Toute votre petite troupe va bien, et Bonaventure va guérissant.

103e LETTRE.

Tirée du 5e volume du second procès de la canonisation de saint François, page 130, conservé au monastère de la Visitation d'Annecy.

S. A. CHARLES EMMANUEL 1er, A SAINT FRANÇOIS DE SALES.

Sur la provision de quelques bénéfices du Chablais.

Turin, 27 mai 1606

Très révérend, très cher, bien amé
et dévot orateur,

Le conseil de la religion nous a fait voir la lettre que vous lui avez écrite, comme aussi celle de Bergera en conformité de la nôtre touchant la provision des bénéfices qui restent à pourvoir rière les baillages de Chablais, Gaillard et Ternier, que nous désirons et affectionnons tout ce qui se peut. Mais comme c'est chose sur la quelle il a fallu faire plusieurs cessions, et qui dépend de l'avis et participation de beaucoup de personnes, cela en a retardé la résolution que néanmoins vous enverrons bientôt. Cependant, nous désirons que rien ne soit innové au préjudice de la religion, vous en ayant voulu donner avis, à cette fin que vous sursoyez à toutes délibérations qu'en ce fait vous pourriez avoir projettées; atant prions Dieu qu'il vous ait en sa sainte et digne garde.

FIN DU TOME PREMIER.